本书为中国人民大学科学研究基金（中央高校基本科研业务费专项资金资助）项目成果，项目名称："长周期视角下的世界经济：现状与未来趋势"（项目号：17XNLG05）。

智库丛书
Think Tank Series
国家发展与战略丛书
人大国发院智库丛书

贸易大数据及应用

The Big Data of International Trade and Its Applications

石慧敏　著

中国社会科学出版社

图书在版编目(CIP)数据

贸易大数据及应用/石慧敏著. —北京：中国社会科学出版社，2018.12
（国家发展与战略丛书）
ISBN 978 - 7 - 5203 - 0596 - 9

Ⅰ.①贸…　Ⅱ.①石…　Ⅲ.①国际贸易—数据管理　Ⅳ.①F74

中国版本图书馆 CIP 数据核字(2017)第 120615 号

出 版 人	赵剑英
责任编辑	喻　苗
责任校对	闫　萃
责任印制	王　超

出　　版	中国社会科学出版社
社　　址	北京鼓楼西大街甲 158 号
邮　　编	100720
网　　址	http://www.csspw.cn
发 行 部	010 - 84083685
门 市 部	010 - 84029450
经　　销	新华书店及其他书店

印　　刷	北京君升印刷有限公司
装　　订	廊坊市广阳区广增装订厂
版　　次	2018 年 12 月第 1 版
印　　次	2018 年 12 月第 1 次印刷

开　　本	710 × 1000　1/16
印　　张	22.5
插　　页	2
字　　数	242 千字
定　　价	96.00 元

目　录

引　言

作为一个普通的消费者，我们大部分人每一天都在享受着全球化、国际贸易带来的好处。例如，一个在北京生活的中产阶级家庭，喝着意大利进口的咖啡，看着好莱坞大片，偶尔吃从日本空运来的寿司；一个生活在美国的家庭，一边去购买中国制造的新款的 T 恤衫，另一边又把他们淘汰掉的 T 恤衫卖给二手衣店，经过层层工序，这些二手衣又被运送到了非洲，这些二手衣在非洲大受欢迎。这样的贸易每一天都在发生。另外，作为生产者，我们每个人受到国际贸易的影响命运就可能大有不同。例如，在美国生活的约翰，所从事的工作可能技能较低，他可能时刻担心远在中国、印度的工人把他的工作夺去，所以他决定给所在州的参议员写信抗议贸易自由化。在中国农村生活的小花，听说当地来了外商，开了以出口为导向的加工工厂，那里收入很高，所以她的职业从种地变成了工厂里的一名纺织女工；有了更高的收入，小花在家里的地位也变得更高了。这是我们每天参与国际分工、与国际贸易打交道的一个又一个瞬间。

21 世纪以来，越来越多的微观贸易大数据信息产生并被搜集整理，得以被研究者使用。这些新的数据使得人们对贸易研究的问题，从国家产业层面，渐渐过渡到了企业、个体层面。毕竟，做出口与否、进口与否决定的决策者是一个个利润最大化的企业和一个个效用最大化的个体。本书系统地总结了宏观、微观层面全球的贸易大数据以及当前研究中利用大数据所做的分析。

一　为什么国际贸易是重要的

随着世界各国经济的增长，国家间的贸易量也大幅度提高。中国作为世界第二大经济体、第一大贸易国（从进口量和出口量的角度来说），国际贸易无疑是促进中国经济增长的一个非常重要的因素。中国自改革开放以来大力发展出口外向型经济，中国的开放程度，即国际贸易占 GDP 的比重长期来说在全世界范围内都处于很高的水平。

然而在最近十几年的时间里，一个有趣的现象是国际贸易占全球 GDP 的比重受到 2008 年次贷危机的影响发生了重大变化。如图 1 所示，近年来，全球国际贸易占 GDP 的比重从最高点的近 60% 下降到不足 50%，中国国际贸易占 GDP 的比重更是从最高点的 70% 下降到不足 50%。无论是对于中国还是对于世界，2008 年的次贷危机都使贸易出现了"大崩溃"（great collapse）。这种崩溃不仅仅是绝对量上的，更是指在经济危机发生之后，国际贸易下降的比重要远远高于全球 GDP 下降的程度。另外，随着经济的逐步恢复，贸易又迅速恢复了增长的态势。对此现象，不同的经济学家给出了不同的解释。相对于一般的国内生产，贸易有哪些特殊性呢？它需要更多的融资，风险更高，运输成本更高，库存周期更长。经济学家认为国际贸易的库存因素、融资约束因素等是导致贸易大崩溃的主要因素。

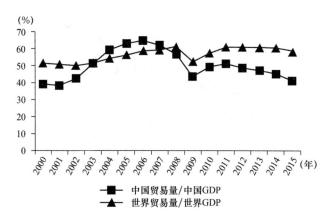

图 1　2000—2015 年世界和中国的贸易量（货物和服务）占 GDP 比重

注：GDP 与贸易量均以当期美元计价。

资料来源：http：//data. worldbank. org/topic/trade？ end＝2015&start＝2000。

传统的国际贸易以货物贸易为主，随着各国第三产业的发展，国际服务贸易也迅速发展起来。如图 2 所示，2000—2015 年，中国的服务贸易量从 1000 亿美元增加到约 8000 亿美元。如图 3 所示，2000—2015 年，全球的服务贸易量从约 3 万亿美元增加到约 8 万亿美元。一个有趣的现象是，尽管在世界范围内，服务贸易占 GDP 的比重节节攀升，但在中国该比重却出现了较大的波动，相对于 2000 年，2015 年中国的服务贸易占 GDP 的比重下降了（见图 4）。服务贸易相对于货物贸易面临更多的贸易障碍，并且这种障碍的消除面临更大的困难。因此，了解服务贸易与货物贸易的具体区别，对于中国产业转型有着重要的意义。

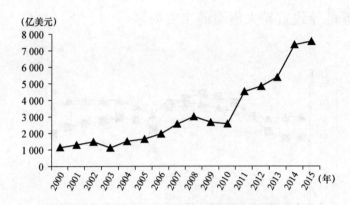

图 2 2000—2015 年中国的服务贸易量

注：服务贸易量以当期美元计价。

资料来源：http：//data. worldbank. org/topic/trade？ end = 2015&start = 2000。

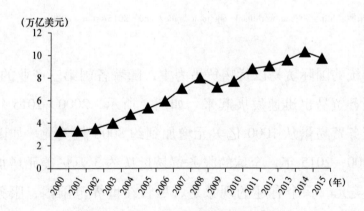

图 3 2000—2015 年世界的服务贸易量

注：服务贸易量以当期美元计价。

资料来源：http：//data. worldbank. org/topic/trade？ end = 2015&start = 2000。

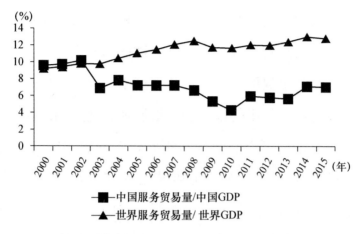

图 4　2000—2015 年世界和中国的服务贸易量占 GDP 比重

注：GDP 与服务贸易量均以当期美元计价。

资料来源：http：//data. worldbank. org/topic/trade？ end = 2015&start = 2000。

同时，很多国际贸易的研究者都在研究全球价值链的分布与决定因素。关于全球价值链，人们最经常举的例子是苹果手机的生产流程。苹果手机的研发、外形设计、制造、组装、包装等一系列环节，都会在不同的国家进行流转。如果我们只是简单统计一国的出口量、进口量，就完全无法了解谁在这条价值链上做了什么、贡献了多少，因为这样的统计量无法区分本国的附加值和他国的附加值。因此，经济学家致力于研究全球价值链来更准确地了解国际分工中各国所扮演的角色。

二　为什么国际贸易大数据是重要的

大数据的概念在经济方面，最先应用在微观金融领域，主要是因为在金融领域观测经济行为的频率高，加上搜集整理数据能力的提高，这使得运用金融大数据来分析问题具有可操作性。各国微观层面的国际贸易数据也符合大数据的两大特征：一是观测量非常大，二是单据层面的贸易数据属于一国贸易的全样本。过去的贸易研究者所使用的都是经过层层加总之后的总体数据。我们从加总的数据中可以获得什么呢？较大的国家间（就 GDP 总量而言）的贸易流量更多，距离较近的国家间贸易流量更多。我们是不是可以仅满足于知道这些呢？这些结论似乎非常符合我们的直觉，然而我们并不满足于此，我们还想知道是什么样的企业出口、出口到哪里，等等。随着我们想要知道的问题越来越多、越来越具体，揭开这些问题的谜底就需要一把钥匙，这把钥匙就是微观层面的贸易大数据。微观贸易大数据在数据质量方面具有多方面的优势。

第一，贸易数据观测的频率比较高，对于大部分国家的贸易数据，单据是最具体的观测单位。企业有可能在任何一天去提交报关单，贸易单据可以精确到天。其他宏观经济学的指标则不同，例如 GDP 是季度的、CPI 是月度的。

第二，相对于企业层面的调查数据，微观国际贸易数据的准确性更高。因为它们是基于真实交易、逐笔填写的数据。而企业调查数据会受到人为错误、倾向性等多方面主观因素的影响。

第三，相对于国内贸易流，国际贸易流在数据上有着天然的优势。因为国家与国家之间设有海关，可以准确地计量商品货物的流动：来源国、中转国、目的国、产品、数量、单价、重量、运输方式等。在国内，省与省之间是不设海关的，产品从哪里生产、将销售到哪里是难以被追踪的。尽管所有的国际贸易模型都可以适用于国内不同地区之间的贸易，然而相对来说研究数目很少，主要是因为对于大部分国家来说，国内贸易数据缺乏。

第四，国际贸易数据的统计质量高。海关数据是征收关税以及出口退税的基础，具有统一的填写规范，有相关的税务人员稽查审核，因此相对于调查数据，它更为可靠严格。

第五，国际贸易数据可以帮助我们建立微观与宏观之间的连接。早期的国际贸易研究关注的重点是国家与国家之间、产业与产业之间的贸易数据，然而出口的最终决定个体是企业，出口是企业利润最大化的一部分。尽管国家可以制定各种各样的贸易政策影响企业的出口行为，尽管不同的产业政策也会影响行业的比较优势，从而影响进出口的具体产品，但即使在一个非常细分的行业内，我们也会观察到，只有一小部分的企业出口，大部分的企业不出口。越来越多的国家微观层面贸易与企业生产数据的涌现，帮助我们拼出世界贸易的版图，它们相互关联的细节提供了基础的资源，拼成了一个藏宝图，我们可以从中挖掘出关于人类行为的很多解释以及人们对于全球化的态度。21 世纪以来，各国微观层面的贸易数据大量涌现，对于国际贸易的讨论也更加深入具体，并且建立了从微观到宏观的链接。

第六，国际贸易数据可以帮助我们更好地理解宏观经济增长。随着经济的增长，经济体一般会经历两次结构性变迁

（structural change）。第一次是农业比重下降，第二产业比重上升；第二次是第二产业比重下降，第三产业即服务业比重上升。在传统的研究结构变迁的模型里，服务业一般被视为不可贸易品。在贸易数据中，我们发现服务贸易呈现出增长的态势。虽然其相对于货物贸易而言更加难以统计，但随着第三产业在经济中重要性的提高，我们应该越来越重视它。

三 微观国际贸易数据能给我们哪些新的启示

第一，微观国际贸易数据能告诉我们什么样的企业会出口，它对全国总产出的福利作用（welfare effect）是什么。不同时间、不同国家的微观数据发现出口企业相对于非出口企业而言更具有生产优势，出口企业销售额更高、雇用人数更多、规模更大、生产力水平更高。然而，其中的因果联系的方向仍然颇具争议。关于企业出口和企业生产力之间的因果关系，一直存在两方面的故事：一种是生产力强的企业的自选择（self selection）理论，另一种是企业在出口中边出口边学习的理论。一方面，自选择理论（Melitz，2003；Bernard，Jensen and Kortum，2003，2006）认为出口是厂商超额生产的结果。为了进入出口市场，厂商将会付出无法收回的进入成本。只有生产能力强的厂商能够承担进入成本并成为出口者；另一方面，出口学习理论（Marin，1992；Ben-David，1993）提出高生产力是厂商加入出口市场的结果。加入出口市场后，厂商在激烈的信息化全球竞争下将会迅速成长并更能够洞悉技术发展的前沿。

自选择理论则有众多理论与实证的支持。然而，对出口学习理论的实证研究多建立在生产力增加与出口状态的相对时序基础上，得到的结论不尽相同。例如，使用印度尼西亚（Amiti and Konings，2007）、加拿大（Baldwin and Gu，2003）、英国（Blalock et al.，2004）和智利（Alvarez and Lopez，2005）的研究发现强有力的证据支持出口厂商相比于非出口厂商拥有更高的生产力。相反，Clerides，Lach 和 Tybout（1998）使用墨西哥、哥伦比亚和摩洛哥厂商的数据发现没有证据表明进入出口市场会影响生产成本。另外，Lileeva 和 Trefler（2010）使用加拿大的厂商数据发现只有那些受关税减免政策影响从而进入出口市场或者更多从事出口的厂商会有显著的学习效应。近期的研究（Aw，Roberts and Winston，2007；Verhoogen，2008；Bustos，2011）认为创新和科技有助于将生产能力的动态变化路径与出口状态联系起来。Hallward-Driemeier，Iarossi 和 Sokoloff（2002）；Baldwin 与 Gu（2003）；Aw，Roberts 和 Winston（2007）以及 Bustos（2011）发现公司的出口与科研（R&D）投资和采用新技术有关。这些研究都是基于微观层面的贸易数据才得以开展的。

第二，微观国际贸易数据能具体地告诉我们什么样的人会从出口中获益，什么样的人会从出口中受到损失。传统的贸易理论告诉我们对于本国丰裕要素的拥有者，出口会使得他们的福利提高；对于本国稀缺要素的拥有者，进口会使得他们的福利受损。

然而，我们并不只满足于这样模糊的答案。微观贸易数据可以帮助我们去评估消费者贸易是不是让我们的生活过得更好了；作为生产者，贸易是让一部分人的生活过得更好，另一部分人的生活变差了吗？好了多少，差了多少？

第三，微观国际贸易数据能告诉我们全球产业价值链是怎样决定与演化发展的。让我们引以为傲的"中国制造"（Made in China），吸引外资，开展外向型经济开启了中国改革开放的进程。中国出口的商品销往世界各个地区，以致人们担心在出国旅游的时候买回"中国制造"的产品。然而，中国作为世界工厂的地位也不是一成不变的，历史上，曾经作为世界工厂的国家还有英国、美国、日本。我们骄傲的"中国制造"又会被谁取而代之呢？随着中国劳动力成本的提升，东部沿海地区出现"民工荒"现象，产业在悄然间又一次发生了转移，我们越来越多地听到、见到"越南制造"（Made in Vietnam）、"哥伦比亚制造"（Made in Colombia）等，世界工厂是又一次要迁址了吗？这对于中国是好事还是坏事呢？微观国际贸易数据可以告诉我们答案。

第四，微观国际贸易数据能告诉我们一个国家的贸易政策代表了哪一部分人的利益，它的形成有哪些惊心动魄的故事，加工贸易是不是一个不划算的买卖，发达国家在发展中国家建立的工业是血汗工厂还是也起到了提高发展中国家生产力水平的作用？

第五，微观国际贸易数据能告诉我们贸易将会以什么样的形式改变人们的生活方式。贸易不仅是一个商品传递的过程，也是一个文化传播的过程。家庭中男女工资比例的变化导致男女在家庭中地位的变化。好莱坞大片的引入，使得落后地区的人们见识到发达国家的文化与生活方式。

当然我们需要意识到当前国际贸易数据存在的问题：①标准不统一，跨国合并难以实现。不同国家有不同的产品及行业分类方法，把不同分类方法下的数据匹配在一起，首先需要我们进行编码的对应（concordance）。②服务贸易的统计口径不一致。③各国的附加值贸易数据的计算不同。④各种各样的隐性避税动机所造成的各国数据间的差距。⑤最大的困难在于数据的可得性。大部分企业的数据非公开可得的，企业生产经营方面的信息更加敏感，这也为在世界范围内合并数据造成了很大的困难。⑥很多信息在各种各样的语言翻译转换中消失了。

四　本书的结构

本书将介绍目前在国际贸易研究中运用最多的大数据以及它们在各个经济问题上的运用。首先，第一章将全面介绍在现有的国际贸易中，被运用最多、最广泛的微观层面数据。其中包含全球国际贸易量数据、各国微观数据的合并的问题、全球国际贸易成本数据、全球服务贸易的数据、中国历史上的国际贸易数据、中国国内贸易数据。第二章将介绍微观贸易大数据应用之一：贸易的扩展边界和集约边界。其中包括扩展边界和集约边界的定义，并从深度边界和扩展边界的角度来解剖中国贸易；同时还运用球—箱模型来解释中国贸易流量数据的缺失，分析解释贸易数据中的"0"能告诉我们哪些信息。第三章将介绍微观贸易大数据应用之一即贸易保护对贸易流量的影响。其中会介绍非关税贸易壁垒及调查的流程，并将详细阐述贸易保护所造成的直接影响，即破坏和转移效应以及新兴国家反倾销和反补贴与反规避的研究。最后将分析贸易保护对本国企业的影响、贸易保护对调查国企业的影响。第四章将介绍微观贸易大数据应用之一，即贸易与劳动力市场、教育、健康之间的关系。其中包括分析国际贸易与中美两国技能溢酬之间的关系，讨论国际贸易与教育、国际贸易与健康之间的关系。第五章将介绍和中国相关的贸易政策以及利用微观贸易大数据对这些问题的研究。其中包括中国进出口经营权放开的过程并讨论贸易公司在中国经济中的作用。

参考文献

Alessandira, GEORGE, JOSEPH P. , KABOSKI, VIRGILIU MIDRIG-AN, "U. S. Trade and Lumpy Inventory Dynamics", *American Economic Review: Papers and Proceedings*, 2011, 101 (3): 303 – 307.

ALESSANDIRA, GEORGE, JOSEPH P, KABOSKI, VIRGILIU MID-RIGAN, 2013. Trade.

ALESSANDIRA, GEORGE, JOSEPH P, KABOSKI, VIRGILIU MID-RIGAN, 2010b. Inventories, Lumpy Trade, and Large Devaluations. *American*

Economic Review, 100 (5): 2304 – 2339.

ALVAREZ, ROBERTO, Ricardo A. Lopez, 2005. Exporting and performance evidence from Chilean Plants. *Canadian Journal of Economics /Revue Canadienne d' Economique*, 38 (4): 1384 – 1400.

AMITI, MARY, JOZEF KONINGS, 2007. Trade liberalization, Intermediate Inputs and Productivity: Evidence from Indonesia. *American Economic Review*, 97 (5): 1611 – 1638.

BALDWIN R, GU W, 2003. Export market participation and productivity performance in Canadian manufacturing. *Canadian Journal of Economics/Revue Canadienne d'Economique*, 36 (3): 634 – 657.

BEN-DAVID D, 1993. Equalizing exchange: trade liberalization and income convergence. *The Quarterly Journal of Economics*, 108 (3): 653 – 679.

BERNARD A, JENSEN J, KORTUM S, 2003. Plants and productivity in international trade. *American Economic Review*, 93 (4): 1268 – 1290.

BERNARD A, JENSEN J, SCHOTT P, 2006. Trade costs, firms and productivity. *Journal of Monetary Economics*, 53 (5): 917 – 937.

BLALOCK G, GERTLER P, 2004. Learning from exporting revisited in a less developed setting. *Journal of Development Economics*, 75 (2): 397 – 416.

BURSTEIN A, MELITZ M, 2011. Trade liberalization and firm dynamics. NBER Working Paper No. 16960.

Bustos, P. 2005. The Impact of Trade on Technology and Skill Upgrading Evidence from Argentina. Barcelona, Spain: CREI and Universitat Pompeu Fabra, Working Paper.

BUSTOS P, 2011. Trade liberalization, exports, and technology upgrading: evidence on the impact of MERCOSUR on Argentinian firms. *American E-conomic Review*, 101 (1): 304 – 340.

CLERIDES S, LACH S, TYBOUT J, 1998. Is learning by exporting important? Micro-dynamic evidence from Colombia, Mexico, and Morocco. *Quarterly Journal of Economics*, 113 (3): 903 – 947.

COSTANTINI J, MELITZ M, 2007. The dynamics of firm-level adjustment to trade liberalization. In the organization of firms in a global economy. Cambridge, MA: Harvard University Press.

EATON, JONATHAN, KORTUM, SAM, NEIMAN, BRENT, ROMALIS, JOHN, 2013. Trade and the global recession, Working Papers 2013 – 21, University of Sydney, School of Economics.

HALLWARD-DRIEMEIER M, JAROSSI G, SOKOLOFF K, 2002. Exports and manufacturing productivity in east Asia: a comparative analysis with firm-level data. NBER Working Paper, No. 8894.

LILEEVA A, TREFLER D, 2010. Improved access to foreign markets raises plant-level productivity for some plants. *Quarterly Journal of Economics*, 125 (3): 1051 – 1099.

MARIN D, 1992. Is the export-led growth hypothesis valid for industrialized countries? The Review of Economics and Statistics, 74 (4): 678 – 688.

MATTHIEU BUSSIERE, GIOVANNI CALLEGARI, FABIO GHIRONI, GIULIA SESTIERI, NORIHIKO YAMANO, 2013. Estimating trade elasticities: demand composition and the trade collapse of 2008 – 2009. *American Economic Journal: Macroeconomics*, 5: 118 – 151.

MELITZ M, 2003. The impact of trade on intra-industry reallocations and aggregate industry productivity. Econometrica, 71 (6) .

Wedges, Inventories, and International Business Cycles. *Journal of Monetary Economics*, 60: 1 – 20.

第一章　贸易大数据介绍

本章将全面介绍在现有的国际贸易研究中，被运用最多、最广泛的微观层面数据。它们不仅包含各国的企业贸易流量数据，还包括企业的生产经营状况、现有测量贸易成本的各种代理变量及直接测度变量。除去全球产品贸易信息，本章也介绍了全球服务贸易数据信息。另外，本章还介绍了较少被研究的中国历史上的国际贸易数据及现在中国国内的贸易信息。这些丰富的贸易数据为我们研究贸易的各个方面提供了丰富的素材，是实证贸易研究的主要研究对象。

◇◇ 第一节　全球国际贸易量数据

一　国家产品层面的贸易数据

（一）联合国 Comtrade 数据库（UN COMTRADE）

网址：http：//comtrade. un. org/

The United Nations Commodity Trade Statistics Database（UN

COMTRADE）拥有超过 17 亿条国际贸易相关的数据信息，是全球体量最大的贸易类数据库之一。通过与世界银行合作，它已被整合纳入 WITS（World Integrated Trade Solution）数据库，用户可以直接登录 WITS 数据终端调用其所有的信息记录。UN COMTRADE 数据库提供了依据商品和贸易伙伴国分类的年度商品贸易进出口的详尽信息，不仅包括总进口量、总出口量等传统指标，还提供了复进口量（re-import）、复出口量等贸易数据。例如，你可以在此数据库中找到每年德国向中国出口的汽车的数量（通常转换为公制单位）、重量、价值量（以美元计价）和补充数量单位（supplementary quantity）。联合国统计司自 1962 年来每年向超过 190 个国家和地区的官方统计部门收集相关贸易数据，这些数据随后会依据联合国定义的分类规则进行重新整理，其中与价格相关的数据则根据该国提供的汇率或市场汇率转换成以美元计价的形式。自 2010 年起，UN COMTRADE 开始对外提供月度数据。UN COMTRADE 为旨在进行跨国分析的研究人员提供了优秀的数据平台，因为所有的横向数据都拥有统一的统计口径。目前基于联合国国际贸易分类标准（SITC）编码规则的贸易量数据始于 1962 年，覆盖了 217 个国家和地区；基于世界海关组织商品名称及编码协调制度（HS）编码规则的数据则从 1988 年起被记录，涵盖 197 个国家和地区。值得注意的是，除了被授权的机构，普通用户每次能调用的数据量上限为 50000 条。

（二）World Integrated Trade Solution（WITS）

网址：http：//wits. worldbank. org

World Integrated Trade Solution（WITS）数据库拥有市场上最全面的国际贸易、市场准入和贸易保护相关数据信息，并且提供内置工具模拟关税税率变化对贸易量、关税收益和社会福利的影响。WITS 主要由 The UNCTAD TRAINS（UNCTAD Trade Analysis Information System）、The WTO IDB/CTS、The UN COMTRADE 三个子数据库构成，因此它的数据来源非常广泛，包括但不限于世界银行、联合国贸易和发展会议（UNCTAD）、国际贸易中心（ITC）、联合国统计司（UNSD）、世界贸易组织（WTO）及其他国际组织。具体而言，TRAINS 提供了进口量（基于 HS 编码规则）、关税税率结构、准关税措施（Para-Tariffs）和非关税壁垒的信息，这些数据最早可追溯到 1988 年，涵盖了 174 个国家和地区。IDB 数据库根据商品种类、伙伴国、最惠国待遇分类收集并整理了各国的进口数据，同时还提供了详细的优惠关税税率水平数据。它的数据从 1996 年开始，包括 124 个国家和地区。CTS 则给出了 WTO 的最惠国关税税率（WTO-Bound Tariff）、最初谈判权（initial negotiating rights）和反映各国在商品贸易谈判中让步的其他统计指标。该数据库拥有自 1995 年 WTO 成立的所有数据，涵盖 137 个国家和地区。UN COMTRADE 则提供以美元计价的商品贸易总进出口量和复进口量，其中基于 SITC 编码规则的数据始于 1962 年，涵盖 217 个国家和地区；基于 HS 编码规则的数据则从 1988 年起被记录，涵盖 197 个国家和地区。此外，世界银行和国际商务中心（Center for International Business）、塔克商学院（Tuck School of Business）、达特茅斯学院全球特惠贸易协定数据库（Global Preferential Trade Agreements Database）提供了全球范围内的特惠贸易协定信息。

（三）附加值贸易数据库（Trade in Value Added）

网址：http：//www. oecd. org/sti/ind/measuringtradeinvalueaddedanoecd-wtojointinitiative. htm

随着贸易研究的深入，在全球经济贸易联系日益紧密、逐步形成全球价值链的今天，传统的贸易统计量如进口、出口很难反映一国在全球化中的分工，常常会错误。这是因为，一国的出口中往往包含大量的另一国的生产附加值。如何精确地计算各国的附加值，就需要一整套投入产出表及其他调整。在现有的数据库中，附加值贸易数据库（TiVA）就为我们提供了 OECD 国家这方面的信息。更广泛地包含全球的附加值贸易数据库，特别是发展中国家的数据库目前还处于空白的状态。附加值贸易数据库由 OECD 和 WTO 联合设立，提供各国在全球货物和服务生产中所贡献附加值的数据。在超过 50% 的货物贸易和接近 70% 的服务贸易为中间品贸易的国际贸易大趋势下，附加值贸易数据库的建立有着非常重大的意义。2015 版本的附加值贸易数据库包含经济合作与发展组织（OECD）、欧盟 28 国（EU28）、20 国集团（G20）以及大多数东南亚国家和小部分南美国家总共 61 个经济体，涵盖 34 个不同的工业部门（包括 16 个制造业部门和 14 个服务业部门）。数据库所涉及的年份为 1995 年、2000 年、2005 年、2008—2011 年。附加值贸易数据库中的国际贸易指标能够帮助我们更好地理解：出口产品中本国和其他国家贡献的贸易附加值的具体内容、按照服务类型和附加值来源地划分的服务贸易的具体内容、全球价值链中涉及中间品进口的再出口和国内生产所贡献的附加值、"全球化导向"的生产活动（能够满足最终消费品需求的工业附加值份额）、按照不同国家和产业划分的最终产品附加值来源地、建立在附加值基础上的双边贸易关系、区域间和区域内的贸易关系。附加值贸易数据库提供三种格式进行数据检索（可下载 csv 格式的数据文件）：主要的 TiVA 指标、总出口中贸易附加值的来源地、最终产品中贸易附加值的来源地。其中，重要的 TiVA 指标有 42 个，包括总出口额（EXGR）、最终产品总出口额（EXGR_FNL）、总出口的国内附加值（EXGR_DVA）、总进口额（IMGR）、总出口的国外服务附加值份额（EXGR_SERV_FVASH）等；总出口中贸易附加值的来源地格式下，可供选择的筛选项包括进口来源国产业、再加工出口国家、再加工出口产业；类似的，最终产品中贸易附加值的来源地格式下，可供选择的筛选项包括附加值来源国产业、最终产品消费国家、最终产品产业。

二 美国微观层面数据

尽管在贸易依存度方面低于发展中国家，但是美国长期以来作为世界经济第一强国，其统计数据具有信息丰富、可信度高、历史久、口径一致的特点，因此在经济分析中得到了非常广泛的运用。

（一）Linked-Longitudinal Firm Trade Transaction Database（LFTTD）

网址：https：//www. census. gov/ces/dataproducts/datasets/lfttd. html

LFTTD 数据是由美国统计局和美国海关组织调查的交易层面微观数据库，目前包含 1992—2011 年月度进出口交易数据。截至 2011 年，数据共包含超过 3400 万条出口观测值和 5900 万条进口观测值。该数据是以每条交易为基本单位的，特点是除了报告每笔交易的类型、金额、进出口目标国等基本信息之外还包括涉及交易的美国公司的信息。因此，可以用来匹配如 LBD 等企业层面调查。除了 LFTTD 数据，美国统计局还公布对外贸易进口数据库（Foreign trade data-EXP&IMP）。其数据均来源于海关的申报文书。Bernard 等（2011）回顾了已有文献使用微观数据对于出口企业和仅在国内市场经营的企业之间差异的研究。

（二）纵向商业调查（Longitudinal Business Database，LBD）

网址：https：//www. census. gov/ces/dataproducts/datasets/lbd. html

LBD 数据库是由美国统计局经济研究中心建立的。该数据包含所有在美国统计局登记中有雇员记录的公司，目前可得数据范围是 1976—2013 年，数据为年度面板数据，既包含了规模符合

经济普查范围的公司也包含此范围以外的公司；一共包含超过
850 万条观测值。LBD 数据库提供了一个既完整准确时间跨度又
长的微观数据。变量包含公司规模、创立年份、在册职工人数、
年龄、产业、地理位置、公司所有权以及法律形式（legal form
of organization）。LBD 所使用的公司代码与经济普查（economic
census and survey）相同，因此可以匹配 ECS 中包含的公司其他
信息。该数据仅向符合联邦统计调查数据中心（Federal Statistical
Research Data Centers）研究资格的申请者开放。关于此数据库的
详细信息，见 Jarmin and Miranda（2002）。

（三）美国制造业调查（US Census of Manufactures Data，CMF）

网址：https：//www. census. gov/econ/manufacturing. html

网址：http：//www. census. gov/econ/www/mancen. html

制造业调查是由美国统计局进行的每 5 年一次的大型微观调
查，始于 1967 年，所有以 "2" 或 "7" 结尾的年份都会进行调
查。调查范围覆盖所有的制造业企业。具体来说，数据 SIC 分
类中 D 类即 "制造业" 的国内公司，并且雇员人数在一个以上
的均属于调查对象。对于公司的调查问卷分为两部分：第一部
分包含基本的公司信息，第二部分则根据所属行业的不同有所
区别。所涉及的公司信息包括商业类型、地理位置、所有制类
型、总利润、全年及第一季度在册职工人数。收到长问卷的公
司还会提供库存量、资本支出、原材料成本、能源消耗和装货
量等信息。每个企业会报告其企业代码。使用该数据需要根据

数据类型向美国统计局进行购买。Bernard 等（2011）使用该数据研究生产多种产品的公司产品转换的频率、普遍性以及影响因素等问题。

（四）经济分析局（BEA）跨国公司调查数据

网址：http：//www. bea. gov/

该数据由美国经济分析局组织调查，为公司层面年度调查数据，包含美国企业在海外直接投资及其子公司的情况。这里的直接投资范围包括美国法人主体进行的海外直接投资以及由美国公司控股10%以上的公司所进行的投资行为。其中跨国企业包含在美国进行直接投资的美国母公司以及其海外子公司。由于美国的国际投资及贸易调查法案规定大于一定规模的跨国公司需要记录其财务和战略执行的详细信息，因此，该数据库可以对其进行调查。数据库包含了所有主要由美国公司所有的主要业务为制造业的附属公司。调查以 1994 年为基年。对于每个子公司，数据包含其所在国、主营业务以及销售额；对于每个母公司，数据包含公司主营业务、其主要客户在美国的地理分布以及其所有的子公司，同时，BEA 数据库还提供母公司的雇员人数、资本存量等公司层面信息。但是，根据作者描述，该数据并不是公开数据，至少需要得到授权。Nocke 和 Yeaple（2008）以及 Yeaple（2009）使用此跨国公司数据研究了企业异质性及其投资出口行为，并且证明高生产率的工业更倾向于海外投资并且出口更多。

三 法国

（一）法国海关贸易数据（Individual Exports by French Customs）

网址：http：//www. douane. gouv. fr/

该数据为法国海关提供的根据出口企业申报的记录汇总，非常详细地记录了所有位于法国的出口企业商品出口的相关信息，总共包含了超过 10000 种出口品类型。具体而言，该数据库包括出口商品的 CN8 八位产品分配代码和 HS‐2 代码、该产品出口商在法国的公司代码（SIREN）、商品的价值以及商品出口的目标市场国家。数据频率为月度数据，跨度至少从 2000 年开始。文献中描述数据记录的基本单位是出口商品类别，因此，该数据库提供每个月所有出口企业每类出口商品的价值和目的地信息。具体而言，数据最基本的信息单位是每个月某出口商的某一类商品对某一个目标国的出口价值。在 Fontagné 等（2013）的研究中，作者利用该数据库评估了企业的出口能力，并通过所提供的公司 SIREN 代码匹配企业微观数据库，以及法国政府的集聚政策数据库，研究了政府竞争集聚政策（cluster policy）对目标企业的选择问题。

（二）法国年度商业调查数据（Annual Business Surveys, ABS；Enquêtes Annuelles d'Entreprise, EAE）

网址：http：//www. insee. fr/en/bases-de-donnees/

该数据是由法国国家统计与经济研究局（Direction des statistiques d'entreprises，DSE）组织的调查数据库，调查形式为问卷调查。问卷的范围涵盖营业额、产量、增加值、雇员量、投资、进出口、商业设施、供货商、客户已经根据产品类型对产量进行的详细分类。数据提供企业的 SIREN 代码。调查主要覆盖法国的大城市地区，调研对象是年营业额在 3800 万欧元以上或者雇员人数大于 20 人的企业。数据类型为以企业为单位的年度追踪数据，总共包含大约 63000 家企业，每年只替换一小部分企业。而小型企业（不满足上述要求的企业）也会参与调查，但不是每年均被调查，而是根据所营业范围轮流接受调查。调查以邮寄的方式进行，每年 3 月调查组织者会给企业寄出调查问卷。此调查最早开始于 1971 年，初期企业范围仅包括商业部门企业，随后覆盖范围逐步扩大。值得注意的是，从 2009 年开始（即从 2008 年数据起），EAE 调查被年度部门调查（Annual Sector Survey，ESA）替代。后者的覆盖范围更加窄一些，原因是减轻调研负担。

（三）聚集政策企业数据库（The French Competitiveness Clusters；Pôles de Compétitivité）

网址：http：//competitivite. gouv. fr/

网址：http：//www. economie. gouv. fr/resultat-recherche？ filtres%5B%5D=&mot=cluster+policy

网址： http：//competitivite. gouv. fr/documents/commun/Documentation_ poles/brochures_ poles/anglais/brochure-ang-internet. pdf

该数据由法国财政部提供，包括4552家在2006年被纳入聚集政策范围的企业及其 SIREN 代码，以及该企业所属的聚集产业。

四 丹麦

尽管丹麦经济总量不大，但丹麦统计局独特地将企业与微观个体的数据结合统计，这是大部分国家统计部门没有做到的。因此，丹麦的贸易数据在研究国际贸易领域还是有非常重要的价值的，它对于研究国际贸易对不同微观群体的不同影响是非常好的研究材料。

丹麦企业与劳动力数据库（Danish Integrated Database for Labor Market Research）

网址：http：//www. dst. dk/en/TilSalg/Forskningsservice

目前 IDA 数据库由丹麦统计局、奥尔堡大学和哥本哈根商学院共同维护。数据库正式运营于1990年，1980—1990年数据由历史资料整理而成。自1990年起，每年11月底进行信息调查，当年数据于两年后提供。以下为数据库中包含的主要变量。

一是企业信息。包括成立年份、企业识别号、行业分类、企业地址、企业所有制、子公司数量、编制雇员数、兼职员工数、去年已在此公司员工数、去年已在此公司的编制员工数等。

二是雇佣关系信息。包括劳动力识别号、企业成立年份、企业识别号、在本公司工作年数、职员层或管理层、全职或兼职、每周工作小时数、小时薪资、影响薪资的负面因素、通勤距离、去年雇佣状态、明年雇佣状态等。

三是劳动力信息。包括劳动力识别号、性别、年龄、居住地、公民身份、原始国籍、移民情况、最高教育水平、目前教育情况、获最高学历年份、受教育地区、工作行业、职位、工作经历、失业情况、薪酬情况、所得税情况等。

此外，IDA 数据库可与企业财务数据库、企业调查数据库等合并。

Kreiner 等（2014）利用丹麦劳动力数据研究了税收对于劳动力转移的扭曲以及劳动力在不同机会之间的长期影响。文章发现丹麦税收产生了福利损失并且造成了 12% 的总税收收入下降。如果从高税收政策转向 OECD 国家所使用的低税率政策将会提高潜在效率。

五　中国

（一）中国海关贸易数据

该数据为中国海关总署提供，根据进出口企业申报记录汇总，包含企业层面与 243 个目的国、HS - 8 位码上的 7526 种货物的以美元计价的离岸价值。数据还包括货物质量、体积等信息，以方便计算单位货物价值。目前国内学界普遍使用的是 2000—2006 年海关数据库，据测该数据库已更新至 2014 年。

（二）中国工业企业数据库

由国家统计局建立，主要来自样本企业提交给当地统计局的季报和年报汇总。样本范围为全部国有工业企业以及规模以上非国有工业企业，其统计单位为企业法人。"规模以上"要求企业每年的主营业务收入在 500 万元及以上，2011 年该标准改为 2000 万元及以上。数据包括损益表、资产负债表和现金流量表，共 100 多个会计变量。数据库自 1998 年开始采集。2004 年与 2008 年数据为经济普查数据。

（三）贸易与企业数据合并的问题

Dai 和 Yu（2016）通过企业名称、电话、邮政编码三个信息，将工业企业数据库与海关数据库合并。工业企业数据库主要涵盖大企业，特别是涵盖了大部分大企业的产出和资本，但是并没有包括小企业。因为该数据不是一个普查数据，因此无法调查出口政策对于中小企业的影响。并且其没有一个统一的系统编码，在合并过程中可能会出现错误。

六 其他国家的微观贸易数据

（一）哥伦比亚

哥伦比亚企业数据（Colombia Departamento Administrativo Nacional de Estadistica，DANE）

网址：http：//www. dane. gov. co/

该数据来源于哥伦比亚统计部门进行的企业层面微观调查，数据始于 1981 年，为年度数据；涵盖所有有 10 个以上工人的企业，包含企业的投入品、产量、出口和其他企业层面的信息。

Sofronis 等（1998）利用三个国家企业层面微观数据和出口数据研究了出口企业与非出口企业生产率的差异，其中包含哥伦比亚企业数据。文章发现效率更好的企业一般倾向出口，但企业的成本并没有因为出口而受到影响。因此，是生产率高的企业选择了出口，而不是因为出口行为提高了生产率。

（二）摩洛哥（Morocco's Ministry of Commerce and Industry）

网址：http：//www. mcinet. gov. ma

网址：http：//data. gov. ma/fr

涵盖了几乎摩洛哥所有 10 人以上的企业，时间为 1984—1991 年，包含企业的投入品、产量、出口和其他企业层面的信息。

（三）墨西哥

1. 墨西哥规模以上企业数据（Mexico's Instituto Nacional de Estadistica Geografia e Informacion，INEGI）

网址：http：//www. inegi. org. mx/

包括 3200 个墨西哥规模以上企业年度数据，时间为 1986—1990 年，包含企业的投入品、产量、出口和其他企业层面的信息。

2. 墨西哥企业及产品层面数据（Encuesta Industrial Mensual，EIM）

网址：http：//www. inegi. org. mx/est/contenidos/proyectos/encuestas/establecimientos/sectorsecundario/eim/emim/pub_y_prod/default. aspx

该数据库是由 INEGI 进行调查的，数据为月度数据，目的是监测制造业短期趋势及动态变化。可以把月度数据加总到年度进行使用。该调查覆盖了墨西哥除了边境工厂之外 85% 的工业产出，包含了超过 6000 家工厂的 3000 多种产品信息。工业会报告其生产的每一类产品的总产量、总销售量以及总出口量的数量和金额信息，并且报告商品的 CMAP 六位编码。

Eckel 等（2015）利用这个数据库实证检验了多产品公司在差异化产品市场价格与产品质量的正相关关系，但是在非差异化的出口产品市场反而表现出反向关系。

（四）斯洛文尼亚

斯洛文尼亚制造业数据

网址：http：//www. stat. si/statweb/en/home

该数据是由斯洛文尼亚中央统计办公室（Slovenian Central Statistical Office）收集的制造业企业年度数据，包含 7000 多个企业的非平衡面板数据，包含制造业企业的基本信息。作者使用该数据研究了出口企业与非出口企业的利润差距以及其背后的生产率差异。

Loecker 和 Warzynski（2012）发展了一种新的估计企业利润的方法，该方法依赖成本最小化厂商生产函数和可变的要求投入，且利用该斯洛文尼亚制造业数据进行了估算。

（五）巴西

巴西贸易交易数据（Brazilian trade transaction data）

该数据来源于巴西外贸秘书处（Secretaria de Come'rcio Exterior, SECEX），根据海关的产品出口申报进行编制，包含 8 位商品类别代码，其中前 6 位与 HS – 6 位代码一致；数据类型为月度出口统计数据，可以加总到公司年度层面。该数据库中的巴西出口数据包含了 World Trade Flow（WTF）数据当中 95.9% 的巴西出口数据。

Arkolakis 等（2010）利用该出口企业、产品及出口目的地数据库研究了多产品出口企业出口行为的规律。

（六）印度尼西亚

印度尼西亚制造业调查数据（Manufacturing Survey of Large and Medium-sized Firms，Survei Industri，SI）

该数据是年度数据，调查了印度尼西亚所有的超过 20 人的制造业企业。数据为企业层面数据，变量包括产出、中间品投入、劳动力、资本、进出口以及国外所有者数据。数据库包含 1991 年至今的数据。数据还包括了商品的 5 位工业分类代码，可以用来匹配进出口信息。该数据库的中间品投入信息是其特色。

Amiti 和 Konings（2007）利用该数据估计了出口企业从减少最终产品关税和减少中间品投入关税当中获得的生产率提升。数据显示，10% 投入品关税的下降会导致进口投入品的企业生产率 12% 的增加，是出口关税产生生产率提升效果的 2 倍。

（七）葡萄牙

1. 葡萄牙对外贸易数据库（Portugal Foreign Trade Statistics，FTS）

该微观数据库为葡萄牙出口数据，包含了出口产品类型、目标

国、价值和数据等详细信息。数据库由两部分数据组成：一部分是
葡萄牙出口到欧盟外国家的数据，另一部分是出口到欧盟其他国家
的数据。两类数据的收集方法有所不用，前者主要是通过海关清单
信息汇总而来，后者则通过内部统计的方法分离出来。数据库中的
出口商品记录使用 CN8 八位编码。2005 年的数据包含了 10096 种商
品，商品价格使用 FOB 价格。数据涵盖了 16541 家出口企业，220
多个目标国。该数据库涵盖了 97% 以上的葡萄牙出口总量。

2. 企业综合会计系统（Enterprise Integrated Accounts System，EIAS）

由葡萄牙国家统计机构进行调查的企业微观数据库，涵盖基
业层面基本信息例如增加值和雇员人数等。

Bastos 与 Silva（2010）利用该数据库研究了影响企业出口质
量的因素，发现商品的 FOB 价格随着距离而增加，并且对于富
裕的国家价格更高，这意味着不仅市场中的企业会有分类，并且
企业内部对于出口目的地也会进行分类。

（八）意大利

1. 意大利企业层面数据库（chStatistiche del Commercio Estero，COE）

该数据库由意大利统计署（ISTAT）提供，包含 2000 年起
所有由意大利企业进行的跨境贸易记录。数据类型为年度数据，
记录了每一个产品—目标国配对的出口产品数量及价值总额。商
品由六位 HS - 6 代码表示，并且该数据库还提供了企业的识别
编码。

2. Archivio Statistico Imprese Attive（ASIA）

该数据同样由意大利统计署（ISTAT）提供，记录了意大利所有经营中的企业。在 ASIA 当中，企业根据其主要经营活动范围分为三类，具体由 ISTAT 的五位行业分类标准码代表（ATE-CO）。与 COE 数据相匹配就可以识别出口企业的类型（制造业、批发商、零售商以及其他行业）。此外，ASIA 数据库还包含了企业雇用人数、总营业额等信息。

Bernard 等（2011）利用该数据库研究了国际贸易中使出口中间商增加的原因，以及其对于贸易量的影响。

（九）智利

智利交易层面出口数据（Transaction-level Export Data）

该数据由智利海关总署提供授权使用，记录了 2004—2006 年每一笔出口交易。包含了出口商信息（公司名称及税号）、出口产品信息及八位 HS 编码、产品的货运信息（净重、数量、FOB 价格及 CIF 价格、运载船名、到岸港口等）、目标国信息，同时还提供了目标国进口商名称等信息。

Blum 和 Horstmann（2009）通过匹配智利和哥伦比亚的进出口交易数据研究了贸易中间商的特点，并且构建模型分析了贸易环境的改变对贸易成本和贸易行为的影响。

（十）挪威

挪威制造业行业企业层面数据（Firm-level Data for the Norwegian Manufacturing Sector）

该数据来源于挪威资本统计数据库（Statistics Norway's Capital Database），包含了自 1993 年起的股份有限公司面板数据。数据包含制造业企业投入品和产出数据，基本涵盖了挪威 90% 以上的制造业收入。而企业层面的贸易数据根据企业的海关申报书进行汇总，所涉及的公司当中 40% 为出口商。

Irarrazabal 等（2013）利用该数据研究了全球产业链中的公司内贸易对于跨国生产的地理分布的影响。作者认为跨国生产和出口是非常相似的行为，因此减少跨国生产会带来福利损失。

（十一）德国

德国企业及雇员数据库（Linked-Employer-Employee-Data IAB Germany）

网址：http：//fdz. iab. de/en/Integrated_ Establishment_ and_ Individual_ Data/LIAB. aspx

该数据是由德国联邦劳动服务部门（German Federal Labor Services）提供的就业统计数据和企业层面面板数据（IAB Establishment Panel）合并而来的。前者包含了社保体系下的雇员和接受培训人员的数据。该数据包含了将近 80% 的联邦德国就业者和大约 85% 的民主德国就业者。该数据由社会保障部门进行统计。数据包含就业者所在职位、职业地位和总收入，以及性别、年龄、国籍、资质等个体层面信息。而 IBA 数据始于 1993 年，IAB Establishment Panel 数据采用分层抽样方法，调查包含在就业统计当中的企业，大约覆盖 1.1% 的全部企业以及 11% 的雇员。IAB Establishment Panel 的最初目的是提供劳动力市场需求方的更多证据，基本问卷主要包含劳动力构成以及其随时间发展的主要内容。其他信息还包括培训和再教育、工资、工作时间、经营活动、公司政策等其他基本信息。两个数据均提供每个企业独特的编码识别信息，因此可以用来匹配成统一的数据库。

Schank 等（2007）利用德国公司—雇员数据研究了出口企业是否会支付更高的工资。发现出口企业和非出口企业的工资差距逐步在缩小，但是还未完全消失。

（十二）瑞典

瑞典企业及雇员数据库（LISA）

网址：http：//www. scb. se/lisa-en

该数据库由就业人员个体层面数据库和公司层面匹配而来。个体数据来源于瑞典统计部门年度工资调查，以及其他登记调查数据。该数据始于 1995 年，覆盖了 200 万名就业者及其工资收入、教育、职位、所属部门，以及其他人口统计信息。企业层面数据则是基于瑞典统计部门的金融调查数据（Statistics Sweden's Financial Statistics），覆盖所有的瑞典企业，变量包括生产能力、投资、资本存量、雇员人数、增加值、利润、销售额、是否为外资企业、是否是多国公司等信息。

Davidson 等（2014）利用该数据研究了劳动力市场匹配异质性工人工作的效率，以及全球化在此当中产生的影响，发现开放明显提高了那些拥有比较优势的行业劳动力和工作的匹配效率。

（十三）新西兰

新西兰纵向商业数据库（Longitudinal Business Database, LBD）

网址：http：//www. stats. govt. nz/browse_ for_ stats/busines-ses/business_ characteristics/longitudinal-business-database. aspx

LBD 数据库是由新西兰统计局进行维护，涵盖丰富企业信息的企业层面年度微观数据库。数据的最大卖点在于拥有多维度的信息，是由调查数据和管理数据结合汇总而来。数据提供跨度超过十年的公司绩效及雇员信息数据。数据库当中包含公司层面税收数据、财务数据、雇员数据、货物数据和进出口数据。关于该数据库的详细介绍，参见 Fabling（2009）。

◇◇ 第二节　各国微观数据的合并

现有的文献大部分是用一国的数据研究分析一国的进出口的行为。显然，如果能把各国的微观数据合并，我们将能把国际贸易的细节勾画出来。然而，阻止现有研究合并数据的阻碍在哪里呢？

一　商品编码体系

不同国家有不同的产品及行业分类方法，把不同分类方法下的数据匹配在一起，首先就需要我们进行编码的对应（concord-ance）。面对未经整理的各国微观贸易数据，贸易经济学家所要做的第一项工作，就是把这些数据对应起来。现行的编码体系有如下几种。

（一）商品名称及编码协调制度（The Harmonized Commodity Description and Coding System，HS）

网址：http：//www. wcoomd. org/en. aspx

HS 是世界海关组织（WCO）于 1983 年开发的国际产品分类方法，被用于统一协调各国的海关、贸易程序，便利非单据贸易数据（non-documentary trade data）交换。据统计，目前有超过200 个国家和地区及超过 98％的国际贸易数据统计使用了 HS 的分类方法。这使得 HS 成为目前在国际贸易领域使用最广泛的产品分类方法。HS 采用六位数编码的结构，其中编码第一、二位数码代表"章"（chapter），第三、四位数码代表"目"（heading），第五、六位数码代表"子目"（subheading）。在具体操作中，首先将商品按经济部门划分为 21 类（section），之后再根据商品原材料或用途性能分出 96 章。章下设目，依原材料的属性定义。

（二）国际贸易标准分类（Standard International Trade Classi-fication，SITC）

网址：http：//unstats. un. org/unsd/cr/registry/regcst. asp？Cl =14）

SITC 于 1950 年由联合国统计司主持制定、联合国经济社会理事会正式通过，用于统一各国对外贸易商品的分类统计。该体系至今经历了四次修改，分别为 SITC rev. 1、SITC rev. 2、SITC rev. 3 及正在使用的 SITC rev. 4。其中 SITC rev. 4 于 2006 年 3 月由联合国统计委员会第 37 届会议通过。SITC 采用传统的经济分类标准，即先按原料、半成品、制成品分类，反映商品的产业部门来源和加工程度，再按商品用途分类。该标准使用五位数字编码，第一位数字表示类，第二位数字表示章，第三位数字表示组，第四位数字表示分组，第五位数字表示基本编号。具体来说，SITC rev. 4 将产品分为 10 大类、66 章、262 组、1023 个分组和 2652 个基本编号。

（三）广义经济分类（Broad Economic Categories，BEC）

网址：http：//unstats. un. org/unsd/cr/registry/regcst. asp? Cl = 10

BEC 是一个由联合国统计局制定、联合国统计委员会审议通过、联合国秘书处出版颁布的国际贸易商品分类体系。BEC 采用三位数编码结构，按照商品所属经济类别及主要最终用途综合分类汇总国际贸易。BEC 实际是将国际贸易标准分类（SITC）的基本项目编号重新组合排列编制而成。通过 BEC 分类，可以把按国际贸易标准分类（SITC）编制的贸易数据转换为国民经济核算体系（SNA）框架下按最终用途划分的三个基本货物门类：资本品、中间产品和消费品，以便把贸易统计和国民经济核算及工业统计等其他基本经济统计结合起来用于对国别经济、区域经济或世界经济进行分析。BEC 于 1971 年颁布，经历了 1976 年、1986 年、

1988 年及 2007 年四次修订，目前通用的是 BEC 2007 版。

（四）国际标准分类（International Standard Industrial Classification，ISIC）

网址：http：//unstats. un. org/unsd/cr/registry/regcst. asp？Cl = 27

ISIC 是生产性经济活动的国际基准分类。ISIC 第一版由联合国经济及社会理事会通过 1948 年公布的 149A（Ⅶ）号决议正式颁布。许多国家已将 ISIC 用作制定本国产业分类的基础，其他国家则尽可能切合实际地确保国家分类细目归入 ISIC 的一个类别，从而实现其行业分类与 ISIC 之间的可比性。同时，联合国、联合国工业发展组织、国际劳工组织、联合国粮农组织、联合国教科文组织和其他国际机构在发布和分析统计数据时都采用 ISIC。ISIC 采用一位字母加四位数编码的结构，基本思路是将经济活动按四级互斥类别的结构分层划分。第一级为门类，按字母顺序对各个类别进行编码，各个门类将所有生产活动分成大组（如"农业、林业和渔业"对应门类 A），用字母表示；第二级为类，编码对应前两位数；第三级为大组，编码对应前三位数；第四级为组，划分最详细，编码对应前四位数。截至目前，它已经进行过四次修订，分别为 ISIC rev. 2、ISIC rev. 3、ISIC rev. 3. 1 及 ISIC rev. 4，其中目前使用的为 ISIC rev. 4（2008 年正式公布）。

（五）北美工业分类系统（North American Industry Classification System，NAICS）

网址：http：//www. census. gov/eos/www/naics/

NAICS 是为了使北美贸易协议签署国之间的数据更具有可比性而建立的产业分类系统，目前广泛使用于美国、加拿大和墨西哥三国。20 世纪 90 年代，由于原有的标准产业分类体系（SIC）越来越不符合实际需求，墨西哥国家统计与地理局、加拿大统计局和美国经济分类政策委员会讨论并决定制定一个全新的三国通用的产品分类标准。NAICS 使用六位数编码结构，但只规定了前五位数的编码规则，第六位数则根据各国产业的划分有所区别。因此，对于同一产品，美国、加拿大和墨西哥的编码可能不同。具体说来，NAICS 根据供应方及生产流程区分了门类（industry sector）、子门类（industry sub sector）、产业组（industry group）、产业（industry）四个等级，分别对应前两位数、第三位数、第四位数及第五位数。NAICS 最早于 1997 年公布，每五年修订一次，截至目前已有 2002 年、2007 年、2012 年多个修订版。

（六）编码体系的对应

网址：http：//faculty. som. yale. edu/peterschott/sub_ international. htm

耶鲁大学教授 Peter K. Schott 的团队整理了一系列的编码体系的对应文件。具体包括中国产业编码体系（Chinese CIC industries）和 ISIC（revision 3）编码体系的对应，美国 1989—2006 年各个版本的 HS 编码、美国行业编码（SIC）、SITC 编码以及 NAICS 编码之间的相互对应，ISIC 编码和美国行业编码（SIC）之间的对应等。这些对应可以直接从其网站上下载。

二　各国数据之间的差距

导致各国间数据难以合并分析的第二个原因是因为各种各样的隐性避税动机所造成的各国数据间的差距。概念上来讲，A 国对 B 国的出口，应当等于 B 国从 A 国的进口。然而在实际数据中，我们常常发现 A 国报告的对 B 国的出口与 B 国报告的从 A 国的进口，几乎很少完全一致，有时甚至差距巨大。除了可能的产品分类、计算制度、测量误差等技术层面的原因外，数据差距的背后往往是出口企业和进口企业各种各样高报或低报产品价值的避税动机。具体的程度取决于两国具体的关税水平、国内营业税和增值税的水平。

此现象一个经典的例子是中国与美国之间的贸易数据差。贸易数据显示，美国报告对中国大陆的进口长期高于中国大陆统计的对美出口。针对此现象，Fung 和 Lau（1998）、Feenstra（1999）等学者给出的解释是，这种差异是由中国大陆途经中国香港的转口贸易引起的。这部分出口在中国大陆、中国香港均被视为向中国香港的出口，但在美国却被计为从中国大陆的进口。他们将 1979—1993 年美国统计的对中国大陆和中国香港的进口与两地对美出口之和相比较，发现两项数据基本吻合。

然而，从 20 世纪 90 年代开始，中国香港在中美贸易中的地位直线下降，而中美的贸易数据差距却越来越大，显然转口贸易已不足以解释这一现象。Ferrantino 等（2012）的论文就针对此问题展开了分析，考虑了逃避增值税（avoid paying value-added tax）、逃避关税（tariff evasion）、规避中国资本管制（evasion of Chinese capital controls）等多种行为的影响。作者从美国统计局的未公布记录里提取了美国直接进口（direct imports）的分类数据。该数据区分了直接装运（direct shipment）、转运（transshipment）、再出口（re-export trade）、是否通关（cleared customs）等多种贸易模式。中国对美出口数据则从中国海关总署处收集，并且删除了所有途经中国香港或第三国的转口贸易数据。以上数据均以 HS 编码制子目一级（subheading level）分类为基准，它是做长期比较中可获得的最精细数据。由于数据的可获得性问题，作者最终只选择了 1995—2008 年的数据集。然后作者设计了将谎报数据作为外生变量的局部均衡模型，用不同类型的贸易行为假设代入。统计结果得到了支持在中国边境漏报出口量来偷逃增值税的有力数据证明，以及转移定价（在美边境报高进口价格以使进口的美国公司少交所得税）、关联交易和避开中国的资本管制（通过洗钱等方式）影响的间接证明。据估计，仅在 2002—2008 年，中国大陆对美出口偷逃的增值税就可达 65 亿美元，它解释了近 2/3 的中美进出口数据差异。而其余行为在 2002—2008 年使得美国的关税收入损失了 20 亿美元。

三 其他原因

造成合并困难的其他原因还有很多，最大的困难在于数据的可得性。大部分企业的数据非公开可得，企业生产经营方面的信息更加敏感，这也为在世界范围内合并数据造成了很大的困难。

另外，就是很多信息在各种各样的语言翻译转换中消失了。例如反倾销数据库常常会列出受调查企业的单独税率，企业的名称是以英文命名的，然而，根据这些英文名，我们常常无法找到它所真正对应的企业信息，原因是中国企业没有一个正式的英文名称。这对我们研究很多问题造成了阻碍。例如，我们想了解出口企业和进口企业之间的配对关系是否稳定，一笔交易中买卖双方的垄断权力起到了什么作用，但因为匹配数据的缺失，相关研究无法开展。在现有的数据库中，我们无法找到哪一个中国企业卖给了哪一个美国企业，即使美国方面的数据有一定的记录，我们也无法把它从英文直接翻译成中文，因为同一个英文拼写会对应很多个不同的汉字。因此，统一调查的规范，用世界范围内的标准化的模式去搜集整理企业和贸易信息，才能使得利用跨国微观贸易大数据进行研究成为可能。

◇◇ 第三节　全球国际贸易成本数据

贸易成本有两种，一种可以直接观测得到，另一种则需要间接推断。一般而言，与贸易相关的可变成本，是比较容易被观测度量出来的，比如关税和航运成本。然而，对于构建异质性企业模型很关键的与贸易相关的固定成本部分,却是很难观测和度量的,所以,我们利用贸易成本的代理变量——距离、语言、殖民地隶属关系、共同边界等来描述这些固定成本。然而这些代理变量就如同黑盒子,它们具体如何影响贸易量的机制仍然十分模糊。因此,间接推断的成本一般基于贸易理论模型。

一 关税水平数据

联合国贸易和发展会议贸易分析信息数据(UNCTAD Trade Analysis Information System,TRAINS)

网址:http://databank.worldbank.org/data/reports.aspx?source = UNCTAD-—-Trade-Analysis-Information-System-%28TRAINS%29

TRAINS 是集中提供由联合国贸易和发展会议(UNCTAD)搜集整理的有关贸易类数据的公开数据库,拥有迄今为止最全面的非关税措施(non-tariff measures)相关的数据。通过与世界银行合作,它已被整合纳入 WITS(World Integrated Trade Solution)数据库,用户可以直接登录 WITS 数据库获得其所有数据。TRAINS 数据库主要提供基于世界海关组织 HS 编码规则的进口量数据、关税税率结构及各项非关税壁垒信息三个大类的经济指标。其中进口国汇报的进口量以及最惠国待遇关税税率从1988年起记录,涵盖了 72 个国家和地区。主要由 UN COMTRADE 数据库提供,若当年此项数据不可得,则用镜像贸易数据(出口国汇报的出口到该国的数据)代替。关税税率结构包括最惠国税率以及特惠税率、从价税和非从价税、GSP、区域性贸易协议（RTA）、优惠贸易协定（Preferential Trading Agreement，PTA）及双边贸易协定税率（bilateral agreement rate）、保护性关税（para-tariff）等多个小类。同样，该项数据最早可追溯至 1988 年，涵盖了全球 174 个国家和地区。各国的关税税率结构依据其统计部门公开的信息而有所区别，单个国家最多提供 15000 条统计信息。值得注意的是，从 2009 年起，非关税壁垒信息开始采用新的分类方式，部分数据可能会出现信息不全的现象。非关税壁垒信息最早从 1992 年起记录，涵盖了 102 个国家。与同为贸易类数据库的 UN COMTRADE 相比，TRAINS 拥有关税层面更详细的数据，而其在数据覆盖的时间和国家范围以及出口层面的数据方面则有所不足，可以说这两个数据库是互有补充的。UN TRAINS 是现有的最权威的国家—产品层面的贸易数据，产品详细到 HS－6 层面。HS－6 是最详细的国际可比的数据，低于 HS－6 的部分，各个国家会根据自己国家进出口产品的特征，制定相应的编码。例如美国最详细的数据编码是到 10 分位；中国之前是到 8 分位，现在也编制到 10 分位。单据层面的数据是海关中最详尽的数据。

二 航运成本

（一）联合国贸易和发展会议数据库（United Nations Conference on Trade and Development Stat，UNCTAD Stat）

网址：http://unctad.org/en/Pages/statistics.aspx

UNCTAD Stat 由联合国贸易和发展会议组织调查，包含国际商品和服务贸易、经济趋势、对外直接投资、外部融资资源、人口和劳动力、商品价格、信息和通信技术、创意性产品及海洋运输九个大类的数据。其中海洋运输数据又可分为世界货轮信息（world merchant fleet）、海洋运输指标及世界海运贸易三个小类。具体而言，UNCTAD Stat 提供了根据注册旗帜和船型（该项数据时间跨度为 1980 年至今）、实际收益拥有国（该项数据从 2014 年开始记录）分类的货轮数量、总装载货柜量、最大货轮尺寸、可提供服务的项目等数据；同时还记录了自 2014 年起每年各国新建和损毁报废的货轮数量。此外，海运运输连接性指数（liner shipping connectivity index）、班轮运输双边连接指数（liner shipping bilateral connectivity index）、集装箱港口总容量也分别从 2004 年、2006 年和 2008 年起开始对外公布。根据 UNCTAD 的定义，海运运输连接性指数检视国家与全球海运网的连接度，也是判断国家融入全球市场程度的依据之一。UNCTAD Stat 还提供了 1970—2014 年根据货物种类和国家分类的世界海运贸易数据。依据以上数据，UNCTAD 自 1968 年起每年发表一篇《海运回顾报告》（*The Review of Maritime Transport*），报告主要分析海运贸易、港口及运输货物的结构性和周期性变化。

（二）美国海事厅（United States Maritime of Administration, MARAD）

网址：http：//www. marad. dot. gov/

美国海事厅是美国运输部（The Department of Transportation）下辖的重要机关之一，其宗旨是促进美国水上交通运输的使用，提高美国商船的生存能力。MARAD 通过与联邦海关等部门的合作整合了完备的美国海上运输相关数据。值得注意的是，MARAD 每年提供各个条目的数据报告，暂不支持同时调用多年的数据。MARAD 目前提供的数据主要有货轮信息（Fleet Statistics）、美国水上运输的国际贸易（U. S. Waterborne Foreign Trade）、石油污染法案相关数据（OPA-90 Related Statistics）、邮轮统计（Cruise Statistics）四大类数据。具体而言，货轮信息包括美国私有货轮（U. S. -Flag Privately-Owned Fleet）、美国集成式与铰接式拖轮驳船（U. S. -Flag Integrated and Articulated Tug-Barge Units, ITB/ATB）的数量，这些数据最早可追溯至 1946 年。从 1990 年起，MARAD 每年都会以该项数据为基础公布美国船舶清单报告（Vessel Inventory Report）。海上运输贸易数据主要涉及集装箱海运贸易量，根据出境、入境及运输路线分类展示，该项数据从 1970 年开始公布。石油污染法案相关数据主要关注《石油污染法》生效后油轮在海洋运输中的使用状况，包括海岸线油箱货轮市场一览（Coastal Tank Vessel Market Snapshot）、停靠美国港口的油轮（Tanker Calls at U. S. Ports）、因《石油污染法》而逐步结束的美国油轮［U. S. -Flag Oil Pollution Act of 1990（OPA-90）Phase-Out］、取消的美国油轮（U. S. -Flag Tank Vessels Removed）、美国油轮贸易（U. S. Tank Vessel Trades），该项目目前仅公开了 2012 年及 2013 年两个年度的数据。邮轮统计数据主要包括北美邮轮的货轮、容量、交通、市场占有率、离散港与目的地等信息。与石油污染法案相关数据类似，MARAD 已停止公布邮轮统计数据，目前该网站上只能获得 2012 年的数据信息。

（三）对外贸易数据库（Foreign Trade Statistics，FTS）

网址：http：//www. census. gov/foreign-trade

FTS 由美国国家统计局负责调查整理，定期更新美国对外贸易的月度、季度进出口情况，数据范围覆盖了超过 17000 种商品。商品编码有 HS－6 位数编码及 NAICS 4 位数编码两种方式。其公布的进口数据来源于美国海关自动化商业系统（the U. S. customs' automated commercial system）、进口商品入境汇总表（import entry summary forms）、仓库取货单（warehouse withdrawal forms）及免税区文件（foreign trade zone documents），而从加拿大进口的天然气数据则来源于加方。其公布的出口数据（除对加拿大外）来源于由美国主要利益方（the USPPI）或其代理机构通过自动出口系统（automated export system）提供的电子出口信息（electronic export information）。根据 1987 年美国统计局、美国海关、边防局于加拿大海关和统计局签订的谅解备忘录，美国出口到加拿大的出口数据可用加拿大统计对美国的进口数据替换。FTS 包含的数据范围包括但不限于美国的出口、国内出口、再出口、进口、保税仓库、免税区、处理或装配后运回的美国商品等。就运输方面的数据而言，美国商品进口（The U. S. Imports of Merchandise）及美国商品出口（The U. S. Exports of Merchandise）的数据报告提供了来自超过 240 个贸易伙伴和 45 个地区的各类商品的货物价值、数量、进口方式（空运、货轮或者其他方式）、运输重量（shipping weights）、运输费用、适用关税等详细信息。而在美国港口数据报告（U. S. Port Data）中，人们还能获得通过美国各个港口的货船的运载重量和货物价值，某个国家通过特定港口进口到美国的货物的数量、价值及其在美国贸易伙伴中的排名，以及在某一机场出口的各类商品的价值及在任意港口进口或出口的商品价值排名。以上数据均由 2002 年起开始提供。

（四）国际民用航空组织数据（International Civil Aviation Organization Data，ICAO）

网址：http：//www. icao. int

ICAO 是于 1944 年创建的一个联合国专门机构，目前共有191 个成员。ICAO 旨在制定并完善国际通用的民用航空的标准，以支持一个安全、有效、经济上可持续和对环境负责的民用航空业。ICAO 目前定期公布的数据主要包括航空安全性数据、尾气排放及噪声污染、全球航空运输状况及民用航空全球会议公约信息四个大类。其中，航空安全性数据提供了各大安全事故调查报告、地面通信导航监控运作情况、危险物品排查力度、飞行员操作规范问题、天气状况等多项专题报告。全球航空运输状况具体包括了国际定期航班的载客数、载货量及运送的邮包的季度数据

（由于保密条款限制以上数据只能在报告期 6 个月后公布）；各大商业航空公司详细的财务数据、运输量、人力情况及其客机信息；依据国别、机场、领空、运营商、事故发生的航空运量、事故统计及审计结果。以上数据从 1973 年开始提供。除此之外，ICAO 还提供民用航空业的行业预测数据。

三 贸易相关的固定成本

贸易相关的固定成本是指无法被归纳到一件具体产品上的、与出口相关的固定成本。对于怎样度量贸易的固定成本，目前为止还没有公论。在现有研究中，经常被使用到的指标包括如下几种。

（一）世界做生意数据库（World Doing Business Data，WDBD）

网址：http：//www. doingbusiness. org/data

世界做生意数据库是现有为数不多的专营收集各国中小企业商业监管情况的微观数据库，由 The Doing Business Project 负责维护和更新。该项目由世界银行和国际金融组织共同发起，旨在通过收集和分析全面的定量数据来比较各经济体在各个时期的商业监管环境，致力于为经济体的监管体制提供可衡量的改革基准。值得一提的是，该项目组还定期发布《营商环境报告》（*Doing Business Report*），报告详述了不同城市的商业业务监管和改革情况，根据量化数据对其监管环境进行排名，并有针对性地提供了经济改革的意见建议。报告中使用的所有数据均可在数据库中得到。世界做生意数据库所含信息主要根据各国的法律法规、监管条例编写（大部分国家以该国最大的商业城市为范本，2013 年人口超过 1 亿的 11 个国家则按人口加权核算了最大的 2 个商业城市的数据），并针对私营部门和政府官员发放问卷调查，之后通过各地政府的统计部门处汇总，最后经过世界银行集团在各国的工作人员核查后录入系统。其数据最早可追溯到 2003 年，目前已涵盖了 189 个经济体。WDBD 提供了中小企业的整个生命周期内受到的监管情况，具体包括注册公司、获得建筑许可证、接入电网、登记财产、申请贷款、保护少数投资者、税收、跨境贸易、执行合同、破产条款、劳动力市场法规 11 个大类，每个大类又细化到办事流程、平均耗时、资金成本及实际监管力度等统计条目。

（二）世界治理指标（Worldwide Governance Indicators, WGI）

世界治理指标是世界银行开发的一个发展跨国治理指标研究的长期项目。该体系的评价范围覆盖 1996 年以来超过 200 个国家的治理情况。WGI 包括六个包含广泛维度的综合指标：呼声和问责机制、政治稳定度和暴力/恐怖主义、政府效率、管制质量、法律规则以及腐败控制。其中，前两个指标衡量政府选举、监督和政权更迭的过程；中间两个指标评价政府有效制定和执行健全可靠的政策的能力；最后两个指标则用以反映公民、经济制度的状态及这两者的社会层面的互动情况。指标的评价建立在来自 31 个不同数据源的几百个变量的基础上。这些变量捕捉了由全球范围内的调查受访对象、非政府组织、商业信息提供商和公共部门组织提供的报告中关于不同国家治理效果的评价、观察和看法。在世界治理指标中，从上述广泛来源搜集而来的数据被组成与前述六个维度相对应的六个簇。对于每一簇数据，该体系运用被称为"非观测成分模型"的统计方法处理，具体包括以下三个过程：将来自多样来源的数据标准化，从而使数据可以相互比较；以加权平均的方式构建不同数据和变量的汇总性指标；构建能够反映度量治理效果时不可避免的不精确问题的误差界限。

（三）全球竞争力指数（Global Competitiveness Index，GCI）

全球竞争力指数是一个综合性评价各经济体竞争力的指标体系。国际竞争力问题研究从 1980 年始至今 30 多年，在理论基础、评价方法、统计手段以及数据的开发应用方面都有较大的发展，成为一种对社会、政治以及经济过程综合测评并进行国际比较的较为科学的方法，而世界经济论坛的国际竞争力（GCI）评价体系是一个引用度比较高的指标系统。世界经济论坛的《全球竞争力报告》是在新古典学派的经济增长理论技术进步内生化经济增长模型以及大量经验性研究文献综合基础之上，以未来 5—10 年的中长期人均 GDP 的经济增长为核心，建立多因素决定的系统评价体系。具体来说，全球竞争力报告将竞争力定义为一系列制度、政策和其他因素构成的综合指标。上述因素决定一个经济体生产力及与该生产力相匹配的该国能够达到的繁荣程度。报告运用 12 个支持性指标分析竞争力，这些"支柱"包括制度、基础设施、宏观经济环境、卫生和初等教育、高等教育与培训、商品市场效率、劳工市场效率、金融市场发展、技术准备度、市场容量、商业成熟度以及创新共 12 个方面。这些支柱性指标又进而被组织成三大索引，与一个经济体的三个发展阶段相对应：要素驱动、效率驱动和创新驱动。在计算某经济体的具体整体竞争力时，包括不同支柱性指标的三大索引被赋予不同的权重。该权重则取决于根据人均 GDP 和矿物性原料出口比重衡量的不同发展阶段。

（四）全球清廉指数（或称腐败指数，Corruption Perception Index，CPI）

全球清廉指数是由"透明国际"组织提供的用于评价一个国家公共部门腐败程度的指标体系。作为一个综合性的指数，它基于对不同的有声誉的机构提供的调查和评价的整合而形成。CPI 是全球最广泛使用的腐败评价指标。广义上说腐败是由非法活动构成，而非法活动往往是被故意隐蔽的，因而需要丑闻、调查或指控才能见光（公之于众），故此，很难找到以扎实的实证数据为基础的评价各国或各地区腐败的绝对水平的有意义的方式。曾有过评价绝对腐败水平的类似尝试，比如通过比较被报告出来的贿赂额、指控的数量或直接研究与腐败相关的司法案件。但上述方法都无法被视为可靠的腐败水平的定义性指标。相反，它们展现了检察机关、法院或媒体在调查和曝光腐败时的效率（Transparency International，2015）。通过捕捉处在能够提供评价公共部门腐败位置的人对腐败的看法是比较国家间相对腐败水平的最可靠的方式。CPI 的数据源于专业从事治理和商业景气分析的独立机构。"透明国际"组织会通过仔细检查每一个数据源的调查统计方法来确保所采用的数据源符合该组织的质量标准。

四 非关税型的贸易成本

随着 WTO 体系下一轮又一轮的贸易谈判，各国之间的关税水平大幅度下降。高的一般性关税已经不是一国进行贸易保护的主要手段，越来越多的非关税壁垒（Non-Tariff Barrier）成为更重要的手段。非关税壁垒包括反倾销、反补贴、安全保护措施三种。各国使用这三种手段的具体情况被包括在下述的几个数据库中。

（一）全球反倾销数据库（Global Antidumping Database，GAD）

网址：http：//econ. worldbank. org/ttbd/gad/

GAD 数据库是由世界银行建立的关于各国政府使用反倾销贸易政策情况的数据库。该数据库使用的是各国政府的原始数据，目前可得数据范围是 1980—2015 年（起始时间因不同国家而异）。其拥有 15 个不同国家一致的数据，每个国家包含四部分数据：①标明日期和结果的反倾销案件调查的基本信息，其中包含的变量有发起反倾销调查的国家名称、被调查国家名称、案件编号（为便于匹配信息而添加）、同一时期对于同种产品相关的多个国家的反倾销调查、产品描述、调查发起日期、初步倾销判定日期及结果、初步损害判定日期及结果、初步反倾销措施及实施日期、最终倾销判定日期及结果、最终损害判定日期及结果、最终反倾销措施及实施日期、撤回反倾销命令的日期；②有关调查中 HS 产品的信息，包含变量有案件编号、HS 编号、HS -CODE 中 HS 产品编号的长度；③进行反倾销诉讼的国内机构信息，包含变量有案件编号、机构描述（包括公司、贸易协会、行业组织、工会）；④被反倾销诉讼的国外公司信息，包含变量有案件编号、国外公司、其各自最终被施加的反倾销措施。除此之外，数据库还包括一部分其他国家特定的信息。

（二）全球反补贴税数据库（Global Countervailing Duties Database，GCDD）

网址：http：//econ. worldbank. org/ttbd/gcvd/

GCVD 数据库是由世界银行设立，关于各国政府使用反补贴政策情况的数据库。该数据库使用的是各国政府的原始数据，目前可得数据范围是 1980—2015 年（起始时间因不同国家而异）。数据库的细致数据涵盖 16 个经济体和欧盟。另有埃及、以色列等 7 个国家由于其数据是根据这些国家向世贸组织委员会报告的补贴和反补贴数据间接获得，所以单列。对于每个国家而言，数据库包含四部分数据：①标明日期和结果的反补贴案件调查的基本信息，其中包含的变量有发起反补贴调查的国家名称、被调查国家名称、案件编号、案件涉及的具体产品、调查发起日期、初步补贴判定日期及结果、初步损害判定日期及结果、初步反补贴措施及实施日期、最终补贴判定日期及结果、最终损害判定日及结果、最终反补贴措施及实施日期、撤回反补贴命令的日期；
②有关调查中 HS 产品的信息，包含变量有案件编号、HS 编号、
HS – CODE 中 HS 产品编号的长度；③进行反补贴诉讼的国内机
构信息，包含变量有案件编号、机构名称、机构对于诉讼的态度
（支持、中立等，只包含部分机构）；④被反补贴诉讼的国外公
司信息，包含变量有案件编号、国外公司、诉讼最终的判定结果
（部分有）。

（三）全球贸易安全保护数据库（Global Safeguards Database，GSGD）

网址：http：//econ. worldbank. org/ttbd/gsgd/

GSGD 数据库是由世界银行设立，记录全球贸易安全案件的
数据库。该数据库目前可得数据范围是 1995—2015 年，全部数
据记录在一个文件当中。数据库包含五部分数据：①标明日期和
结果的贸易安全案件调查的基本信息，包括案件涉及的国家名
称、案件编号、具体产品、起诉日期、WTO 立案日期、撤回诉
讼命令的日期等；②有关调查中 HS 产品的信息，包含变量有案
件编号、HS 编号、HS – CODE 中 HS 产品编号的长度、产品归
类；③关税配额信息，包含产品的 HS 编号、实施配额的国家名
称、配额总重量；④案件最终的衡量标准，信息包括 HS – 8 位
代码和标价货币等；⑤豁免案例的信息，包括被豁免国家的名称
和豁免原因（部分）。

（四）WTO 争议解决机制数据库（WTO Dispute Settlement）

网址：https：//www. wto. org/english/tratop_ e/dispu_ e/find_

dispu_ cases_ e. htm#results

WTO 的争议解决机制是指如果一国违反贸易协定或是对 WTO 的承诺，争议双方需要通过 WTO 的协调争议机制来调解。争议解决机制对于保证贸易原则的有效性，促进贸易自由流动有重要的作用。该数据库包含了时间、争议的双方、具体的贸易协定、争议的产品、解决结果等信息。

◇ 第四节　全球服务贸易的数据

传统的贸易数据都是指商品的贸易，然而随着服务贸易的逐渐兴起，统计服务数据对研究的特征和发展方向有着重要的作用。伴随着经济增长，发达国家出现了第二次产业变迁，即第二产业的比重在 GDP 中下降，第三产业即服务业的比重大大提升。第一次产业变迁是指第一产业的比重下降，第二产业的比重上升。相对于商品贸易，服务贸易在统计上存在更大的困难，微观到企业层面的贸易数据基本没有，只有下述几个加总后的服务贸易数据。

一　联合国国际服务贸易数据库（United Nations International Trade in Service Database，UN Service Trade）

网址：http：//unstats. un. org/unsd/servicetrade/

UN Service Trade 由联合国统计司负责组建，是专营统计国际服务贸易的数据库，目前已被整合入 UN COMTRADE 数据库，用户可直接在 UN COMTRADE 获得数据库内所有数据。UN Service Trade 于 2003 年由联合国国际服务贸易统计工作小组（Task Force on Statistics of International Trade in Service）提出成立，是联合国在 UN COMTRADE 数据库基础上开发的适合当时国际服务贸易迅速发展的统计需要的一种新尝试。UN Service Trade 的数据来源包括但不限于经济合作与发展组织（OECD）、国际货币基金组织（IMF）、加勒比共同体（CARICOM）、欧洲社区统计办公室（The Statistical Office of the European Communities）、各国的国家统计局、中央银行等多个机构。UN Service Trade 主要提供各类服务贸易的进出口数据，这些数据可根据服务提供及出口国、年份、数据来源、服务类别等关键词分类查询。UN Service Trade 主要将服务贸易分为扩大的国际收支服务分类（EBOPS）、EBOPS 备忘录项目（EBOPS Memorandum Items）和国际收支差额项目（Additional BOP Components）三个大类。EBOPS 由经济合作与发展组织及欧盟统计局共同发布，将《国际服务贸易统计手册》（*Manual on Statistics of International Trade in Services*）中定义的居民与非居民间的服务贸易（Services Transactions between Residents and Non-residents）按照更为详细的服务贸易分类体系重新分类形成。EBOPS 备忘录项目涵盖了运输、旅游、保险等八类服务；而国际收支差额项目则包括劳工补偿（compensation of employees）、侨汇（workers remittances）、移民的资金转移（migrants' transfers）

和直接投资。UN Service Trade 提供了自 2000 年起以美元计价的服务贸易的 199 个国家和地区的所有年度数据。

二 服务贸易数据库 (Trade in Services Database，TSD)

网址：http：//data. worldbank. org/data-catalog/trade-in-services

TSD 是由世界银行集团组织建立的，提供双边服务贸易流的横截面和时间序列数据的数据库。它整合了经济合作与发展组织、国际货币基金组织、欧盟统计局、联合国等多个国际组织公布的数据，并尝试使用镜像技术（mirror-technique）对所得数据进行核实和修正。所谓镜像技术是指在双边贸易中利用进口方的数据替代对应的出口方数据的一种方法。但即使如此，由于服务贸易的无形、不可储存等特点，该数据库中数据的质量和准确度仍有待提高。TSD 根据扩大的国际收支服务分类（EBOPS）统计了 195 个经济实体在 1985 年以来的年度各项双边服务贸易额，并给出该项目相对应的国际收支统计（BOP）编码。TSD 每两年更新一次，目前提供的数据截至 2011 年。

三 联合国贸易和发展会议数据库 (United Nations Conference on Trade and Development Stat，UNCTAD Stat)

网址：http：//unctad. org/en/Pages/statistics. aspx

UNCTAD Stat 由联合国贸易和发展会议组织调查，包含了

232 个经济体的国际商品和服务贸易、经济趋势、对外直接投资、外部融资资源、人口和劳动力、商品价格、信息和通信技术、创意性产品及海洋运输九个大类的数据。其中与服务贸易相关的数据有贸易趋势（服务贸易进出口的价值量和增长率）、贸易结构（各类服务贸易所占比重）、贸易指标（贸易开放度、平衡指标）、侨汇（remittances）、创意性服务（creative services）的贸易量和相关产业（如计算机信息、著作版权费、牌照费）、信息和通信技术（包括根据地区、企业等级规模、产业分类的生产部门的核心指标，双边贸易量）。除创意性服务、信息和通信技术的数据最早从 2000 年开始外，其余数据均可追溯至 1980 年。

四 国际服务贸易数据（Statistics on International Trade in Services）

网址：http：//www.oecd-ilibrary.org/trade

OECD 每年发布一份包含其 35 个成员服务贸易相关数据的刊物。该刊物提供了基于国际收支平衡表手册（BOPS）第五和第六修订版以及扩大的国际收支服务分类（EBOPS）定义分类的每个国家各贸易项目的贸易量，同时还统计了欧盟及欧元区的贸易总量。

◇◇ 第五节　中国历史上的国际贸易数据

中国有着较为丰富的海关历史数据，这为研究中国近现代历史及其对中国长期经济增长的影响有着重要的作用。国内历史学界搜集整理了很多关于中国清朝末期到民国时期的数据，但其在经济领域的讨论尚有限。

一　《中国旧海关史料》

《中国旧海关史料》共 170 册，时间跨度从 1859—1947 年。在 1902 年以前，基本上只统计国外船只，此后海关周围 25 公里常关归由海关管理，民船才列入统计。该史料以英文为主，后期辅以中文。

《中国旧海关史料》大致由两部分构成，第一部分为贸易统计，第二部分为贸易报告。贸易统计方面，《中国旧海关史料》以贸易年刊为主，主要内容涉及当时贸易、汇兑、关税、金融等方面，且按年、关口、国别分别列出了进出口贸易和转口贸易的数据，准确地记载了清政府、北洋政府、国民政府、汪伪政权及伪满洲政权各统治时期，各关各种进出口货物的数量、货值、税收额及减免税等，论述了各个时期关税协议的情况，记录了每年各国货船进出各关的数量和吨位，进出各关的华洋人数、移民等情况，还列出了各个时期的币值变化及厘金、船料的征收；另有税款征收后，偿还中国借款和因不平等条约签订后还款赔款数额、关余情况等事宜。贸易报告方面，在《中国旧海关史料》中主要反映在调查报告上，即以"论略"为中心，并辅以总结性的"十年报告"（该报告止于1932年海关总税务司署成立统计科后）。当时海关总税司规定，各关口每年需将发生在本地区的重大事件上报总税司，并对本关的贸易状况做一个总结性的概述，对影响贸易状况的因素一一分析陈述，故该书中有大量的调查资料，涉及当时的政治、经济、军事、司法、文化教育、宗教、交通、地方行政、社会状况等，内容非常丰富，记载了大量正史和地方志中所没有的原始调查数据，特别是数据性的数据。

王哲（2010）利用该数据讨论了46个开埠港口，分别是大连、天津、烟台、青岛、重庆、汉口、上海、宁波、福州、厦门、广州、九龙、安东、牛庄、秦皇岛、龙口、威海、万县、宜昌、沙市、长沙、岳州、九江、芜湖、南京、镇江、苏州、杭州、温州、三都澳、汕头、拱北、江门、三水、梧州、南宁、雷州、琼州、北海、龙州、蒙自、思茅、腾越、淡水、打狗和香港，他采集了所有海关的埠际出口数据，对某年的某港口而言，通过计算其逐关的洋货转口、土货出口之和得到其埠际贸易出口总值。他利用赫芬达尔指数测度埠际贸易网络的集中度。

二　CEPII **历史贸易数据库**（CEPII Data Base；Historical Bilateral Trade and Gravity Data，TRADHIST）

网址：http：//www. cepii. fr/cepii/en/bdd_ modele/presentation. asp? id = 32

该数据库在时间和地理覆盖范围上都是独一无二的，时间涵括 188 年（1827—2014 年）。双边贸易名义流量约 190 万观测值，97% 来自 Trade Statistics Data Set（International Monetary Fund，2002，2015），也包括 RICardo project（Accominotti et al.，unpublished，2010）中的 3000 个观察值，其中 160 万集中在 1948—2014 年。该数据库的贡献在于 1948 年之前的数据，提供了 185000 新的观测值，这些新的数据大部分是从一手资料中搜集的 250000 观察值中提取出来的。在贸易类型方面，报告的是商品贸易数据，不包括服务、金银和物种的贸易。在报告国家的选择方面，尽量选的是进口方的数据。国家层面名义进出口总额，约包含 42000 观测值。名义 GDP 包括 14000 观察值。汇率（相对英镑而言）包括 14000 观察值。同时，该数据库包含双边已知的影响（促进或阻碍）贸易的因素，例如地理距离、共同边界、殖民和语言关联和双边关税。

◇◇ 第六节　中国国内贸易数据

研究国际贸易的方法也同样适用于研究国内贸易，概念上我们只需要把省看作一个个的经济体，它们之间的人口流动或是货物流动和我们分析国家间的货物流动、人口流动并没有什么实质的区别。目前中国省际贸易问题的研究还受到数据可获得性的限制，在已知文献中，现有研究主要使用和提及三个与之相关的数据库。

一 铁路货运贸易数据

该数据来源于《中国交通年鉴》，《中国交通年鉴》是由国家发改委主管，中国交通运输协会主办，铁道部、交通部、信息产业部、民航总局、中国石油天然气管道局、解放军总后勤部军事交通部共同编辑出版的专业刊物。该年鉴提供自 1985 年以来全国各省市之间的铁路货运贸易量数据。1998 年起《中国交通年鉴》才开始逐年报告重庆与全国其他省区市之间的货物流数据。除海南、西藏、港澳台地区外，其他省区市的数据均比较完整。可以构建省份—年份面板数据，每年有 28 × 28 = 784 个货物流动样本。该数据的缺陷是对总贸易量的覆盖较小。根据徐现祥等（2012）的计算，1985—2008 年铁路货运占全国总货运量的比重为 11%—18%，并且比重呈逐年下降趋势。而且该数据仅报告铁路货运总量而不报告种类和按行业细分的数据。但考虑到数据可得性，该数据仍是最可得的数据。

二 国家税务总局增值税数据

该数据来源于国家税务总局金税工程综合征管系统所采集的

各省每月入库增值税发票，由于增值税采取税款抵扣制，因此，这些发票实际上记录了地区间贸易的情况（行伟波、李善同，2009）。中国 1994 年开始实施金税工程，根据增值税发票载明的交易及其所处的地理位置，通过增值税专用发票上的记录来获得中国各省份之间的贸易量以及省内贸易量。在理论上，金税工程数据可以精确到县市等更小分析单元。数据集中的统计变量包括进项发票数、进项金额数、进项税额数、销项发票数、销项金额数、销项税额数六个指标。进项发票数和销项发票数代表该地区与其他地区进行的"进口"和"出口"贸易单数，进项金额和销项金额反映该地区与其他地区进行的"进口"贸易量和"出口"贸易量，进项税额和销项税额反映地区间贸易的价外税。由于金税工程通过计算机网络对企业增值税发票和纳税状况进行了严格的稽核管理，几乎涵盖了全国所有地区间的大部分产品货物贸易，因此是较为准确的统计数据。该数据能够提供最为可信的国内贸易信息，但该数据使用受到限制，并不能公开获得（黄玖立，2011）。

三 《中国地区投入产出表》数据

早期关于中国省际贸易的研究通常使用《中国地区投入产出表》推算的方法，例如 Poncet（2003）。该数据由国家统计局国民经济核算司公布，每五年一次，目前最新的数据为 2011 年公布的《中国地区投入产出表 2007》。目前文章中所使用的主要是

2002 年和 2007 年的数据。根据该数据可以推算出每个省区市对国内其他省区市的贸易流动，但是无法计算出两省之间的贸易流动。由于此局限性并且数据相对滞后，该数据在目前的研究中已经较少使用。

参考文献

黄玖立：《对外贸易、区域间贸易与地区专业化》，《南方经济》2011 年第 6 期。

王哲：《晚清—民国埠际贸易的网络体系（1885—1940）——基于海关数据的分析》，《史学月刊》2010 年第 9 期。

行伟波、李善同：《本地偏好、边界效应与市场一体化——基于中国地区间增值税流动数据的实证研究》，《经济学》2009 年第 4 期。

徐现祥、李郇：《中国省际贸易模式：基于铁路货运的研究》，《世界经济》2012 年第 9 期。

ACCOMINOTTI O, AHN J, DEDINGER B, FLANDREAU M, 2010. World Trade According to Ricardo：A user's Guide. Technical Report unpublished.

AMITI M, KONINGS J, 2007. Trade liberalization, intermediate inputs, and productivity：evidence from Indonesia. The American Economic Review, 97 (5)：1611 - 1638.

ARKOLAKIS C, MUENDLER M A, 2010. The extensive margin of exporting products：a firm-level analysis. National Bureau of Economic Research, No. w16641.

BASTOS P, SILVA J, 2010. The quality of a firm's exports: where you export to matters. *Journal of International Economics*, 82 (2): 99 – 111.

BERNARD A B, GRAZZI M, TOMASI C, 2011. Intermediaries in international trade: direct versus indirect modes of export . National Bureau of Economic Research, No. w17711.

BERNARD A B, JENSEN J B, REDDING S J, SCHOTT P K, 2011. The empirics of firm heterogeneity and international trade. Annual Review of Economics, 4 (1): 283 – 313.

BLUM B S, CLARO S, HORSTMANN I, 2009. Intermediation and the nature of trade costs: theory and evidence. University of Toronto, mimeograph.

CHEN X, CHENG L K, FUNG K C, LAU L, 2004. The estimation of domestic value added and employment induced by exports: an application to Chinese exports to the US. AEA conference, Boston.

CLERIDES S K, TYBOUT J R, 1998. Is learning by exporting important? micro-dynamic evidence from Colombia, Mexico, and morocco. Finance & Economics Discussion, 113 (3): 903 – 947.

DAI M, MAITRA M, YU M, 2016. Unexceptional exporter performance in China? the role of processing trade. Ssrn Electronic Journal, 121: 177 – 189.

DAVIDSON C, HEYMAN F, MATUSZ S, SJOHOLM F, ZHU S C, 2014. Globalization and imperfect labor market sorting. *Journal of International Economics*, 94 (2): 177 – 194.

DE LOECKER J, WARZYNSKI F, 2012. Markups and firm-level export status. The American Economic Review, 102 (6): 2437 – 2471.

ECKEL C, IACOVONE L, JAVORCIK B, NEARY J P, 2015. Multiproduct firms at home and away: cost-versus quality-based competence. *Journal of International Economics*, 95 (2): 216 - 232.

FABLING R, 2009. A rough guide to New Zealand's longitudinal business database. Global COE Hi-Stat Discussion Paper Series.

FEENSTRA R C, HAI W, WOO W T, YAO S, 1999. Discrepancies in international data: an application to China-Hong Kong entrepôt trade. American Economic Review, 89 (2): 338 - 343.

FERRANTINO M, LIU X, WA Z, 2012. Evasion behaviors of exporters and importers: evidence from the U. S. -China trade data discrepancy. *Journal of International Economics*, 86 (1): 141 - 157: 2012.

FONTAGNE L, KOENIG P, MAYNERIS F, PONCET S, 2013. Cluster policies and firm selection: evidence from France. *Journal of Regional Science*, 53 (53): 897 - 922.

FUNG K C, LAU L, 1998. The China-US bilateral trade balances: how big is it really? Pacific Economic Review, 3: 33 - 47.

HELLIWELL J F, VERDIER G, 2000. Comparing interprovincial and intraprovincial trade densities. University of British Columbia, VancouM ver.

IRARRAZABAL A, MOXNES A, OPROMOLLA L D, 2013. The margins of multinational production and the role of intrafirm trade. *Journal of Political Economy*, 121 (1): 74 - 126.

JARMIN R S, MIRANDA J, 2002. The longitudinal business database. Center for Economic Studies Working Paper 02 - 17.

KREINER C T, MUNCH J R, WHITTA-JACOBSEN H J, 2014. Taxation and the long run allocation of labor: theory and Danish evidence. Social Science

Electronic Publishing, 127: 74 – 86.

NOCKE V, YEAPLE S, 2008. An assignment theory of foreign direct investment. Review of Economic Studies, 75 (2): 529 – 557.

PONCET S, 2003. Measuring Chinese domestic and international integration. China Economic Review, 14: 1 – 21.

SCHANK T, SCHNABEL C, WAGNER J, 2007. Do exporters really pay higher wages? First evidence from German linked employer – employee data. *Journal of international Economics*, 72 (1): 52 – 74.

SOFRONIS K CLERIDES, SAUL LACH, JAMES R TYBOUT, 1998. Is Learning by Exporting Important? Micro-Dynamic Evidence from Colombia, Mexico, and Morocco. *The Quarterly Journal of Economics*, 113 (3): 903 – 947.

TIMMERMANS B, 2010. The Danish integrated database for labor market research: towards demystification for the English speaking audience. Druid Working Papers.

TRANSPARENCEY INTERNATIONAL, 2015 Corruption Perception Index.

WORLD ECONOMIC FORUM, Global Competitiveness Report 2014 – 2015.

YEAPLE S R, 2009. Firm heterogeneity and the structure of U. S. multinational activity: an empirical analysis. *Journal of International Economics*, 78 (2): 206 – 215.

第二章 微观贸易大数据应用之一：贸易的扩展边际和集约边际

随着微观贸易数据的广泛使用，两个新的名词常常被提起，即贸易的扩展边际（extensive margin）和集约边际（intensive margin）。在实证类贸易的论文里，扩展边际一般是指分类的数量，如有多少个产品出口、出口到多少个国家、有多少个企业出口；集约边际一般是指平均到每一类的贸易量是多少。举个例子，Helpman 等（2008）在研究国家层面的贸易数据时发现，1970—1997 年世界范围内国际贸易的增加中只有很小一部分可归因于 1970 年后开始参与对外贸易的国家带来的新兴贸易，而更为重要的是 1970 年以前就参与贸易的国家贸易量的增加。这项研究归属于针对集约边际的国际贸易研究。相对的，Hummels 和 Klenow（2005）使用联合国 1995 年的贸易数据发现在产品层面扩展边际相关的国际贸易可以解释大型经济体 60% 的出口增长。同时，在其他文献中，也存在根据单据、产品、企业和贸易伙伴的不同组合确定的其他定义方法。Manova 和 Zhang（2009）从出口产品和企业数量两个角度研究贸易数据。

在贸易理论里，所谓的扩展边际和集约边际又有不同的指代含义。例如 Melitz（2003）和 Chaney（2008）的数据中，扩展边际是指在出口与不出口边界上的企业在贸易成本下降时出口量的大小；而所谓的集约边际是指，贸易成本下降时，已经出口的企业所增加的出口量。通过这种划分可以分析，当贸易成本下降时，对贸易更主要的贡献是来自已经出口的企业（处在集约边际上的企业），还是来自出口与不出口临界值上的企业（扩展边际上的企业）。

如上所述，贸易中的集约边际和扩展边际在不同的环境下常常有不同的定义，容易引起混淆。这主要是因为贸易数据是一个分类数据，根据不同的分类标准，可以区分出不同的类型。因此运用扩展边际和集约边际概念进行比较的时候，应该首先确认是否按照同一个维度划分数据，否则就会有错误。

为什么我们如此注重将中国贸易数据从不同维度分解呢？首先，了解贸易量如何在贸易伙伴、产品和企业层面扩张是国际贸易的重要问题之一。Melitz（2003）的异质企业模型从企业的角度分析了国际贸易的产生原因，这使得我们开始注意扩展边际范围内的国际贸易。其次，中国自从加入 WTO 之后经历了大规模的贸易增长。在此轮增长中，国家、产品和企业层面的贡献孰轻孰重是一个很有意思的话题。再次，贸易成本的降低如何带来贸易量的增加与贸易政策有很大关系。研究以上问题都需要对国际贸易进行扩展边界和狭义的探讨。此外，笔者还将分析在引力方程中如何用贸易成本代理距离变量。

本章的主要结构如下：第一节根据不同的集约边际、扩展边际的定义解剖中国 2000—2006 年的贸易数据；第二节根据球—盒模型去讨论贸易数据扩展边际有用性的问题；第三节讨论贸易数据中的"0"，以及我们应该怎样估计引力模型。

◇◇ 第一节　解剖中国贸易：集约边际和扩展边际

在本节中，我们将使用中国 2000—2006 年单据层面的进出口数据从不同的维度对国际贸易的扩展边际和狭义的范围进行研究。我们总结了中国贸易一些基本的典型事实，同时，我们将之与从其他国家数据中总结的规律进行扩展边际和狭义的对比。

我们从总结中国 2000—2006 年进出口贸易的基本数据出发。从贸易伙伴国的层面看，虽然这个时期进出口的贸易伙伴数量有所增加，但是对每个贸易伙伴的贸易量的分布不是对称的。实际上，与在 2000 年前就开始贸易的伙伴之间的贸易量增长解释了这一时期中国贸易大部分的增长。这采用的是狭义视角的分析方法。中国最大的五个贸易出口国承包了其 55.6%—64% 的总出口，而最大的五个贸易进口国则承包了其 48.3%—54.6% 的总进口。从企业层面看，出口的企业数量增加了近 3 倍，与此同时进口的企业则增加了 2 倍。参与国际贸易的企业增加是导致贸易量增加的一个重要原因。这又是一个从扩展边际视角分析的例子。出口和进口企业的分布有以下共同点：①进出口贸易量和运输量呈偏态分布，大企业垄断了大部分贸易；②企业的贸易量大多都随着时间增长。但它们也有以下几点区别：①出口企业的单据使用量上升，而进口企业的却呈下降趋势，这说明进口所用单据的平均值有所上升；②进口企业的偏态分布比出口企业更显著。在产品层面上，我们运用了 HS‐8 位数编码的数据。由于贸易数据的偏态分布很显著，所以，虽然总体上参与国际贸易的产品数量上升，但贸易量的增加主要是由每个品种的平均贸易额上升引起的。

我们还研究了单据数量和贸易量的关系。首先，我们仿照 Eaton 等（2007）的研究思路将贸易量分解为单据数量与其平均值之积。研究发现单据数量的增加可解释85%的出口增长和66%的进口扩张。其次，我们将单据数量（依据不同目的地划分）分解为出（进）口的企业数和每个企业调用的单据量。结果发现出口企业和进口企业的数量变化分别解释了83%和78%的单据量的变化。最后，我们采用企业层面的非加总（disaggregated）数据重新检验了这一关系。结论是出口和进口企业的数量变化分别解释了43%和37%的贸易量变化。虽然这相比加总数据（aggregate）来说解释的程度小一些，但仍能够说明企业的参与对贸易量的变化有很大影响。以上三个关于中国数据的发现和 Eaton 等（2007）在研究哥伦比亚的数据时的发现是一致的。

继续沿袭 Eaton 等（2004）的思路，我们将贸易量直接分解为出（进）口的企业数和每个企业的平均贸易量。在 Eaton 等（2004）的研究中，哥伦比亚的出口企业数量的变化解释了其 54%的出口变动；根据我们的研究，中国的出口企业数量的变化解释了 70%的出口量变动，进口企业数量的变化解释了 51%的进口量变动。中国进口企业数影响小于出口企业可以用进口的分布更偏态来解释。

最后，我们用中国进出口的数据拟合了引力方程式。其中发现的一个最稳健的典型事实是距离确实对贸易量有阻抑作用，但是起作用的距离长度是不确定的。Bernard 等（2007）总结了以下中国和美国数据的相似之处：①与目的地的距离影响了单据数量和进出口总量；②距离不仅阻抑了贸易量，也减少了进口企业的数量和产品的种类；③距离越远单位产品的价值量越高。然而，与美国数据相比，距离对中国的出口企业数量和产品种类的影响不那么显著。

本节余下部分的结构安排如下：第一部分说明文中采用的有关贸易伙伴、参与贸易的企业和产品等中国的基本贸易数据；第二部分介绍贸易数据分解：中国与哥伦比亚贸易数据比较；第三部分介绍引力方程式；第四部分探讨集约边际和扩展边际在其他问题上的运用。

一 统计数据

表 2—1 展示了中国的基本贸易量和在国际贸易中使用的单

据的数量，所列加总数据与中国海关总署对外公布的数据差异小于5%。许多出口国出于统计需要将中国记为来源国，这使得中国的进口数据存在一些问题。中国海关数据的统计是基于在中国边境内贸易产品的增减。比如，中国某些为出口目的设立的处理公司在出售货物给中国企业时，必须先将商品运出中国边境，再由国内企业进口，这部分交易在统计中被记入中国的进口。此外，进口数据是基于产地统计的。

正如表2—1所显示的那样，2006年中国出口单据的数量是2000年的3倍以上，2006年进口单据的数量是2000年的2倍左右。出口量从2492亿美元增长到了9685亿美元，而进口量从2251亿美元增长到了7883亿美元。可见，2000—2006年着实是中国贸易大扩张的一个时期。

表2—1　　　　　**中国进出口单据及贸易量（2000—2006）**

年份	出口		进口	
	单据量（百万）	贸易量（10亿美元）	单据量（百万）	贸易量（10亿美元）
2000	5.2	249.2	5.4	225.1
2001	6.4	290.6	6.2	266.1
2002	7.1	310.4	6.2	281.2
2003	9.2	438.5	7.3	413.1
2004	11.3	593.6	8.4	560.8
2005	13.7	756.7	9.1	657.1
2006	16.2	968.5	9.5	788.3

资料来源：中国海关总署（2000—2006）。

此外，从表2—2中我们可以看出，这些中国—中国的进口单据无论是在数量还是所承担的贸易量上占比都有所上升：贸易量占比从3.2%增长到了8.5%，数量上则从4.7%扩张到7.8%。研究这部分再进口的动机是一个独立的问题，由于它们不代表真实的国际贸易，所以我们在接下来的讨论中会将这部分数据删去。

表2—2 中国—中国进口比例（2000—2006）

年份	贸易量（%）	单据量（%）
2000	3.2	4.7
2001	3.6	4.8
2002	5.0	5.3
2003	6.1	6.0
2004	6.9	6.7
2005	8.3	7.6
2006	8.5	7.8

资料来源：中国海关总署（2000—2006）。

（一）国家层面数据

虽然在2000—2006年贸易伙伴的数量有所增长，但贸易量增长的主要来源仍旧是2000年前就开始合作的贸易伙伴。关于这一点，可从国家层面的贸易数据的偏态分布中看出。在表2—3和表2—4中，我们能看到主要贸易伙伴国贸易数据中的共同点。

首先，中国五大出口目的地分别是美国、中国香港、日本、韩国和德国；而五大进口来源地则是日本、中国台湾、韩国、美国和德国。

其次，无论是进口还是出口，以贸易伙伴划分的贸易量都呈偏态分布，大部分贸易额都是与主要贸易伙伴完成的。在表2—3中我们可以看到，五大出口目的地使用了40％—50％的出口单据，完成了55％—63％的贸易。类似的，在表2—4中，五大进口来源地使用的进口单据超过了60％，实现的贸易额占总体的48％—55％。

再次，贸易伙伴国的排名基本稳定，6年间只有轻微调整。比如，虽然出口量占比从2000年的16.7％降到了2006年的9.4％，但日本在2000—2006年一直是中国第三大出口目的地。

最后，五大出口目的地所占贸易额的比重高于所使用单据的占比。这说明对这五个国家和地区的贸易中单据的平均值要高于总体贸易的平均值。进口五大国和地区则相反。

表2—3　　　　　　　中国五大出口目的地信息（2000—2006）

年份	国家	美国	中国香港	日本	韩国	德国	合计
2000	223	20.9	17.9	16.7	4.5	3.7	63.7
		(12.1)	(16.8)	(13.2)	(3.5)	(3.8)	(49.4)
2001	226	20.5	17.4	16.8	4.7	3.6	63.0
		(11.9)	(15.3)	(12.9)	(3.7)	(3.6)	(47.4)
2002	229	21.3	17.9	15.0	4.8	3.5	62.5
		(11.9)	(15.4)	(12.0)	(4.0)	(3.5)	(46.8)
2003	229	21.1	17.4	13.6	4.6	4.0	60.7
		(11.9)	(14.8)	(11.0)	(3.9)	(3.6)	(45.2)
2004	229	21.1	17.0	12.4	4.7	4.0	59.2
		(11.5)	(14.5)	(10.2)	(3.7)	(3.6)	(43.5)
2005	236	21.4	16.3	11.0	4.6	4.3	57.6

续表

年份	国家	美国	中国香港	日本	韩国	德国	合计
		(11.8)	(13.0)	(9.3)	(3.6)	(3.9)	(41.6)
2006	234	20.8	16.6	9.4	4.6	4.1	55.2
		(11.4)	(13.1)	(8.6)	(3.6)	(3.8)	(40.5)

注：单位：国家（个）、其余（%）；每一年数据的第一行代表出口量占比，括号内数据代表单据占比。

资料来源：中国海关总署（2000—2006）。

表2—4　　　　　　　中国五大进口来源地信息（2000—2006）

年份	国家	日本	中国台湾	韩国	美国	德国	合计
2000	195	18.4	11.3	10.3	9.9	4.6	54.5
		(21.2)	(19.1)	(10.2)	(7.8)	(5.1)	(63.4)
2001	188	17.5	11.2	9.6	10.8	5.6	54.7
		(21.2)	(17.8)	(10.6)	(8.1)	(6.0)	(63.7)
2002	203	17.9	12.8	9.7	9.2	5.5	55.1
		(23.2)	(16.6)	(10.3)	(8.0)	(6.0)	(64.1)
2003	208	18.0	11.9	10.4	8.2	5.9	54.4
		(23.9)	(16.6)	(10.3)	(8.6)	(6.0)	(65.4)
2004	210	16.8	11.5	11.1	8.0	5.4	52.8
		(23.9)	(15.3)	(10.1)	(8.9)	(6.1)	(64.3)
2005	210	15.2	11.3	11.7	7.4	4.6	50.2
		(23.7)	(14.1)	(9.9)	(9.3)	(6.5)	(63.5)
2006	217	14.3	11.2	10.6	7.4	4.7	48.2
		(22.8)	(9.6)	(12.6)	(9.2)	(6.8)	(61)

注：单位：国家（个）、其余（%）；每一年数据的第一行代表进口量占比，括号内数据代表单据占比。

资料来源：中国海关总署（2000—2006）。

（二）企业层面数据

如表2—5和表2—6所示，进口和出口的企业在此期间均有所增加，这是贸易扩张的一个重要因素。其中出口企业从2000年的62万增长到2006年的171万；进口企业数从62万增长到了122万。

进一步观察发现，企业层面的进口和出口数据都呈明显的偏态分布，这意味着少数企业的贸易活动远多于位于平均交易水平的企业完成的贸易。进口数据相对于出口数据的偏向性更为显著。2006年，在进口贸易中，位于平均交易水平的企业的贸易额远高于处于90%水平的企业。出口企业使用的单据在各种意义上都有所增加，尤其是那些大型出口企业。有趣的是，虽然进口企业的贸易额总体呈上升态势，但其所使用的单据数量在各个维度上都是减少的。此外，位于平均交易水平的进口企业贸易量在6年间基本不变。

表2—5　　　　中国出口企业贸易量和单据的分布（2000—2006）

年份	企业个数	下四分位数	中位数	平均数	上四分位数	90%处数
2000	62.8	87.5	450.1	3970.5	1898.4	6399.6
		(6)	(18)	(83)	(53)	(138)
2001	68.5	98.6	503.2	4243.2	2056.8	6868.8
		(6)	(21)	(94)	(60)	(155)
2002	78.4	98.8	480.6	3957.2	1900.3	6137.1
		(6)	(20)	(90)	(58)	(151)
2003	95.7	98.9	500.5	4582.3	2026.3	6569.4

续表

年份	企业个数	下四分位数	中位数	平均数	上四分位数	90%处数
		(6)	(21)	(97)	(63)	(165)
2004	120.6	103.8	514.5	4922.9	2078.7	6717.2
		(6)	(21)	(93)	(64)	(166)
2005	144	112.0	562.7	5253.9	2245.8	7064.1
		(7)	(22)	(95)	(66)	(176)
2006	171.2	125.3	600.4	5657.0	2347.1	7587.5
		(7)	(24)	(94)	(73)	(184)

注：单位：企业（万）、出口量（千美元）、单据（个）；每一年数据的第一行代表出口量，括号内数据代表单据。

资料来源：中国海关总署（2000—2006）。

表2—6　　　　中国进口企业贸易量和单据的分布（2000—2006）

年份	企业个数	下四分位数	中位数	平均数	上四分位数	90%处数
2000	62.8	27.7	211.8	3584.7	1138.4	4606.5
		(3)	(14)	(86)	(62)	(188)
2001	67.6	34.1	248.1	3936.7	1248.3	5039.7
		(4)	(15)	(92)	(66)	(198)
2002	76.7	29.9	219.0	3367.3	1152.2	4565.1
		(3)	(13)	(81)	(56)	(174)
2003	87.9	29.6	227.4	4697.8	1264.8	5352.3
		(3)	(13)	(84)	(56)	(174)
2004	102.2	29.3	228.9	5485.1	1330.4	5813.4
		(3)	(12)	(83)	(53)	(173)
2005	113.5	26.8	216.3	5792.2	1264.2	5677.7
		(3)	(12)	(80)	(49)	(166)

年份	企业个数	下四分位数	中位数	平均数	上四分位数	90%处数
2006	121.8	26.0	213.4	6470.6	1286.7	5954.9
		（3）	（11）	（78）	（47）	（161）

注：单位：企业（万）、进口量（千美元）、单据（个）；每一年数据的第一行代表进口量，括号内数据代表单据。

资料来源：中国海关总署（2000—2006）。

（三）产品层面数据

在产品层面的数据中，已有最为详细的是 HS - 8 位数编码分类体系。在表 2—7 和表 2—8 中，我们将进出口的产品数据做了简要分层，并得到了以下结论。首先，以产品分类的出口数据仍呈偏态分布，中位数远大于上四分位数；进口数据的偏态分布更为严重，这意味着进口产品非常集中。其次，进出口贸易的票据数量逐年上升。最后，无论从单据数量还是从贸易量上来看，这几项数据都呈增长态势。

表 2—7　　　　中国出口产品贸易量和单据的分布（2000—2006）

年份	产品个数	下四分位数	中位数	平均数	上四分位数	90%处数
2000	6740	515.7	3472.7	3970.5	1898.4	6399.6
		（22）	（123）	（83）	（53）	（138）
2001	6722	658.1	4126.2	4243.2	2056.8	6868.8
		（30）	（158）	（94）	（60）	（155）
2002	6882	650.4	4389.0	3957.2	1900.3	6137.1
		（30）	（164）	（90）	（58）	（151）

续表

年份	产品个数	下四分位数	中位数	平均数	上四分位数	90%处数
2003	7013	783.5	5621.0	4582.3	2026.3	6569.4
		(37)	(199)	(97)	(63)	(165)
2004	7017	1103.4	7825.3	4922.9	2078.7	6717.2
		(45)	(235)	(93)	(64)	(166)
2005	7129	1417.1	10045.6	5253.9	2245.8	7064.1
		(52)	(281)	(95)	(66)	(176)
2006	7171	1897.2	13453.7	5657.0	2347.1	7587.5
		(62)	(327)	(94)	(73)	(184)

注：单位：产品（个）、出口量（千美元）、单据（个）；每一年数据的第一行代表出口量，括号内数据代表单据。

资料来源：中国海关总署（2000—2006）。

表2—8　　　　中国进口产品贸易量和单据的分布（2000—2006）

年份	产品个数	下四分位数	中位数	平均数	上四分位数	90%处数
2000	6808	295.7	2507.1	33062.7	13970.5	56997.0
		(28)	(125)	(793)	(513)	(1642)
2001	6757	369.7	2987.9	39377.5	17190.5	67168.7
		(34)	(152)	(923)	(595)	(1914)
2002	6880	371.5	3002.1	40879.5	17449.6	68764.2
		(32)	(149)	(901)	(575)	(1828)
2003	6985	436.1	3670.9	59140.4	23008.4	94518.6
		(34)	(163)	(1056)	(641)	(2062)
2004	6994	537.8	4596.2	80184.6	28041.3	117611.4
		(36)	(176)	(1206)	(704)	(2316)
2005	7065	537.1	4787.9	93014.0	30393.9	127906.3
		(36)	(179)	(1287)	(708)	(2398)

年份	产品个数	下四分位数	中位数	平均数	上四分位数	90%处数
2006	7114	561.2	5274.6	110815.6	32125.6	141713.3
		(36)	(181)	(1334)	(722)	(2496)

注：单位：产品（个）、出口量（千美元）、单据（个）；每一年数据的第一行代表进口量，括号内数据代表单据。

资料来源：中国海关总署（2000—2006）。

二　贸易数据分解：中国与哥伦比亚贸易数据比较

（一）贸易量和单据

企业如何安排运输？是采取多次少量还是少次多量的方法？了解使用单据的数量和贸易量之间的关系可以帮助我们获悉运输成本随时间的变化。因此，仿照 Eaton 等（2007）的研究思路，我们根据单据的扩展边际和狭义的定义对出（进）口量$X_{n,t}$进行分解，其中 n 代表着出口目的地（进口来源地），t 代表年份。在扩展边际的分解中，用$M_{n,t}$表示在 t 年进行的交易数量 n（使用的单据数量），在狭义的分解中则用$\bar{x}_{n,t}$表示单据的平均值。对于任意$X_{n,t}$都满足等式（1）。

$$\ln X_{n,t} = \ln M_{n,t} + \ln \bar{x}_{n,t} \tag{1}$$

由于等式（1）是一个恒等式，因此当 $\ln M_{n,t}$ 为因变量、$\ln \bar{x}_{n,t}$ 为自变量时，$\ln \bar{x}_{n,t}$ 之前的系数应等于 1 减去将 $\ln \bar{x}_{n,t}$ 当作因变量时系数的差。为简便起见，我们之后只使用$M_{n,t}$（使用的单据量）这一变量并报告其回归系数。接下来我们按照等式（2）进行回归：

$$\ln M_{n,t} = \alpha_1 \ln X_{n,t} + \epsilon_{n,t} \qquad (2)$$

回归结果如表2—9所示。对出口数据的回归显示α_1这一系数为0.85，而进口数据则为0.66。这两个数字说明运输次数是影响贸易的一个重要因素。中国0.85的系数与哥伦比亚0.76的系数［根据Eaton等（2007）］的相似性表明单据的数量与出口量之间存在着一定的线性关系。对固定年份的稳健性检验也证实了这一结论。因此，Eaton等（2007）提出的单据数量的变动能解释大部分贸易量变动的假设通过了中国贸易数据的稳健性检验。

表2—9　　　　　　　　中国的贸易量和单据量（2000—2006）　　　　因变量：$\ln M_{n,t}$

自变量	出口			进口	
		年份固定效应	哥伦比亚		年份固定效应
截距	−7.39	−7.48	−6.47	−5.55	−5.66
	(0.10)	(0.12)	(0.13)	(0.16)	(0.20)
$\ln X_{n,t}$	0.85	0.85	0.76	0.66	0.66
	(0.01)	(0.02)	(0.03)	(0.04)	(0.05)
R^2	0.93	0.93	0.81	0.77	0.77
观测数	1606	1606	1744	1431	1431

资料来源：中国海关总署（2000—2006）；哥伦比亚数据来自Eaton等（2007）。

什么因素影响了单据的数量？如等式（3）所示，我们将单据的数量$M_{n,t}$分解成出（进）口公司数$N_{n,t}$和每个公司成交的贸

易量 $\bar{x}_{n,t}$ 之积。

$$\ln M_{n,t} = \ln N_{n,t} + \ln \bar{m}_{n,t} \tag{3}$$

同样的，我们对公司数和单据数做了回归，回归方程如等式（4）所示：

$$\ln N_{n,t} = \alpha_2 \ln M_{n,t} + \epsilon_{n,t} \tag{4}$$

回归结果见表 2—10。在对出口数据的分析中，企业数量的变化解释了 83% 的贸易额变化；相对的，进口方面的企业数量变化解释了 78% 的贸易额变动。考虑哥伦比亚出口数据的回归中 0.7 的系数，以上数据证明了中国参与国际贸易的企业数量的变动可解释大部分的单据数量变动。对固定年份的稳健性检验也证实了这一结论。总之，扩展边际范围内的国际贸易（进出口企业的数量）是解释贸易量变动的主要变量。

表 2—10　　　　　中国的贸易量和单据量（2000—2006）　　　　因变量：$\ln N_{n,t}$

自变量	出口			进口	
		固定年份	哥伦比亚		固定年份
截距	-0.23	-0.13	-0.23	-0.03	0.01
	(0.03)	(0.04)	(0.02)	(0.02)	(0.03)
$\ln M_{n,t}$	0.83	0.82	0.7	0.78	0.78
	(0.00)	(0.01)	(0.02)	(0.03)	(0.02)
R^2	0.98	0.98	0.95	0.99	0.99
观测数	1606	1606	1744	1431	1431

资料来源：中国海关总署（2000—2006）；哥伦比亚数据来自 Eaton 等（2007）。

最后，我们用企业层面的非加总数据做了类似的检验。在等式

(5) 中，n 代表出口目的地，j 代表企业，t 则指年份。$m_{n,t}(j, t)$ 指企业 j 在 t 年出口到 n 国的单据的平均值。在控制企业、目的地和时间等变量后，我们做了 $\ln m_{n,t}(j, t)$ 对 $\ln x_n(j, t)$ 的回归。

$$\ln m_{n,t}(j, t) = \beta_0 + \beta_1 \ln x_n(j, t) + \mu_j + v_t + \epsilon_{n,j,t} \tag{5}$$

回归结果见表 2—11。扩展边际定义（用单据数量表示）现在只能解释43%的出口和37%的进口，但总体来说其增长仍能解释近五成的贸易量变化。同样，哥伦比亚的数据也支持了企业层面扩展边际范围数据的解释能力比国家层面弱一些这一假定。

表 2—11　　中国的贸易量和单据量—企业层面数据（2000—2006）

因变量：$\ln m_{n,t}(j, t)$

自变量	出口		进口
	固定 t, n, j	哥伦比亚	固定 t, n, j
$\ln x_n(j, t)$	0.43	0.47	0.37
	(0.00)	(0.00)	(0.00)
R^2	0.72	0.66	0.67
观测数	5731105	232965	2504974

资料来源：中国海关总署（2000—2006）；哥伦比亚数据来自 Eaton 等（2007）。

（二）企业和贸易量

扩展边际定义下企业层面的数据是各种涉及企业的贸易模型的基础。它使我们开始关注国际贸易中参与微观主体企业的作用。以等式（6）和等式（7）为基础，我们开始研究贸易量与出口企业数量的直接联系。回归结果如表 2—12 所示。出口企业和进口企业数量分别解释了 70% 和 51% 的贸易量变化。对哥伦比亚的出口而言这一比例是 54%。因此，无论我们选择将贸易量分解为单据数量还是贸易企业数量，扩展边际下的定义都是一个非常重要的维度。

$$\ln X_{n,t} = \ln N_{n,t} + \ln \bar{x}_{n,t} \qquad (6)$$

$$\ln N_{n,t} = \alpha_3 \ln X_{n,t} + \epsilon_{n,t} \qquad (7)$$

表 2—12　　　　中国的贸易量和参与企业数量（2000—2006）　　　因变量：$\ln N_{n,t}$

自变量	出口			进口	
	年份固定效应	哥伦比亚			年份固定效应
截距	− 50. 45	− 6. 23		− 15. 12	− 4. 35
	（17. 95）	（0. 11）		（34. 24）	（0. 51）
$\ln X_{n,t}$	0. 70	0. 70	0. 54	0. 51	0. 51
	（0. 05）	（0. 01）		（0. 07）	（0. 07）
R^2	0. 91	0. 91		0. 78	0. 78
观测数	1606	1606		1406	1406

资料来源：中国海关总署（2000—2006）；哥伦比亚数据来自 Eaton 等（2007）。

在以上进出口数据回归结果的对比中，我们还观察到了一个非常有趣的现象，即根据单据数量和参与贸易企业数量定义的扩展边际范围的出口数据的系数总是大于进口数据。这说明了在 2000—2006 年，参与贸易的企业在出口中的作用大于进口。

三 引力方程式：中国与美国贸易数据比较

在国际贸易的实证研究中，引力方程式所揭示的贸易数据之间的联系最为稳健。而在该方程式所含变量中，距离又是最为稳健的一个。理论上来说，距离对两国的双向贸易均有阻抑作用，然而，由于缺少贸易成本微观层面的数据，我们对距离如何影响贸易量知之甚少，并试图找到距离影响贸易量的路径。

Bernard 等（2007）利用美国出口数据发现了距离对总出口量的影响路径：出口企业数、出口产品数和每个企业所完成的贸易额。令人惊奇的是，他们发现平均每个企业、每个产品的贸易额会随着距离的增加而增加。与这一发现相对应，Lawless 和 Whelan（2007）根据 Melitz（2003）的企业异质模型得出距离会影响国际贸易的固定和不变成本的结论。接下来我们以 $X_{n,t}$（中国在 t 年对 n 国出口贸易总额）为因变量、以中国到 n 国的距离为自变量做了回归，结果显示自变量的弹性系数为 −0.32。以 $M_{n,t}$（中国在 t 年对 n 国出口单据量）为因变量，同样以中国到 n 国的距离为自变量的回归中弹性系数为 −0.21（回归结果见表 2—13）。因此，距离对贸易量的影响中有 66%（0.21/0.32）可以用单据数量来解释。至于剩下的 34% 的影响，则可归因于单据的平均值。Eaton 等（2007）得到了相似的结论。结论是，距离影响了派遣单个单据的不变和可变成本。

此外，与 Bernard 等（2007）的结论不同，在表 2—14 中，出口数量（$N_{n,t}$）和出口产品数量（$H_{n,t}$）与距离之间没有明显的负相关关系，但平均每个企业出口的单个产品价值量与距离呈反向变化的趋势。

表 2—13　中国出口数据的引力方程式（2000—2006）

	$\ln X_{n,t}$	$\ln M_{n,t}$	$\ln N_{n,t}$	$\ln H_{n,t}$
ln*GDP*	1.01	0.87	0.77	0.45
	（0.02）	（0.02）	（0.01）	（0.01）
ln*Distance*	-0.32	-0.21	0.06	-0.02
	（0.07）	（0.06）	（0.05）	（0.02）
R^2	0.73	0.71	0.72	0.61
观测数	1301	1301	1301	1301

资料来源：中国海关总署（2000—2006）。

表 2—14　出口数据引力方程式对比

	$\ln X_{n,t}$	ln#企业	ln#$H_{n,t}$	ln 平均企业产品
ln 中国距离	-0.32	0.05	-0.02	-0.35
标准误	（0.07）	（0.05）	（0.02）	（0.05）
ln 美国距离	-1.36	-1.14	-1.06	0.84
标准误	（0.17）	（0.16）	（0.15）	（0.25）

资料来源：美国数据：Bernard 等（2007）；中国海关总署（2000—2006）。

表 2—15 展示了进口数据的回归结果。总体来说，进口贸易量随贸易国之间的距离递减，自变量的弹性系数为 -0.815；单据数与距离之间的负相关关系更为明显，弹性系数为 -1.23。这两个结论说明单据的平均值随贸易国之间距离的增加而上升。与

此同时，进口企业数和产品数跟距离具有负相关关系。在表 2—16 中，我们比较了中国和美国数据［由 Bernard 等（2007）提供］的回归结果，两国数据的回归结果类似。

表 2—15　　　　　中国进口数据的引力方程式（2000—2006）

	$\ln X_{n,t}$	$\ln M_{n,t}$	$\ln N_{n,t}$	$\ln H_{n,t}$
$\ln GDP$	1.55	1.27	1.02	0.93
	(0.03)	(0.02)	(0.02)	(0.01)
$\ln Distance$	-0.815	-1.23	0.78	-0.74
	(0.13)	(0.08)	(0.06)	(0.06)
R^2	0.65	0.79	0.80	0.80
观测数	1297	1297	1297	1297

资料来源：中国海关总署（2000—2006）。

表 2—16　　　　　　进口数据引力方程式对比

	$\ln X_{n,t}$	ln#企业	ln#产品	ln 各企业各产品
ln 中国距离	-0.82	0.78	-0.74	-0.71
标准误	(0.13)	(0.06)	(0.06)	(0.12)
ln 美国距离	-0.73	-0.43	-0.61	0.31
标准误	(0.27)	(0.15)	(0.15)	(0.24)

资料来源：美国数据：Bernard 等（2007）；中国海关总署（2000—2006）。

我们得到的结果颇为令人费解。一方面，在进口数据层面，中国和美国的数据所得到的变量之间的关系相同；另一方面，两国的出口数据却支持截然相反的结果。解释这一现象需要对距离在国际贸易中的作用进行更深入的研究。

在 2000—2006 年，中国的对外贸易出现了明显的扩张态势。我们除了总结中国贸易数据最基本的分布情况之外，还将贸易量从多个维度进行分解。在单据层面（扩展边际分解），单据数量的变化可以解释 85% 的出口量变动和 66% 的进口量变动。在企业层面，参与贸易的企业数量解释了 70% 的出口量变动和 54% 的进口量变动。而使用非加总（disaggregated）数据进行回归时，这一数字降低到了 43% 和 37%。但总体来说，参与贸易的企业数量仍是解释贸易扩张的一个重要变量。最后，我们发现中国与美国进口数据的拟合引力方程式非常相似。与美国出口数据不同的是，中国的出口企业数和产品数并没有随着距离的增长而明显增加。此外，中国平均每个企业每个产品的出口量与出口目的地距离呈负相关关系。陈勇兵等（2012）在企业异质性的理论框架下，也把中国的出口增长在企业层面分解成扩展边际和集约边际，采用中国海关数据刻画了中国的企业出口动态以及二元边际的结构，同时，还分析了不同的贸易成本在其中发挥的作用。他们遵循 Lawless 的研究思路，将单一产品的二元边际扩展为多产品条件，并利用从中国海关数据库整理得到的 2000—2005 年中国出口份额、出口企业数量和单位企业平均出口额等数据进行了研究分析。他们的研究结果发现：2000—2005 年中国贸易的增长中，扩展边际的增加幅度高于集约边际，但是出口的增长仍然主要是由已经存在并持续出口的企业所贡献的，说明新进入的企业出口能力还是远低于已经存在的出口企业。这就要求政府在

"走出去"的战略思路下，在保持稳定的出口群体的同时，多思考如何提高新企业的出口能力。

四　集约边际和扩展边际在其他问题上的运用

研究者研究各种外生冲击对贸易所造成的影响时，会把其分解到集约边际和扩展边际上，分析其影响的强度。首先，王孝松等（2014）研究了反倾销壁垒对中国出口增长的集约边际和扩展边际的影响。他们考察的年份为 1996—2010 年。在此期间，集约边际稳健提升，扩展边际则表现出较大的波动。平均而言，扩展边际的年均增长率低于集约边际。基于反倾销一般是针对产品开展的这一特点，他们延续了 Hummels 和 Klenow（2005）从产品层面计算贸易边际的方法。同时，为了提供计量分析需要的控制变量，他们又在行业层面收集了反倾销措施的数据，并计算了行业层面的贸易边际。他们的研究结果显示：出口对象国的反倾销措施显著地抑制了中国出口增长的集约边际和扩展边际。在反倾销的发起、案件的确定性判决和反倾销税的征收方面，实证研究都支持了反倾销对中国出口边际的抑制效应。

其次，陈波、荆然（2013）对全球金融危机后中国出口的集约边际和扩展边际的表现进行了考察，发现在 2009 年，中国出口的集约边际受金融危机的影响较大，但是扩展边际反而出现了增长。为了对这一现象做出解释，他们对 Melitz（2003）模型进行了扩展，首先放松了出口企业的融资约束，允许其通过外部融资来补偿生产成本，其次纳入了商品的异质性偏好。此外，他们参考 Bernard 等（2011）的做法，按照 HS－6 位编码对中国出口的二元边际进行了分解。扩展后的模型显示，虽然出口厂商所面临的外部需求因受到金融危机的冲击而减少，但如果出口国实施宽松的货币政策降低利率，仍然可能刺激出口厂商的数量增加。进一步的，他们还对研究结论进行了数值模拟，模拟结果能够很好地拟合中国 2009 年的出口情形。

再次，鲍晓华、朱达明（2014）研究了技术性贸易壁垒对出口二元边际的影响。他们按照 Helpman 等（2008）的两阶段模型，把贸易流量的非对称性、贸易零流量和外在边际等因素考虑进来，尝试修正传统引力模型中关于贸易流量为正值、双边贸易流量对称的假设。他们采用 1995—2008 年 WTO 成员的技术性贸易壁垒（TBT）通报，选取进口覆盖率作为 TBT 的统计指标。他们强调 TBT 通报的增加会产生额外的出口成本，可区分为可变成本和固定成本。其中可变成本影响出口国的出口数量，而固定成本则决定出口企业是否出口。他们的研究结果显示：技术性贸易壁垒会增加出口成本，通过出口的可变成本和固定成本渠道分别影响出口数量和出口概率。同时，研究还发现该效应存在显著的国别和行业差异。

最后，代谦、何祚宇（2015）研究了垂直专业化在贸易二元边际上的影响。他们认为现有文献中在关于垂直专业化的计算方式上，许多元素与垂直专业化国际分工网络关联性不大，使得他们分析垂直专业化在国际风险传导机制时面临不少干扰信息。于是他们尝试剔除与垂直专业化无关的因素，独立分析垂直专业化的各个主要成分在国际风险传播中所扮演的角色。并且，他们参考 Hummels 等（2001）以及 Hummels 和 Klenow（2005）的做法，将垂直专业化分工进一步在集约边际和扩展边际两个维度上进行了分解。他们使用的贸易数据来自 CEPII（法国国际经济研究中心）的 BACI 数据库，而投入产出数据则是从 OECD 网站获取的。他们通过对世界主要国家 1996—2010 年垂直专业化波动的重新计算发现，对国际分工中的领导国家而言，垂直专业化推动了其内部经济波动向外部世界经济的传导，同时会减弱外部经济对国内经济的影响程度；对于跟随国家而言，垂直专业化减弱了其内部经济波动对外部经济的冲击，并且要求其承担更多世界经济波动造成的影响。

◇ 第二节　失踪的国际贸易：理论模型和球—盒模型

一　理论模型

在本节中，我们将把国际贸易研究中人们一般关注的问题和结构化的国际贸易理论模型结合在一起，讨论国际贸易的集约边际与理论模型蕴含的意义。之后我们利用一个不包含任何经济最优化决策，只是凭借统计规律计算出的球—盒模型，作为评价理论贸易模型预测力的基本标尺。最后，我们将讨论人们在研究扩展边际时，所发现的球—盒模型局限性以及未来研究的方向。

首先，关于"什么类型的企业会参与国际贸易"这一问题，Melitz（2003）和 Bernard（2003）给出了如下的回答。在 Melitz（2003）模型及其衍生模型中，只有生产力高到能够补偿固定成本的企业才会参与国际贸易；而 Bernard（2003）依据李嘉图框架下的冰山成本，抽取工厂的生产力来区分出口企业和非出口企业。这样在企业层面就会产生出正的出口额和"0"出口额两种类型的企业，从而我们可以推算出出口企业的数量。按照实证研究中对扩展边际的定义，我们发现出口企业的数量是由一系列与出口相关的固定成本与可变成本所决定的。

其次，当问题涉及"为什么一个企业与某个国家进行贸易"时，Helpman 等（2008）在 Melitz（2003）模型的基础上构建了一个新的模型来对其做出解释。在他们的新模型中，固定出口成本随着出口目的地的不同而变化。如果和某个国家有关的成本足够高，企业可能就不会将其列为出口对象国。Helpman，Melitz 和 Rubinstein（2008）在理论上介绍了两类以 Melitz（2003）模型为基础的变形，目的是得到与国际贸易典型事实在扩展边际上相一致的预测结果。一方面，他们假设企业的生产力服从截尾的帕累托分布，由于生产力分布的支撑集（support）有上界，所以在不同国家配对的情况下，该模型会在产品层面上生成正的或为零的贸易流量；另一方面，他们假设不同的出口目的地所要求的固定出口成本是不一样的，结果，根据不同的出口目的地，该模型预测出了特定的出口商数量。

最后，在回答"为什么一个企业要出口某种商品"时，Bernard 等（2011）把消费者偏好变量纳入 Melitz（2003）模型中。该模型显示，在出口企业中消费者偏好方面得分越高的商品越有可能被出口到更多的国家。

二 球—盒模型

随着大量的微观企业和产品层面的贸易数据的出现，很多的统计量可以被构建出来，用来反映国际贸易的现实与检验贸易理论模型。这种情形的出现，对于研究国际贸易的学者来讲，一方面自然是有利的，因为可以获得更多的数据信息；但是，另一方面也意味着可能出现的冗余和无用信息的干扰。因为先验地来说，每一个维度上构建的统计指标都可以作为检验模型和数据拟合程度、评估模型是否成功的标准。然而，微观贸易数据是分类性数据（categorical data），具有稀疏性的特质（sparse nature），即贸易量是按照国家、产品的不同细分层次、企业，以及上述种类的任意组合形式所构建出来的。因为大部分的国际贸易只集中在少数组合中，因此，大部分的可能出现的贸易分类数据都将呈现出"0"贸易量，只有少数的组合会呈现出正值的贸易量，即微观贸易数据是非常稀疏的。

随着越来越多的非加总的贸易数据被运用于研究，学者们尝试建立许多关于扩展边际的典型事实，比如一个国家与另一个国家之间贸易商品的数量，与一个企业开展贸易的国家的数量，一个企业出口商品的数量，以及一个国家所拥有的出口企业的数量。但与此同时，理论的贸易模型并不满足于只挖掘国家层面的贸易模式，而是通过不断演化，把关注点集中在企业或者商品层面的非加总数据上。理论开始转向一些其他的问题，例如什么类型的企业会参与国际贸易［Melitz（2003）和 Bernard 等（2003）］；为什么一个企业与某个特定的国家进行贸易［Helpman 等（2008）］；为什么一个企业出口某种特定的商品［Bernard 等（2011）］。我们需要思考的是，以上提到的扩展边际问题，是否在帮助我们区分不同的结构化贸易模型时是同等重要的。之所以会产生这一问题，是由于非加总的扩展边际数据有一种非常重要的特质。扩展边际事实上是根据多种分类方式进行构建的，例如国家—商品组合、国家—企业组合，以及国家—企业—商品组合。更具体地说，为了描述国家之间商品的贸易模式，我们通常会展示不同层面的产品分类下各国之间非零或者零贸易流量的大小。由于存在许多国家和许多不同类型的商品，并且在一段给定的时间内贸易运输量也是相对有限的，所以大部分国家—商品层面的贸易流量通常为零。

于是，Armenter 和 Koren（2014）又建立了一个统计模型，即球—盒模型，筛选出能够有效识别结构化贸易模型的扩展边际。球—盒模型将贸易刻画为把一定数量的单据放入不同贸易类别的盒子。它运用完全的随机性为贸易建模，其目标是捕捉分散的非加总贸易数据最核心的特征：如果球的数量有限，那么在放置完所有球之后，大多数的盒子仍然会是空的。另外，除了随机性之外，理论性的贸易模型也引入了更加系统性的结构来描述国际贸易。例如，Melitz（2003）以及一些衍生的模型把固定成本引入出口企业的进入和退出决策过程当中。Bernard 等（2003）把伯川德竞争纳入 Eaton 和 Kortum（2002）的李嘉图框架中来研究工厂层面的出口行为。尽管在上面两个模型中，生产力水平的抽取是随机的，但是生产力的分类机制是确定的。通过比较，如果球—盒模型所预测的扩展边际与数据中的是相似的，那么表明这一预测结果在区分结构化的贸易理论时作用并不大，因为它更大程度上是由数据本身的分散性质决定的。

针对该问题，Armenter 和 Koren（2014）创新性地提出了贸易数据的投球入盒模型，并利用美国数据详细地分析了贸易的投球入盒模型对评估结构性贸易模型有用性的启示。基于这一观点，Armenter 和 Koren（2014）认为许多非加总贸易数据的扩展边际更多的是由数据本身的分散特质决定的，而不是经济最优化导致的结构性结果。由于这些扩展边际能与许多模型相匹配，所以利用它们来区分贸易理论是不合适的。投球入盒模型试图回答如下问题：究竟哪些关于微观层面贸易数据的统计量可以被用来检验区分各种贸易理论模型？哪些统计量的产生仅仅是因为贸易数据的稀疏性特质，因而对于检验贸易理论模型是无效的？

Shi 和 Jiang（2016）利用中国微观贸易数据重新检验了投球入盒模型对于中国贸易数据的适用性，发现美国数据能验证球—盒模型中的一些问题。Blum，Claro 和 Hortsman（2016）利用智利数据也做了类似的分析。在本节中我们将具体介绍球—盒模型在国际贸易领域的结构，同时比较美国、中国、智利数据在球—盒模型预测中的异同点。

球—盒模型分析的基本逻辑是，面对微观数据构建的某一统计量，我们可以用一个没有包含任何最优化经济选择的随机模型——投球入盒模型（Balls-and-Bins Model）——来拟合它。相对于投球入盒模型，其他的结构性贸易理论模型在随机性的基础上，都引入额外的经济选择机制来刻画贸易，因而可以理解为这些模型都包含了投球入盒模型。如果投球入盒模型能够拟合某一统计量，则意味着其他更复杂的贸易理论模型自然也可以拟合这一统计量。换句话说，这一统计量无法被用来检验和区分不同的贸易理论模型，因为这些模型都能很好地拟合它。反之，如果投球入盒模型无法拟合某一统计量，则说明拟合该统计量需要引入更多的经济理论，因而该统计量也可以被用来检验和区分引入的经济理论。

（一）球—盒模型的结构

我们可以通过经典的"生日悖论"来说明球—盒模型的主要思路。生日悖论是这样一个概率问题：从样本容量为 n 的人群中，随机抽出两人，此二人生日为同一天的概率是多少？如果生日的日期在一年365天中是均匀分布的，我们仅仅需要随机地挑选出23个人，就有50%的概率为其中两人的生日相同。如果抽样的人数为57，则概率会达到90%。同时，如果想抽出一组人，使得他们的生日能够覆盖365天的每一天，那么这个抽样的数字需要远远大于365。在球—盒模型的背景下，这个问题就可以按照如下描述：将 n 个球（人）随机地放入 k 个相同大小的盒子（365个生日日期）。一方面，如果想要至少一个盒子中有两个球，那么所需要的球的数量 n 可以远远小于盒子的数量 k；另一方面，如果为了保证所有盒子都至少有一个球，那么所需要的球的数量 n 要远远大于盒子的数量 k。这就意味着如果球的数量与盒子数量相比是非常有限的话，那么在我们放完所有球之后，大多数的盒子仍然会是空着的，这是因为有很大概率球会被放入相同的盒子。

非加总贸易的扩展边际是建立在一些分类之上的。比如在国家—商品层面，扩展边际指的是有多少产品被出口到多少不同的目的地。贸易流量是按照国家—商品组合来进行分类的。在 HS－8 位分类中，中国在2005年向200多个国家和地区出口了7000多种产品，全部的出口单据数量超过了1300万。如果我们根据国家—商品组合对所有的出口单据进行归类，总的类别数量会达到140万。由于类别的数目如此巨大，即使出口单据的数量同样十分庞大，许多国家—商品组合的贸易流量也很有可能为零。

通过上面的类比，Armenter 和 Koren（2014）认为非加总贸易数据的分散性质或许可以利用球—盒模型来进行刻画，就好像把 n 个球（单据）独立且无差别地放入 k 个盒子（不同的贸易归类）。已经被观察到的零贸易流量产生的机理主要反映的是贸易数据的归类方法，而不是其背后的经济动因。这就意味着它们在帮助识别结构化贸易模型时作用不大。我们按照这一思路对中国单据层面的贸易数据进行了分析。我们调整了球—盒模型，在模型预测的基础上得到了贸易扩展边际的一些统计量，并将它们与实际数据进行比较。如果模型预测的统计矩（moment）和实际值非常相近，那么这个矩在帮助我们区分模型时作用有限。

具体而言，球—盒模型主要包含两类参数。首先是球的数量。我们将一份单据视作一个球，因此球的数量就直接由数据中单据的数量所决定。第二个参数就是一个球（单据）落入某个盒子的概率。我们根据贸易数据的分类，比如国家—商品组合，来设定盒子的数量。为了能够确定球落入盒子的概率，我们假设球的大小是相同的，放置的过程是独立且无差别的。于是，概率就只取决于盒子的大小。在这样的前提假设下，概率的分布就是由盒子大小的分布和球的数量所决定的。

我们重点关注了几个有趣的扩展边际的统计量。第一个就是将空的和有球的盒子区分开，即有球的盒子的数量（或者空盒子的数量）。我们定义第 i 个盒子的大小为 s_i，同时也表示球落入盒子 i 的概率。盒子大小的概率分布满足等式（8）：

$$\sum_{i=1}^{k} s_i = 1 \tag{8}$$

我们用每个类别中单据数量比上全部单据数量的比率来表示盒子的大小s_i。①

在将 n 个球放入 k 个盒子之后，盒子 i 是否有球只取决于s_i和 n。我们用d_i代表指示变量。若$d_i = 0$，则盒子 i 是空的；若$d_i = 1$，则盒子是有球的。那么，d_i的期望值就是盒子 i 至少接收到一个球的概率，可以通过等式（9）计算得到：

$$E\ (d_i \mid n)\ = 1 - (1 - s_i)^n \tag{9}$$

为了计算有球盒子数量的期望值 m，我们需要把等式（10）中所有盒子的期望值d_i加总起来。

$$E(m \mid n) = \sum_{i=1}^{k} E(d_i \mid n) = \sum_{i=1}^{k} \left[1 - (1 - s_i)^n \right] \tag{10}$$

以上模型是一维的球—盒模型，而我们感兴趣的是将贸易流量数据归入像国家—商品组合或者国家—企业组合的分类当中。二维模型的构造也并不复杂，全部有球盒子的数量的期望值可以由等式（11）给出：

$$E(m \mid n_1, n_2, \cdots, n_t) = \sum_{j=1}^{t} \sum_{i=1}^{k} \left[1 - (1 - s_i)^{n_j} \right] \tag{11}$$

该等式指的是中国与 t 个不同的国家进行贸易的单据数量。而在国家—商品组合中，代表 k 种不同的商品的单据数量各自所占的份额。如果是国家—企业组合，则表示 k 个不同的企业的单

---

① 我们也利用每个类别的贸易额占比来确定盒子的大小，并得到了相似的结果。

据数量各自所占份额。

我们研究的第二个扩展边际的统计量是不同类型企业所占的比重，特别是全部出口企业中单一产品、单一目的地以及同时满足两者的企业所占的比例，同时还有出口企业占全部生产企业的比例。与计算国家—商品和国家企业层面的零贸易流量的期望值不同，我们需要从企业的角度重新建立球—盒模型来描述这些单一的企业数量。对于每个企业而言，这就好像把全部的球放入商品、国家以及国家—商品盒子当中。具体而言，我们按照每个企业的单据数量n_j来设定球的数量，而盒子的大小s_i则取决于商品、国家以及国家—商品组合中单据数量所占的份额。于是，我们就可以为每个企业计算该企业全部的球放入某个盒子的概率。这些单一的有球盒子的期望值p由等式（12）给出：

$$E(p \mid n_1, n_2, \cdots, n_t) = \sum_{j=1}^{t} \sum_{i=1}^{k} s_i^{\,n_j} \tag{12}$$

最后，为了计算出口企业所占份额，我们按照国内销售和出口销售的划分方法设计了两个盒子。只要有每个企业的单据数量，我们就可以计算该企业为出口企业的期望概率，换句话说，就是该企业至少有一个球落入出口销售的盒子中。我们再对所有企业的期望概率加总，将得到的数字除以总的企业数量就可以获得出口企业所占份额。

（二）各国贸易数据：美国、中国、智利

根据 Amenter 和 Koren（2014）的线上附录介绍，他们所运用的美国的出口数据是建立在"托运人出口申报体系"（Shipper's

Export Declaration，SED）之上的，出口商每一份价值超过 2500 美元的单据都必须填写一张独立的 SED 申报单。除此之外，每一份单据都会被分配到一个唯一的产品代码，该代码是从"计划 B"（Schedule B）代码中抽取出来的。理论上，"计划 B"代码系统存在 8988 个独立代码，而实际上在 2005 年的美国出口数据中，有 8880 个代码所对应的出口流量是正值的。代码前 6 位为 HS 代码；剩下的 4 位则随着美国出口的具体情况而变化。在 Amenter 和 Koren（2014）的论文中，这些产品代码被称作 HS - 10 位代码。美国人口调查局（The Census Bureau）在整理"美国商品出口"（U. S. Exports of Merchandise）数据库中的单据层面的数据之后，会发布产品—国家的加总数据。对于每一个统计量，发布的报告中会包含其对应的 SED 数量，即单据数量。A-menter 和 Koren（2014）计算一个产品—国家组合的平均单据金额的方法是将其总出口额除以总的单据数量。而对于每种产品，他们选用的是该产品出口到不同目的地的单据金额的中位数。

Blum，Claro 和 Hortsman（2016）使用的数据为智利 2006 年全部的出口交易数据，具体包括出口企业身份、出口产品的 HS - 8 位产品分类代码、出口目的国以及有关交易的其他信息，比如日期、金额等。智利出口数据中一个重要的特征就是铜产品的出口占到了 2006 年智利出口额的 50%，而且这些铜产品是由少数的出口企业出口，并且交易金额都很大。但即使不考虑铜产品出口，智利出口单据的数量仍然远小于理论上可能存在的商品—

出口国组合的数量。因此，智利的出口数据是非常分散的。智利出口数据的另一个显著特点就是出口单据对于主要出口国和主要出口产品的偏向性。美国作为智利最大的出口目的国，占到了 2006 年智利全部出口单据的 23.3%，而在超过 5000 种出口产品中，出口最多的产品的单据占到全部单据的 2%—4%（见表 2—17）。

表 2—17　　　　　　　　智利 2006 年出口数据的统计汇总

	出口	不包含铜产品的出口
出口商数量	6924	6912
出口额（百万美元）	55085	27537
交易/单据数量	575830	568906
平均单据金额（千美元）	95.7	48.4
出口目的国数量	181	181
出口产品数量		
HS－8	5218	5216
HS－6	3551	3549

资料来源：Blum，Claro 和 Hortsman（2015）中的表 17 原始来源：智利海关办公室。

中国单据层面的贸易数据是由海关总署根据企业递交给不同关税办公室的单据文件进行整理后发布的。例如，如果一家企业在一个月当中分别出口两类商品 10 次，那么数据库中就会有 20 个条目对这些交易做记录。在这些记录中，我们的分析所涉及的信息仅包括目的地/来源国、HS－8 位产品代码、企业 ID 和单据的金额。为了同 Armenter 和 Koren（2014）利用美国数据所得到的结果做比较，我们使用的是 2005 年的数据。[1] 为了区分出口企业和非出口企业，我们需要全部生产企业的信息，而关税数据只包含了出口和进口企业的信息。出于这方面的考虑，我们同时使用了中国国家统计局 2005 年中国企业的工业调研数据。调研的对象企业覆盖了全部的国有企业和销售额超过 500 万元人民币的企业。更具体地说，我们采用的是数据库中每个企业的出口销售额、总销售额以及出口企业的数量。

中国的关税数据并没有被删减。然而，有 3.8% 的出口单据价值低于 100 美元，对于国际贸易而言大大低于正常水平。在美国贸易的普查数据中，只有价值超过 2500 美元的出口单据和超过 250 美元的进口单据才会披露。因此，我们舍弃了出口数据中价值低于 500 美元的单据数据，这部分数据占到了全部单据的 11.83%，但仅占总出口额的 0.04% 和出口产品的 1.8%。关于进口数据，我们遵循美国标准，剔除了价值低于 250 美元的单据数据。此外，我们还删掉了将中国列为来源国的数据。

考虑到球—盒模型关注的是不同层面贸易的扩展边际，我们记录了中国非加总贸易数据中扩展边际的一些基本事实。表 2—18 总结了中国进口和出口企业的扩展边际。中国的进口数据相

---

① 非加总程度最高的产品分类在美国标准下是按照 HS - 10 位定义的，而中国则使用 HS - 8 位。HS 体系只有在 HS - 6 位才能进行国际比较。通过对比美国 HS - 10 位和中国 HS - 8 位的产品，我们认为美国 HS - 10 位的产品分类方法比中国 HS - 8 位的分类方法更加精细。

对于出口数据而言，贸易国家、单据、企业和产品的数量更少。通过比较，2005 年的中国和美国在产品、目的地和企业的数量方面是十分相似的，但美国的单据数量却是中国的两倍。

在国家层面，出口和进口数据则偏向于一些大的贸易国家。在中国出口的目的地当中，前 5 位的目的地占到了中国总出口的 57.66%，前 10 位的占到了 69.55%。在中国进口的来源地当中，前 5 位的贸易伙伴占据了进口额的 51.53%，而前 10 位的占了 66.06%。在产品层面，中国的进口比 2 分位水平的出口更加多元，前 5 位的出口类别占了 2 分位水平出口价值的 54.39%。然而，前 5 位的进口分类仅仅占到了进口额的 13.09%。另外，在 HS - 8 位水平上，由于存在更多的产品分类，所以贸易额的分布比较平均。举例来说，中国出口 7054 种 HS - 8 位产品，其中最大的类别也只占到了出口额的 3.79%。

表 2—18　　　　　　　中国和美国 2005 年的进出口统计汇总

	美国出口	中国出口	中国进口
单据的数量（百万）	21.6	13.72	8.51
国家数量	229	236	209
产品种类	8867	7129	7056
企业数量（万）	16.7	14.4	11.2
金额（亿美元）	9040	7560	6150

资料来源：Shi 和 Jiang（2016）中国数据来自中国海关的进出口数据；美国数据是根据 Amenter 和 Koren（2014）整理的；本表中中国的统计量是基于全部样本的。

（三）数据与模型的结果

在这一部分中，我们汇总了球—盒模型对中国数据的预测结果，包括国家—商品和国家—企业层面的零贸易流量所占比例，零贸易流量和引力模型相关的性质，单一产品、单一目的地以及同时满足两者的出口企业占全部出口企业的比重，出口企业占全部生产企业的比重。

1. 国家—商品层面的零贸易流量

在出口方面，国家—商品组合的贸易流量所限定的商品必须是从中国出口到至少一个国家的商品，所限定的国家必须是中国向其出口至少一类商品的国家。进口方面也有类似的规定。在这些国家和商品中，如果某个特定的国家—商品组合的贸易流量并不存在，我们就将其定义为零贸易流量。表2—19显示，在非加总层面上，无论是进口还是出口，绝大部分国家—商品可能的贸易组合流量为零。例如，在 HS–8 位水平，81% 的国家—商品组合的出口数据为零，92% 的进口数据为零。产品越细分，零贸易流量出现的频率就越高。这一点并不让人感到奇怪，因为在给定相同数量单据的条件下，随着不同类别数目的增加，一个类别至少包含一份单据的概率是下降的。

在国家—商品层面，我们使用不同分类下产品所对应的单据数量份额来构建盒子。我们把中国向每个国家出口或者从每个国家进口的单据数量视为球的数量。于是，空盒数量的期望值可以通过等式（11）来计算，这个数字与实际数据中零贸易流量的数量相对应。正如表 2—19 所示，球—盒模型对进口和出口中不同产品层面的零贸易流量做出了很好的预测，这与 Armenter 和 Koren（2014）利用美国数据研究得到的结果相似。比如，在 HS－8 位水平，模型的预测结果是 63% 的出口流量和 84% 的进口流量为零，而实际数据中所对应的两个数字分别为 81% 和 92%。

表 2—19　　　产品—国家层面的零流量：中国数据（2005）与球—盒模型

	出口			进口		
	产品种类	数据（%）	球盒（%）	产品编号数目	数据（%）	球盒（%）
8 位	7054	81	63	6951	92	84
6 位	4995	78	67	5006	90	82
4 位	1228	67	53	1229	85	79
2 位	97	39	24	97	66	73

资料来源：Shi 和 Jiang（2016）中国海关进出口数据。

"数据"是指在国家—产品层面，零贸易流量的大小与总贸易流量大小的比率；"球—盒"是指球—盒模型的预测结果：对于每一个国家—产品组合，球—盒模型能够给出其流量为零的预测概率。零贸易流量的期望值是根据不同的产品和国家加总后取平均值得到的，这样的结果意味着什么？正如我们之前所讨论过的，很多零贸易流量纯粹是样本中流量为零，因为有限的贸易单据被归入更多不同的类别。它们并不是本质为零，不是由经济动因或者经济最优化引起的。回忆一下，球—盒只使用两种要素来对非加总层面的贸易流量进行预测。两种要素分别为球的数量和球落入某个盒子的概率。这种简单的结构在众多的结构化贸易模型中可以被归为一个特殊的案例，因为它在球—盒模型的纯随机性之外又引入了更多的经济动因。球—盒模型对零贸易流量的预测结果与真实数据十分相似，这意味着只要与球—盒模型不矛盾，任何结构化的贸易模型都能够给出至少一种相似的预测结果。所以国家—商品层面的零贸易流量份额并不能帮助我们区分结构化贸易模型。换句话说，结构化模型应当更准确地匹配这一数字。但根据我们的研究结果，这可能很难实现。比如说，球—盒模型预测 HS - 8 位的进口贸易流量中 84% 为零流量，而实际数据中则为 92%。这就说明如果一个结构化模型想要在准确性方面进行提升，那么它给出的预测必须在 92% 方差为 8% 的范围之内。

已有的文献很好地描述了国家层面的贸易流量满足一种引力关系，这种关系根据国家的不同有其独特的性质。在某些贸易流量的数量方面，扩展边际同样存在类似的关系。比如像 Baldwin 和 Harrigan（2011）以及 Hummels 和 Klenow（2005）的实证研究表明，贸易国家之间的距离越近，国家之间出口产品的种类越多。这一模式在中国的进出口数据中同样成立。因此，研究国家—商品层面非零贸易流量和引力模型相关的性质是否能够帮助我们评价贸易理论就会变得十分有趣。为了回答这个问题，我们分别用实际数据和球—盒模型估计这种类型的引力模型等式，再将它们的系数进行比较。

在用贸易流量的实际数据估计引力模型等式时，我们用一个指标来定义国家—商品层面正的贸易流量，同时采用线性概率模型，将这个指标对引力模型变量——比如实际 GDP 和距离——进行回归。而在使用球—盒模型进行估计时，我们把由模型预测得到的国家—商品组合为非空的概率作为因变量，直接对相同的引力模型变量进行回归。两类估计得到的引力模型等式的系数十分相近。比如，实际 GDP 的系数无论是在数据还是模型估计中都是 0.081。在进口数据中，由实际数据估计得到的相应系数为 0.071，而模型估计的则为 0.078，同样非常相近。基于这些结果，我们发现非零贸易流量与引力模型相关的性质，和非零贸易流量的大小一样，在评价特定贸易模型时所起的作用不大。

2. 国家—企业层面的零贸易流量

国家—企业层面出口的贸易流量是根据中国出口目的地和中国出口企业的不同组合来定义的。进口的贸易流量也是按照相似的方法定义的。我们使用不同贸易企业单据所占份额来确定盒子的大小，而每个国家的单据则被当作球。全部贸易企业的数量远大于全部贸易商品种类的数量。因此，国家—企业层面的盒子数量比在国家—商品层面时更多，相应的，国家—企业层面的零贸易流量也会更多。表 2—20 显示了在实际数据中和基于球—盒模型预测的零贸易流量的百分比。和国家—商品层面的结果相似的是，球—盒模型很好地预测了国家—企业层面的零贸易流量。比如，模型预测出 95% 的进口流量为零流量，在实际数据中这一数字为 98%。

表 2—20 　企业—国家组合中的零贸易流量：中国数据（2005）与球盒模型

国家	企业数量	国家数量	数据中的零流量（%）	球盒中的零流量（%）
中国（进口）	100495	175	98	95
中国（出口）	141224	236	97	91
美国（出口）	167217	229	98	96

注："数据"是指零贸易流量的大小与总贸易流量大小的比率；"球盒"是指预测的零贸易流量大小比上总贸易流量的大小。

资料来源：Shi 和 Jiang（2016）原始来源：中国海关进出口数据。

最后，国家—企业层面同样存在和引力模型相关的性质。中国企业偏向于与距离相近的国家进行贸易。为了确定这一性质的有用性，我们使用了实际数据和模型预测来估计引力模型等式。对于用实际数据的估计，我们将中国贸易企业的数量作为因变量。而在模型预测的估计中，我们选用的因变量为模型预测得到的非空盒子的数量。同样模型预测的和引力模型相关的性质，尤其是实际 GDP 的系数和真实数据的引力性质是非常相近的。

（四）球—盒模型的争议

Armenter 和 Koren（2014）在论文中提出了"贸易的球—盒模型"，用于确定哪些数据矩能为贸易扩展边际的模型提供有效信息。然而，Blum，Claro 和 Hortsman（2016）认为 Armenter 和 Koren（2014）的结论依赖一个重要的假设，即无论出口企业出口规模如何，其单据的金额大小都是相同的。但事实上，数据表明小出口商的单据金额显著低于大出口商的单据金额。这就意味着对出口单据数量和金额的选择其实是企业经济决策的结果。因此，球—盒模型并不是帮助评价数据矩是否有用的"统计基准"，而本身就是一个经济模型。作为经济模型，球—盒模型匹配数据的表现并不理想。Shi 和 Jiang（2016）也发现了同样的问题。与 Armenter 和 Koren（2014）不同，Blum，Claro 和 Hortsman（2016）以及 Shi 和 Jiang（2016）发现主要的差异点出现在对单一产品、单一目的地的出口企业的预测上。对于理论的贸易模型而言，如何决定出口目的地和产品的种类范围是亟待解决的问题。例如，Helpman 等（2008）发现出口商的集合会随着出口目的地不同的贸易成本而变化。

Blum，Claro 和 Hortsman（2016）认为在球—盒模型的设定中，由于没有企业单据数量的数据，Armenter 和 Koren（2014）将每份单据都定为是等额的，即 36000 美元。出口金额不超过36000 美元的企业会被配置一个球，36000—72000 美元之间的，被配置两个球，以此类推。但是他们指出，智利 2006 年的出口数据很清楚地显示了出口企业规模和平均的出口交易金额的关系，即大的出口企业涉及的交易金额一般都很大。可以看出，在排除铜产品出口之后，平均单据金额下降了很多。这不仅拒绝了单据金额恒定的假设，还强调了单据金额的大小是出口企业经济决策的结果。同时，他们认为 Armenter 和 Koren（2014）在单据金额恒定的假设下，普遍低估了小规模的出口企业的交易数量。为了证明该假设在球—盒模型结论中的重要作用，他们利用实际的单据数据对模型进行了重新模拟。模拟的结果证明了单据金额不随企业规模变化的假设对于球—盒模型能否重复贸易扩展边际的核心数据模式是存在重要影响的。所以，球—盒模型并不是一个统计基准模型，而是一个简单的经济模型。

Bernard 等（2011）建立了一个贸易模型同时解释企业如何划定出口产品和出口目的地的范围。因此，单一产品和多产品出口企业的区分以及单一目的地和多目的地企业的区分同样也是贸易数据在扩展边际上非常重要的维度。如表 2—21 所示，单一产品、单一目的地以及同时满足两者的出口企业占中国全部出口企业的比重分别为 24.59%、29.63% 和 14.59%。美国相应的数字更大一些，分别为 42%、64% 和 40%。

我们现在来看一下球—盒模型的预测是否会给出与中国实际贸易数据相似的比重。对于每种类型的单一出口企业（单一产品、单一目的地以及同时满足两者的出口企业），我们在相应类别的基础上决定盒子的类型，比如产品盒子、目的地盒子和产品—目的地盒子。具体来说，为了研究单一产品出口企业的份额，我们使用不同产品的单据份额来确定盒子的大小。每个企业球的数量就是该企业的单据数量。接下来，在等式（12）的基础上，我们运用球—盒模型来计算这三种类型的单一出口企业数量的期望值，结果在表 2—21 中显示。我们可以看到模型对于所有三种类型的出口企业份额的估计效果都不理想。比如在表格中，球—盒模型低估了单一产品、单一目的地以及同时满足两者的出口企业的份额，估计的结果分别为 7.8%、8.4% 和 7.8%，而实际数据中分别为 24.59%、29.63% 和 14.95%。

表 2—21　　　　　　　　单一出口商：2005 年数据与球盒模型

企业类型	中国			美国	
	数据（%）	球盒（%）	球盒（近似）［%］	数据（%）	球盒（近似）［%］
单一产品	24.59	7.80	15.50	42	43
单一出口地	29.63	8.40	16.44	64	45
单一产品—出口地	14.95	7.80	15.45	40	43

资料来源：中国数据来自 Shi 和 Jiang（2016）中国海关的进出口数据；美国数据是根据 Armenter 和 Koren（2014）整理的。在中国的球盒模型预测中，我们使用的是企业单据的准确数量；在中国的球盒模型预测（近似）中，我们通过将出口额除以平均的单据金额来获得近似单据的数量。

　　Armenter 和 Koren（2014）使用球—盒模型对美国的这三种单一出口企业的预测结果和我们利用中国数据所得到的结果差别很大。他们的结果显示，球—盒模型的预测效果准确度更高。之所以会产生这一结果的技术差别在于我们利用的是中国非加总程度较高的数据中每个企业十分准确的单据数量，而他们使用的则是对单据数量的近似，因为真实数据并不可得。为了确定这一差别是否会影响研究结果，我们使用了与 Armenter 和 Koren（2014）相同的近似方法，通过调整球—盒模型来检验中国的数据。具体而言，我们将一个企业的总贸易额除以平均的单据金额，得到该企业的单据数量（保留小数点后两位）。近似的结果展示在表2—21 中。尽管在近似之后，我们的结果仍然不如用美国数据预测

的结果那么理想，但是预测结果分别改进为 15.50%、16.44% 和
15.45%，离真实数据更近了一步。由此可见，是否使用近似方法
至少会部分地影响预测结果。

在将企业总的单据金额除以平均的单据金额时，近似方法实
际上扭曲了不同企业单据数量的分布。我们发现近似方法其实低
估了大多数企业的单据数量（单据数量排在 75 分位数之后的企
业）。根据等式（5），随着单据数量的增加，一个企业被归为这
三类单一企业的概率快速下降。所以概率主要是由一些单据数量
比较少的企业决定的。结果，近似方法会高估单一产品、单一目
的地以及同时满足两者的出口企业所占的份额。

表 2—22　　　　　　　　　　　　　企业层面结果

	美国 2005 年数据 *		智利 2006 年数据		
单一出口目的国的出口商					
占全部出口商的比重	64%	45%	52%	48%	25%
占全部出口的比重	3.3%	0.3%	2.9%	0.6%	0.2%
单一出口产品的出口商					
占全部出口商的比重	42%	43%	40%	48%	24%
占全部出口的比重	0.4%	0.3%	7.9%	0.6%	0.2%
单一出口目的国和单一出口产品的出口商					
占全部出口商的比重	40%	43%	33%	48%	24%
占全部出口的比重	0.2%	0.3%	0.9%	0.6%	0.2%

注：* 表示 Armenter 和 Koren（2014）中的表 1。

数据来源：Blum，Claro 和 Hortsman（2015）。

我们现在来研究如何区分出口和非出口企业。由于海关数据库仅包含出口企业的信息，所以我们使用同时包括出口和非出口企业的中国 2005 年工业企业调查数据。和其他国家一样，中国的出口企业仅占全部生产企业的一小部分。在我们使用的数据库中，只有 28.1% 的企业是出口企业。

球—盒模型的预测是否会得到与以上数字接近的结果？我们利用工业企业的数据库对模型进行了调整。为了将出口企业与非出口企业区分开来，我们只需要两个盒子：国内销售和出口销售。在所有的企业当中，国内销售占了总销售额的 80.7%，相应的出口销售则为 19.3%。如果一个企业至少有一个球落入出口盒子，那么它就是出口企业。我们使用国内和出口的销售额所占的比重来确定两个对应盒子的大小。在数据库中，并没有关于企业单据数量的信息，所以我们对每个企业球的数量做了近似。具体来说，我们假定每份单据的金额完全相同，等于关税数据中单据金额的平均值。于是，通过将总的销售额除以每份单据的金额，就可以得到每个企业单据的数量。

在给定以上信息的条件下，我们发现球—盒模型的预测结果显示 79.9% 的企业为出口企业，而在实际数据中这一数字仅仅为 28.1%。球—盒模型的预测结果与实际数据存在如此差异是因为在调整模型时我们只设定了两个盒子。由于只有两个盒子，随着球的数量增加，模型将一个企业预测为出口企业的概率显著提升。实际上，如果我们让所有企业都只有三个球，企业被预测为出口企业的机会为48.8%，已经高于实际的28.1%。以上结果恰恰反映了球—盒模型的核心思想，就是挖掘非加总贸易数据的分散性质。如果像出口和非出口的例子一样，盒子的数量很少，那么就很容易用球填满它们。换句话说，球—盒模型在预测出口占所有企业的比重时，是不会给出一个很小的数字的。这又同时意味着出口企业所占的份额并不受贸易数据分散性质的影响，因此，我们能用它来识别贸易理论，特别是以中国为焦点的贸易理论。

（五）球盒模型的扩展以及其对理论模型的意义

本节运用球—盒模型来检验中国2005年单据层面的贸易数据，并将其与美国2005年单据层面数据、智利单据层面数据进行对比。

与球—盒模型相较而言，Helpman，Melitz 和 Rubinstein（2008）除了按照生产力对企业进行随机的抽取之外，更加强调经济动因。在 Armenter 和 Koren（2014）的线上附录中，我们可以找到对"球—盒模型，其实是 Helpman，Melitz 和 Rubinstein（2008）模型的一个特例"的详细证明。因此，一个有趣的问题是，我们应当如何评估该模型在扩展边际上的实证合理性？这时候，有两类贸易数据的矩显得尤为重要，即所有贸易流量中零贸易流量所占的比重，以及出口企业数量在所有企业中所占的份额。但是，这两类矩都是有用的吗？球—盒模型可以回答这一问题。根据我们利用中国贸易数据研究得到的结果及 Armenter 和 Koren（2014）利用美国贸易数据得到的结果，只有第二类矩，出口企业份额是有用的。球—盒模型预测得到的零贸易流量的占比与实际贸易数据中的占比非常接近，因此这类矩在区分贸易模型时起到的作用并不大。再次申明，这是由非加总的贸易数据的分散性质导致的。由于出口产品存在相当多的类别，而单据的数量相对而言又十分有限，所以绝大多数类别在给定年份是没有贸易流量的。换句话说，许多贸易流量为零仅仅是因为样本为零，而不是如理论模型所预测的那样本质为零。中国关税数据的一大优势就在于其翔实性：我们可以掌握数据库当中每个企业具体的单据数量和贸易金额。这在我们评估球—盒模型能否有效预测单一产品、单一目的地，或者同时满足两者的企业数量所占比重时显得尤为重要。首先，我们发现调整后的球—盒模型所预测的零贸易流量所占比重，无论在国家—产品还是国家—企业层面上，都与实际数据中的比重十分接近。Helpman 等（2008）构建了一个特殊的 Melitz（2003）模型来解释为什么国家之间存在零贸易流量。在他们的模型中，不同的出口目的地所要求的固定出口成本是不一样的。如果与一个贸易对象国有关的成本足够高，那么企业就有可能停止向该国进行出口，这就产生了零贸易流量。因此，他们提供了一个结构化的模型来解释最重要的本质性的零贸易流量。然而，我们通过球—盒模型的预测发现，大多数国家—商品和国家—企业层面的贸易流量为零，纯粹是因为样本为零。而之所以会产生这些为零的样本，是因为当把贸易数据归入不同的类别时，由于总的单据数量有限，所以许多类别仍然是空的。

因此，我们不应当使用这些非加总层面的零贸易流量所占比重来对 Helpman 等（2008）以及其他的结构化模型做实证检验。

除了零贸易流量的比重之外，我们同时发现，非加总数据的一些和引力模型相关的特征也能够通过国家—商品和国家—企业层面的球—盒模型进行预测。Baldwin 和 Harrigan（2011）的一篇文章集中探讨了零贸易流量和引力模型相关的特征。他们研究了 Eaton 和 Kortum（2002），Helpman 和 Krugman（1987）、Melitz（2003）模型以及他们的一些衍生模型是否能够正确地预测零贸易流量的发生以及国家—商品层面的进口者距离、规模以及偏远程度的相关性是正还是负。在非零贸易流量和引力模型相关的特征方面，我们发现，用引力模型的系数大小来评估结构化模型是不合适的，而用系数的符号来判断就更加不可取了。

通过分析工业调研中企业层面的数据信息，我们发现球—盒模型并不能正确地预测出口企业在所有生产企业中的占比。在实际数据中，中国的出口企业仅占全部企业的 28.1%。但是球—盒模型的预测结果却是 79.9%。预测结果大幅超出实际值的原因是，在这种情况下，由于只有出口和非出口两个盒子，而每个企业却有非常多的单据，于是企业的单据至少有一份落入出口盒子的概率就会非常高，同时预测结果把企业判定为出口企业的可能性也会很高。许多理论贸易模型致力于在企业层面上区分出口企业和非出口企业。在 Melitz（2003）模型以及其衍生模型中，只有生产力足够高，能够覆盖固定成本的企业才会参与贸易。而

Bernard 等（2003）则是通过李嘉图框架下抽取工厂生产力水平的冰山成本来确定出口和非出口企业的边界。之后我们的研究显示，出口企业数量在实际数据中的比重并不是由于数据的分散性质所决定的，因此在评价 Melitz（2003）和 Bernard 等（2003）贸易模型时是非常有用的统计量。

最后，我们发现球—盒模型显著地低估了在中国全部出口企业中单一产品、单一目的地以及同时满足两者的出口企业所占的比重。这与 Armenter 和 Koren（2014）利用美国的数据所得到的结果相当不同。预测结果的不一致很大程度上是由于我们使用的是每个企业准确的单据数量，而在美国的数据库中并没有这些准确的数量数据，于是 Armenter 使用的是近似的估计数据。结果证明，这种近似的方法低估了许多小企业实际的单据数量。事实上，位于分布左尾的很多企业在模型预测这一数据矩时是更为关键的。单据的数量越少，模型就越会有意地提高将出口企业判定为单一产品、单一目的地或者同时满足两者的企业的概率，以使得预测结果更为接近实际数据。Bernard 等（2011）在 Melitz（2003）模型的基础上加入了消费者偏好变量来同时解释企业的出口目的地决策和产品种类范围的决策。在这个模型中，哪个出口企业的产品消费者偏好得分越高，其出口的对象国家就越多。我们的研究同时发现，数据的分散性质并不影响出口企业的目的地和产品选择。因此，单一产品、单一目的地和同时满足两者的企业所占的比重对于识别类似 Bernard 等（2011）的模型是非常有帮助的。此外，本节也涉及了 Bernard 等（2014）所记录的 Carry-along 贸易现象。Carry-along 贸易指的是一些出口企业将产品外包给其他生产企业的一种模式。于是，我们就有可能将生产和出口区分开来。我们的研究结果显示，球—盒模型高估了出口企业的份额，而低估了同时满足单一产品和单一目的地的出口企业的份额。更具体地说，就是像 Bernard 等（2014）一样对 Carry-along 贸易现象进行建模或许可以使预测结果在以上两个维度与实际数据更加吻合。

在本节中，我们把球—盒模型应用于中国 2005 年进口和出口的单据层面的贸易数据，同时比较了运用美国数据和智利数据于该模型所得出的相似或相同的结论。在国家—商品和国家—企业层面上，球—盒模型对零贸易流量所占比重的预测结果是非常相近的。此外，估计得到的零贸易流量也显示出与数据中相似的引力模型性质。然而，球—盒模型预测出口企业占全部企业份额的结果与实际数据很不一致，这对于三个国家的数据而言，基本都是成立的。但是，在使用中国、智利数据时，球—盒模型并不能预测所有企业中单一产品、单一目的地或者同时包含两者的出口企业所占的比重。这一结论与 Armenter 和 Koren（2014）中所使用美国数据得出的研究结果相反。这其中主要的原因是，中国数据和智利数据使用的是每个企业单据的准确数量，而不是通过近似方法估算每个企业的单据数量。基于以上的结论，我们发现有两类贸易数据的矩可以用于实证检验解释中国贸易模式的结构化模型的合理性，即出口企业在所有企业中所占的份额，以及单一产品、单一目的地或者同时包含两者的出口企业占全部出口企业的份额。由于这些矩并不能通过球—盒模型预测得到，所以它们被认为在很大程度上体现了经济动因，而不仅仅是贸易数据的分散性质。因此，在评价贸易模型的实际合理性时，我们应当更多地关注这些球—盒模型无法匹配的矩。

◇◇ 第三节　贸易数据中的"0"：怎样估计引力模型

一　引力模型的发展

国际贸易里的引力模型借助物理中的万有引力模型，利用经济体的大小（GDP 的大小）、距离、人均 GDP 的大小、是否共同使用一种语言、是否有殖民与被殖民的经历、是否同在一个自由贸易保护协定中，或阻碍或促进国际贸易的流量。Tinbergen（1962）最早提出了借鉴引力方程来分析国际贸易。最初版本的引力模型，被解释变量是两国的贸易总量（包含 A 国出口到 B 国的量和 B 国出口到 A 国的量），之后被解释变量被分解为每一个观测值代表着一个方向的贸易流（即 A 国到 B 国的贸易流）。

引力方程存在两个问题。第一个问题是早期版本的引力模型只包含正值的贸易流，对于一个特定年来说，有可能从 A 国到 B 国并没有贸易流，如果我们把该"0"贸易流舍弃来估计引力方程，就会存在选择性偏误。McCallum（1995）发现在控制了经济体的大小和经济体之间的距离之后，加拿大省与省之间的贸易量是加拿大的省与美国的州之间的 22 倍，由此推出"国界之谜"，即国界以超出人们想象的程度阻碍了贸易的流动。这使得人们越来越开始重视引力模型中的问题。传统的引力模型会因为缺失变量问题导致比较静态分析缺乏理论基础。Anderson 和 Wincoop（2003）提出利用包含国家的固定效应去克服上述引力模型的缺陷。他们发现加拿大和美国之间的"国界之谜"，即国界对贸易的减弱作用并没有之前方法估算的那么大。

第二个问题是对对数形式的引力方程的解释问题。人们关心的问题是当一个阻碍或促进贸易的变量降低或提高 1%，贸易流量会有怎样的变化，即贸易成本的弹性。为了计算弹性，人们又往往会用对数形式的引力方程，即把引力方程左右两边的变量都取对数后进行回归，得到的参数即表示贸易量对该影响贸易因素的弹性。Silva 和 Tenreyro（2006）的论文指出了在 log 型引力等式估计中存在的偏差。当贸易流量的函数采用 $y = e^{\beta x}$ 的形式时，传统的做法是将等式两边取 log，再用普通最小二乘估计线性的引力等式。在这种情况下，贸易成本的系数就会被理解为贸易成本相对于贸易量的弹性。然而，Silva 和 Tenreyro（2006）指出，当存在异方差时，利用传统方法估计引力等式是会产生偏差的。此外，如果对等式两边取 log，又必须处理零贸易流量的问题。所以他们提出使用伪极大似然估计法（PML）来解决这个问题。

二　球—盒模型与引力方程包含"0"的估计

初看上去球—盒模型和引力方程包含"0"的估计都是在解决贸易数据中关于"0"的问题，它们有着一定的联系，同时我们需要注意它们所关注的是不同的问题。最重要的区别是在估计 log 型引力等式，或者其他类型的引力等式中存在的偏差，并不是球—盒模型关注的重点。之所以在球—盒模型中同时使用实际数据和球—盒模型预测对引力等式进行回归，是为了区别不同的贸易理论。我们尝试检验"非零贸易流量"与引力模型相关的特性是否能够帮助我们评价不同的贸易模型。我们利用中国贸易数据得到的实证检验结果与 Armenter 和 Koren（2014）利用美国贸易数据得出的结论是一致的，即非零贸易与引力模型相关的性质在评价一个贸易模型的合理性时并不能提供太大的帮助。

球—盒模型所体现的是完全的随机性，而一个结构化贸易模型只有在显著地比球—盒模型能够更好拟合数据时才被认为是有用的。这是因为考虑到结构化模型在随机性之外还引入了更加系统的经济动因。原则上，我们能够选取任何关于贸易数据的矩或性质来区分贸易理论。在我们对引力等式估算中，简单地选取了用非零贸易流量对几个引力变量做普通最小二乘回归得到的系数。我们已经证明了球—盒模型能够很好地匹配这些系数，即运用实际数据和球—盒模型预测各自进行两阶段回归，得到的系数是十分相近的。这意味着结构化贸易模型如果想比球—盒模型更好地匹配数据，其改进的空间是很有限的。换句话说，如果某个结构化模型宣称在这方面有很多优点，那么必须有证据证明它能够更准确地匹配用实际数据回归得到的系数。然而，考虑到使用实际数据和球—盒模型各自回归得到的系数本身已经十分接近，改进一个结构化模型实际上是极其困难的。

球—盒模型的设定与 Silva 和 Tenreyro（2006）的设定有很大不同。首先，正如我们之前讨论过的，我们并不关注参数估计的偏差。其次，在我们设定的引力等式的数据部分，采用的因变量为非零贸易流量出现的次数，与 Armenter 和 Koren（2014）相关的表 2—23 和企业数量的 log 以及表 2—24 并不是贸易量。我们并没有假设这两个因变量采用 $y = e^{\beta x}$ 的形式。而且，在表 2—23 中，我们使用指示变量来表示某个国家—商品组合正的贸易流量时，我们也没有对其取 log。

这里需要注意的是，我们应该对实际数据和球—盒模型的预测使用相同的估计方法，再对估计的系数进行比较。尽管这一方法在他们可能并不适用，我们仍然按照惯例，采用泊松估计法（Poisson Estimation Method）对上面两个因变量的引力等式进行估计，并在下面汇报结果。

根据表 2—23 和表 2—24，当我们对实际数据和球—盒模型的预测结果进行泊松估计时，"非零贸易流量与引力模型相关的性质并不能有助于区别贸易模型"这一结论仍然成立。在表 2—

25 中，我们采取传统的做法，把贸易量作为引力等式中的因变量，并使用普通最小二乘和泊松估计方法对等式进行估计。我们可以看到两种估计方法得到的系数估计差别很大。这与 Silva 和 Tenreyro（2006）的结论保持一致，即泊松估计的结果与普通最小二乘估计的结果是不同的。然而，对于我们的文章而言，这并不重要。

在表 2—25 中，"数据"指的是我们使用实际贸易流量数据作为因变量（某个国家—商品组合中正的贸易流量的指示变量）的普通最小二乘回归，所以这里我们运行的是线性概率模型的普通最小二乘回归。在"BB"（球—盒的缩写）所表示的最小二乘回归中，我们是将球—盒模型下某一国家—商品的贸易流量被预测为正值的概率作为因变量。

表 2—23　　　　　　　　　**国家—商品层面的引力模型**

因变量：

对于实际数据，因变量是一个指示变量，如果国家—商品组合的贸易流量为正，则指示变量取 1；如果为零，则指示变量取 0。

对于球—盒模型（BB），因变量为每一个国家—商品组合为非空的期望概率。

估计方法：泊松

	出口		进口	
	实际数据	BB	实际数据	BB
实际 GDP 的对数	0.226*	0.176*	0.505*	0.380*
	(0.001)	(0.001)	(0.002)	(0.001)

续表

	出口		进口	
	实际数据	BB	实际数据	BB
实际人均 GDP 的对数	0.001	0.034 *	0.444 *	0.258 *
	(0.001)	(0.001)	(0.004)	(0.002)
距离的对数	− 0.219 *	− 0.120 *	− 0.527 *	− 0.445 *
	(0.002)	(0.002)	(0.003)	(0.002)
观测值数量	683365	683365	669120	669120
R^2	0.039	0.029	0.215	0.146

注：* 表示在 1% 的水平显著。

表 2—24　　　　　　　　　　　**国家—企业层面的引力模型**

因变量：

对于国家层面的实际数据，因变量为中国出口企业数量的对数。

对于球—盒模型（BB），因变量为中国出口企业数量的期望值的对数。

估计方法： 泊松

	出口		进口	
	实际数据	BB	实际数据	BB
实际 GDP 的对数	0.573 *	0.497 *	0.796 *	0.688 *
	(0.025)	(0.024)	(0.051)	(0.039)
距离的对数	− 0.354 *	− 0.320 *	− 0.911 *	− 0.788 *
	(0.104)	(0.096)	(0.127)	(0.110)
观测值数量	177	177	171	171
R^2	0.823	0.816	0.832	0.804

注：* 表示在 1% 的水平显著。

表 2—25　　　　　　　只包含正数的国家—商品层面的引力模型

因变量：

对于普通最小二乘估计，因变量为在国家—商品层面贸易流量为正的出口额的对数。

对于泊松估计方法，因变量为在国家—商品层面贸易流量为非负（包括零）的出口额的对数。

两种估计方法所使用的因变量都是来自实际的贸易流量数据。

	出口		进口	
	OLS 估计	Poisson 估计	OLS 估计	Poisson 估计
实际 GDP 的对数	0.476*	0.705*	0.453*	0.666*
	(0.004)	(0.000)	(0.008)	(0.000)
实际人均 GDP 的对数	0.112*	0.651*	0.247*	0.253*
	(0.004)	(0.000)	(0.012)	(0.000)
距离的对数	-0.414	-0.735*	-0.799*	-1.101*
	(0.008)	(0.000)	(0.013)	(0.000)
观测值数量	250920	683365	96782	669120
R^2	0.117	0.262	0.079	0.198

注：* 表示在 1% 的水平显著。

此外，球盒模型与 Helpman，Melitz 和 Rubinstein（2008）的实证结果并没有太大的关联。在 Helpman，Melitz 和 Rubinstein（2008）中，他们按照其理论模型的指导，使用的是一种两阶段的估计方法来估算贸易流量相对于贸易成本的弹性。他们的研究发现了传统引力等式估算中存在的两类偏差，一种是零贸易流量的样本选择偏差，另一种是由企业层面的生产力异质性所产生的。他们认为后者更为重要，但我们的文章并没有关于这方面的具体论述。球—盒模型的出现不是为了提出一种结构化的背景或者一种创新的计量方法来得到对于引力模型相关变量的弹性更精确的估计。在球—盒模型中，引力等式只是一个比较实际数据和球—盒模型预测结果的途径。另外，在引力等式估计中我们没有把贸易流量设为因变量而是用了非零贸易流量出现的概率，因为我们关注的是贸易的扩展边际。

三　检验贸易模型

诚然，我们知道球盒模型只是一个随机统计，里面没有任何人的最优化决策，距离真实世界的贸易流量有着很远的距离。贸易理论的研究会经过数据—模型—数据检验的过程。当我们尝试利用贸易数据去检验贸易模型的时候，我们必须面对的问题就是贸易成本数据的搜集统计。历史上，当我们缺乏贸易成本的详尽数据的时候，一般会去利用贸易成本的代理变量来衡量，常用的贸易代理变量有距离、是否使用相同的语言、是否相邻的两个国家、是否同在一贸易区、是否有历史上的殖民与被殖民关系等。例如，我们之前提到的 McCallum（1995）就是在控制了加拿大和美国省份间的距离以及省份面积大小的条件下，得出加拿大不同省份间的贸易量要多于与美国的贸易量。这一边界效应之谜表明，在贸易运行机制中尚有许多方面的贸易成本是我们目前所不知晓的。另一种衡量贸易成本的方法是通过贸易模型和贸易流量反推贸易成本，然而这种方式中，我们已经把贸易模型当作先验正确的了，因此，逻辑上而言，就无法把从其中推出的贸易成本再用来验证贸易模型了。

我们要强调的是在检验近期的国际贸易模型的时候我们必须搜集整理直接的贸易成本。贸易成本代理变量的一个问题是它们之间并未区分固定成本和可变成本，它们并不适合于检测蕴含固定和可变成本的模型。原因是我们无法准确判断它们是否固定或可变还是两部分都有。例如，Melitz（2003）的异质性企业出口模型中同时包括了出口相关的固定成本和可变成本。在 Melitz（2003）基础上建立的 Chaney（2008）中的异质性厂商模型中也同时包含可变和固定贸易成本，并且该模型的核心贡献就在于对固定成本和可变成本与替代弹性的关系不同。模型的结论是可变成本对贸易总量的影响与替代弹性无关，而固定成本对贸易价值的效应与替代弹性负相关。由于传统的贸易成本代理变量难以将可变和固定成本分解开来，因此使用直接可变成本数据对模型的实证检验至关重要。这些模型通常是对两类成本的多方面有不同的结论，因此，区分可变和固定的贸易成本，可以帮助我们避免该问题。

对于可变贸易成本存在比较少的争议，在众多直接测量可变贸易成本的量中，对运输和关税成本的研究较多。对于关税成本，世界综合贸易方案（WITS）中的贸易分析和信息系统（TRAINS）为国家间产品层级的关税成本提供了最为广泛的信息。另外，运输成本（交通成本）的数据更加难以获得。Hummels（1999）提供了美国、新西兰和五大拉美国家的从价交通成本。Hummels 和

Schaur（2013）通过使用美国详细的交通成本数据估计了人们的时间偏好。然而，固定成本更像是一个黑箱，它的存在性和大小都存在争议。这也是实证贸易研究中所存在的难点。

参考文献

鲍晓华、朱达明：《技术性贸易壁垒与出口的边际效应——基于产业贸易流量的检验》，《经济学（季刊）》2014 年第 3 期。

陈波、荆然：《金融危机、融资成本与我国出口贸易变动》，《经济研究》2013 年第 2 期。

陈勇兵、陈宇媚、周世民：《贸易成本、企业出口动态与出口增长的二元边际——基于中国出口企业微观数据：2000—2005》，《经济学（季刊)》2012 年第 4 期。

代谦、何祚宇：《国际分工的代价：垂直专业化的再分解与国际风险传导》，《经济研究》2015 年第 5 期。

代谦、占超群、何勤英：《全球化中的中国垂直专业化再分解：集约边际与扩展边际》，《国际贸易问题》2014 年第 3 期。

刘志彪、张杰：《我国本土制造业企业出口决定因素的实证分析》，《经济研究》2009 年第 8 期。

罗长远、张军：《附加值贸易：基于中国的实证分析》，《经济研究》2014 年第 6 期。

潘向东、廖进中、赖明勇：《经济制度安排、国际贸易与经济增长影响机理的经验研究》，《经济研究》2005 年第 11 期。

钱学锋：《企业异质性、贸易成本与中国出口增长的二元边际》，《管理世界》2008 年第 9 期。

钱学锋、王胜、陈勇兵：《中国的多产品出口企业及其产品范围：事实与解释》，《管理世界》2013 年第 1 期。

钱学锋、熊平：《中国出口增长的二元边际及其因素决定》，《经济研究》2010 年第 1 期。

施炳展：《中国出口增长的三元边际》，《经济学（季刊）》2010 年第 9 卷第 4 期。

唐东波：《垂直专业化贸易如何影响了中国的就业结构?》，《经济研究》2012 年第 8 期。

王孝松、施炳展、谢申祥、赵春明：《贸易壁垒如何影响了中国的出口边际?——以反倾销为例的经验研究》，《经济研究》2014 年第 11 期。

易靖韬：《企业异质性、市场进入成本、技术溢出效应与出口参与决定》，《经济研究》2009 年第 9 期。

中国海关总署，2000—2006，中国海关数据库。

ACEMOGLU, DARON, SIMON JOHNSON, JAMES ROBINSON, 2005. The rise of europe: atlantic trade, institutional change and economic growth. *American Economic Review*, 95 (3): 546 – 579.

AHN J B, KHANDELWAL A K, WEI S J, 2010. The role of intermediaries in facilitating trade. Social Science Electronic Publishing, 84 (1): 73 – 85.

AMITI M, FEUND C, 2007. An anatomy of China's trade growth. Paper presented at the Trade Conference, IMF.

ANDERSON J E, WINCOOP E V, 2003. Gravity with gravitas: a solution to the border puzzle. Boston College Working Papers in Economics, 93 (1): 170 – 192.

ARMENTER R, KOREN M, 2014. A balls – and – bins model of trade. *The American Economic Review*, 104 (7): 2127 – 2151.

BALDWIN R E, 2009. The great trade collapse: causes, consequences and prospects. CEPR, London, UK.

BALDWIN R, HARRIGAN J, 2011. Zeros, quality, and space: trade theory and trade evidence. *The American Economic Review*, 3 (2): 60 – 88.

BAXTER, MARIANNE, MARIO J CRUCINI, 1995. Business cycles and the asset structure of foreign trade. International Economic Review, 36 (4): 821 – 854.

BERNARD A B, BLANCHARD E J, BEVEREN IV, VANDEN-BUSSCHE H Y, 2014. Carry – along trade. NBER Working papers 18246.

BERNARD A B, EATON J, JENSEN B, KORTUM S, 2003. Plants and productivity in international trade. *The American Economic Review*, 93 (4): 1268 – 1290.

BERNARD A B, JENSEN J B, REDDING S J, SCHOTT P K, 2007. Firms in international trade. *The Journal of Economic Perspectives*, 21 (3): 105 – 130.

BERNARD A B, REDDING S J, SCHOTT P K, 2011. Multiproduct firms and trade liberalization. Quart J Econ, 126 (3): 1271 – 1318.

BERNARD A B, WANGER J, 1998. Export entry and exit by German firms. Social Science Electronic Publishing, 137 (1): 105 – 123.

BLONINGEN B A, SODERBERY A, 2010. Measuring the benefits of product variety with an accurate variety set. *Journal of International Economics*, 82 (2): 168 – 180.

BLUM B S, CLARO S, HORSTMANN I J, 2016. A balls-and-bins model of trade: comment. *The American Economic Review*, 106 (3): 843 – 851.

BRODA C, WEINSTEIN D E, 2010. Product creation and destruction: evidence and price implications. *American Economic Review*, 100 (3): 691 – 723.

BRODA, CHRISTIAN, DAVID E WEINSTEIN, 2006. Globalization and the gains from variety. *The Quarterly Journal of Economics*, 121 (2): 541 – 585.

BROWN C P, CROWLEY M A, 2007. Trade deflection and trade depression. Ssrn Electronic Journal, 72 (1): 176 – 201.

CHANEY T, 2008. Distorted gravity: the intensive and extensive margins of international trade. *The American Economic Review*, 98 (4): 1707 – 1721.

CHOR D, MANOVA K, 2012. Off the cliff and back? credit conditions and international trade during the global financial crisis. *Journal of International Economics*, 87 (1): 117 – 133.

CLARK, TODD E, ERIC VANWINCOOP, 2001. Borders and business cycles. *Journal of International Economics*, 55 (1): 59 – 85.

COSTINOT, ARNAUD, JONATBAN VOGEL, SU WANG, 2013. An elementary theory of global supply chains. Review of Economic Studies, 80 (1): 109 – 144.

CROZET, MATTHIEU, PAMINA KOENIG, 2010. Structural gravity equations with intensive and extensive margins. *Canadian Journal of Economics*, 43 (1): 41 – 62.

DIXIT A, 1989. Entry and exit decisions under uncertainty. *Journal of Political Economics*, 97 (3): 620 – 38.

EATON J S, KORTUM, KRAMARX F, 2011. An anatomy of internation trade: evidence from French firms. Econometrics, 79 (5): 1453 – 1498.

EATON J, ESLAVA M, KUGLER M, TYBOUT J, 2007. Export dynamics in Colombia: transaction-level evidence. Borradores de Economia, 522 .

EATON J, KORTUM S, KRAMARZ F, 2004. Dissecting trade: firms, industries, and export destinations. National Bureau of Economic Research Working Papers 10344.

EATONJ, KORTUM S, 2002. Technology, geography, and trade. Econometrica, 70 (5): 1741 – 1779.

FEENASTRA R, KEE H L, 2008. Export variety and country productivity: estimating the monopolistic competition model with endogenous productivity. *Journal of International Economics*, 74 (2): 500 – 518.

FEENSTRA R C, 2006. New evidence on the gains from trade. Review of World Economics, 142 (4): 617 – 641.

FELBERMAYR, GABRIEL J, WILHELM KOHLER, 2004. Exploring the intensive and extensive margins of world trade. Technical Report, 2004.

GIOVANNI, JULIAN, ANDREI A LEVCHENKO, 2010. Firm entry, trade, and welfare in Zipf's world. NBER Working Papers16313, National Bureau of Economic Research.

GIULIANO, PAOLA, ANTONIO SPILIMBERGO, GIOVANNI TONON, 2006. Genetic, cultural and geographical distances. IZA Discussion Papers 2229, Institute for the Study of Labor (IZA) .

GUISO, LUIGI, PAOLA SAPIENZA, LUIGI ZINGALES, 2009. Cultural biases in economic exchange? *The Quarterly Journal of Economics*, 124 (3): 1095 – 1131.

HEAD, KEITH, JOHN RISES, 2002. Offshore production and skill upgrading by Japanese manufacturing firms. *Journal of International Economics*, 58

(1): 81 – 105.

HELPMAN E, KRUGMAN P, 1987. Market structure and foreign trade: increasing returns, imperfect competition, and the international economy. The MIT Press, Cambridge.

HELPMAN E, MELITZ M, RUBINSTEIN Y, 2008. Estimating trade flows: trading partners and trading volumes. *Quarterly Journal of Economics*, 123 (2): 441 – 487.

HUMMELS D L, ISHII J, YI K M, 2001. The nature of growth of vertical specialization in world trade. *Journal of International Economics*, 54 (1): 75 – 96.

HUMMELS D L, KELNOW PJ, 2005. The variety and quality of a nation's exports. *American Economic Review*, 95 (3): 704 – 723.

HUMMELS D L, SCHAUR G, 2013. Time as a trade barrier. *American Economic Review*, 103 (7): 2935 – 2359.

HUMMELS D, KLENOW P, 2005. The variety and quality of a nation's exports. *The American Economic Review*, 95 (3): 704 – 723.

HUMMELS, DAVID, 1999. Toward a geography of trade costs. Technical Report.

KANCS D, 2007. Trade growth in a heterogeneous firm model: evidence from south eastern Europe. World Economy, 30 (7): 1139 – 1169.

KOENIG, PAMINA, 2005. The intensive and extensive margins of trade: evidence from French firms. Unpublished.

KONINGA J, VANDENBUSSCHE, 2008. Estimating trade flows: trading partners and trading volumes. *Quarterly Journal of Economics*, 123 (2): 441 – 487.

KRUGMAN, PAUL, 1980. Scale economies, product differentiation, and the pattern of trade. *American Economic Review*, 70 (5): 950 –59.

LAWLESS M, WHELAN K, 2007. A note on trade costs and distance. Working Paper.

LAWLESS M, WHELAN K, 2008. Where do firms export, how much, and why? Working Papers 200821, School of Economics, University of Dublin.

LEVCHENKO AA, LEWIS L T, TESAR L L, 2010. The collapse of international trade during the 2008 – 2009 crisis: in search of the smoking gun. IMF Economic Review, 58 (2): 214 – 253.

MANOVA K, THANK W, BAGWELL K, ET AL. , 2009. Quality heterogeneity across firms and export destinations. National Bureau of Economic Research Working Papers 15342.

MANOVA K, WEI S J, ZHANG Z, 2009. Firm exports and multinational activity under credit constraints. Social Science Electronic Publishing, 97 (3): 574 – 588.

MANOVA K, ZHANG Z, 2009. China's exporters and importers: firms, products and trade partners. National Bureau of Economic Research Working Papers 15249.

MARTINCUS C V, CARBALLO J, 2008. Is export promotion effective in developing countries? firm-level evidence on the intensive and the extensive margins of exports. *Journal of International Economics*, 76 (1): 89 – 106.

MCCALLUM J, 1995. National borders matter: Canada-U. S. regional trade patterns. *American Economic Review*, 85 (3): 615 – 23.

MELITZ M, 2003. The impact of trade on intra-industry reallocations and aggregate industry productivity. Econometrica, 71 (6): 1695 – 1725.

PODDER, TUSHAR, 2004. Domestic competition spurs exports: the Indian example. IMF Working Paper, No. 173.

RAUCH, JAMES E, 1999. Networks versus markets in international trade. *Journal of International Economics*, 48 (1): 7 –35.

ROBERTS, MARK, JAMES TYBOUT, 1997. An empirical model of sunk costs and the decision to export. *American Economic Review*, 87 (4): 545 –564.

SANTOS SILVA J M C, SILVANA TENREYRO, 2006. The log of gravity. The Review of Economics and Statistics, 88 (4): 641 –658.

SHI H, JIANG Z, 2016. The missing trade of China: balls-and-bins model. Empirical Economics, 50 (4): 1511 –1526.

SILVA J S, TENREYRO S, 2006. The log of gravity. The Review of Economics and statistics, 88 (4): 641 –658.

SMEETS, ROGER, HAROLD CREUSEN, 2011. Fixed export costs and multi-product firms. CPB Discussion Paper 188, CPB Netherlands Bureau for Economic Policy Analysis.

TINBERGEN J, 1962. Shaping the world economy; suggestions for an international economic policy. Books (Jan Tinbergen).

WAUGH, MICHAEL E, 2010. International trade and income differences. *American Economic Review*, 100 (5): 2093 –2124.

YU MIAOJIE, 2010. Processing trade, firms productivity, and tariff reductions: evidence from Chinese products. Technical Report.

第三章　微观贸易大数据应用之二：贸易保护对贸易流量的影响

　　尽管在经济学入门的课堂上，我们能凭借简单的假设，讲述比较优势的道理，得出贸易使得贸易的双方都过得更好、社会整体福利提高的结论；大多数的经济学家都是贸易自由化的支持者，因为主流贸易理论表明，国际贸易能够促进经济的发展，参与的各国都可以获益。但一个不能忽视的问题是，尽管自由贸易可以使得社会整体的福利提高，那为什么总是会有人（并且是很多的人）反对自由贸易。新闻中有关贸易自由化的反对者在国际组织进行国际会议期间抗议的报道常常出现；各次 WTO 贸易谈判也常常有抗议者光顾。反对自由贸易、反对全球化似乎是生活中常见的一种观点。如何理解支持全球化与反对全球化的声音同时存在呢？贸易保护的主张之所以还会出现，主要是因为贸易有很直接的收入再分配作用，会导致社会各个阶层有的获益、有的受损，因而不同的社会阶层对贸易会有不同的态度。纵观全球的贸易历史，始终贯穿着贸易自由主义和贸易保护主义的争论。对于不同的国家，或者同一国家的不同发展阶段，两种主义交替占上风。

同时，国际贸易也会对不同国家的产业结构和发展造成较大的冲击和改变。因此，单个国家的贸易政策制定有很多政治和经济层面的原因。对许多国家的政府而言，利用贸易保护手段去保护本国生产企业的利益，是政府的一项职能。但这往往也会触发其他国家采取报复行为，使得国家陷入贸易战中，更甚时还会引发其他军事、政治层面的冲突。因此，国家的国际贸易政策相对于其他方面的经济政策，具有更高的敏感性，也会牵涉到经济生活中更多的方面。

一国政府贸易保护的主要手段既包含传统的关税手段，又包含更多的非关税的贸易壁垒。有很多学术研究旨在分析降低关税水平对全球贸易的影响。随着 WTO 框架下一轮又一轮的贸易谈判，全球范围内的关税水平已大幅度下降。目前，越来越多的国家使用临时性的贸易保护措施，主要包含反倾销、反补贴、安全保护等手段。这些临时性的贸易保护措施会有什么样的影响呢？长期以来，研究这些问题的瓶颈在于没有很好的数据，因为各国的数据不统一。在第一章中提到的世界银行整理合并的全球反倾销案例数据库、全球反补贴案例数据库以及全球贸易争议数据库，为我们研究这些问题提供了可能性。同时，把上述数据和其他微观层面的企业数据相结合，我们又可以量化性地去了解贸易保护对一个个微观个体的不同影响。

本章第一节将介绍非关税贸易壁垒基本概念及调查流程等相关问题，第二节将介绍反倾销、反补贴、安全保护措施案例的一些具体特征，第三节将介绍贸易保护措施对投资流、贸易流的影响，第四节将介绍贸易政策对本国企业、调查国企业的影响。

◇◇第一节 非关税贸易壁垒基本概念及调查流程

一 基本概念

最常见的非关税贸易壁垒包括以下几项。①反倾销（anti-dumping）①：如果一个公司以低于其国内的价格出口某产品，则被认为是在倾销该产品。WTO 协定中没有规范参与倾销公司的行动，而集中于约束政府的反倾销行动，被称为反倾销协定。②反补贴（countervailing）②：WTO 协议关于补贴和反补贴的措施约束了补贴的使用，且对国家反补贴措施进行规范。国家可以根据 WTO 的争端解决步骤来寻求补贴撤回或者其不利影响的消除。或者国家可以展开调查，最终向伤害国内生产商的受补贴的进口产品收取反倾销税。③安全保护（safeguard）③：WTO 成员可以采取保护措施（例如暂时限制某种产品的进口）来保护一个特

①　见 https：//www. wto. org/english/tratop_ e/adp_ e/adp_ e. htm。
②　同上。
③　见 https：//www. wto. org/english/tratop_ e/safeg_ e/safeg_ e. htm。

定的国内行业不受进口产品的伤害。在 GATT 规范下保护措施通常是可以使用的，然而它们很少被使用，而且一些政府更喜欢通过"灰色区域"的措施来保护国内行业（对于如汽车、钢铁和半导体产品的"自发的"出口限制安排）。同时，WTO 保护措施协定对于所有保护措施都设定了时间限制（"日落条款"）。

在贸易保护政策中，反倾销和反补贴是在国际贸易出现争端时最经常使用的两种方式。它们对出口企业的生产经营有着极其严重的影响。一方面，倾销和补贴一旦被裁定成立，通常会导致远远高于一般性关税的惩罚性关税，并且在很多案例中都几乎是禁止性的关税水平，在该关税水平下，被惩罚国的企业没有可能再出口该产品到该调查国；另一方面，多数时候，反倾销和反补贴会至少持续 5 年时间，多数可能持续 10 年，还有些案例持续更长的时间。这样的惩罚程度和时间长度，对于被惩罚国家的企业而言，是足以影响到其生产经营的重大问题，特别是对以出口为主的企业，是关系到生死存亡的问题，因而这些企业具有很强的动机去规避和逃脱这些政策与措施。

相对于反倾销、反补贴，安全保护措施更加隐蔽，形式也更加多样。根据 Sumner，Smith 和 Rosson（2001），常见的一些非关税贸易壁垒还包括以下几种。①国内成分要求：进口国政府通过国内成分要求来限制进口，目的一般是刺激国内产业的发展。国内成分要求典型的是详细指定国内市场销售产品总价值的一定百分比必须是由国内生产的。在农业、汽车和纺织生产行业中，国内成分要求被经常使用，目的是培育国内这些产业的发展。该规定通常与进口替代政策一同使用。②进口许可证：进口许可证是限制进口的有效手段之一。在进口许可证的体制下，商品进口商的每次装运都需要取得一个许可证。一国可以通过分配进口许可证来直接任意限制进口，而不用利用配额机制。③进口国营贸易企业：进口国营贸易企业是作为该国在世界市场上某种或某些商品的主要或唯一进口商或仲裁机构的国有企业。它们通常享有国内该商品销售的部分或完全垄断权。当下世界农产品市场重要的进口国营贸易企业包括日本粮食机构（大麦、稻米、小麦）、韩国畜产品营销组织和中国粮油食品进出口（集团）有限公司。进口国营贸易企业可以从多个方面限制进口，例如，它们可以用世界价格购买产品而提供更高的国内销售价格，相当于施加一系列的隐性进口关税，或使用针对性的进口配额或利用复杂和昂贵的隐性进口规则使得该进口市场无利可图。④技术性贸易壁垒：所有国家都在包装、产品界定、标签等方面实行一些技术性规则，这些规则在国际贸易中也可以被用来作为非关税贸易壁垒。⑤汇率管理政策：一些国家可以通过管理汇率来限制农产品进口。在某种程度上，国家可以通过汇率政策来阻止各种商品的进口或鼓励出口。⑥预防原则、卫生和检疫壁垒：预防原则指的是一些新型化学成分和技术除非被证明其安全性被默认是危险的，关于物种灭绝、高出生畸形率、学习缺陷、癌症、气候变化、臭氧枯竭、有毒化学物质和材料污染的担忧被用于证明基于预防原则的贸易政策限制是合理的。

　　大部分的贸易纠纷都是关于是否违背 WTO 贸易协定中的一些基本原则的争论。这些贸易协定的原则包括如下几项。[①] ①进口许可：保证程序清晰，进口许可必须简单、易懂、可预测。例如，要求政府公开足够的信息以让贸易商知道许可证是如何和为何进行发放的，各国若引进新的进口许可证程序或改变现有程序需要通知 WTO。同时该协定为政府评估许可证申请提供了指导。一些许可证可以根据符合条件自动颁发，其他不然。该协定尽力最小化进口商申请许可证的负担，规定管理许可证发放的机构对一个许可证申请的处理时间一般不能超过 30 天。②海关货物估价规则：该协定旨在保证海关进行货物估价的公平、统一和中立，提供了一套估值规则，扩展并精确化了原始关税与贸易总协定（GATT）中关于海关估值的条款。③装船前检验：进口商品的进一步检查，协定认可关税与贸易总协定（GATT）中的原则和义务可应用于装船前检验。装船前检验规定包括非歧视、易懂、保护机密商业信息、避免不合理拖延、进行价格核实需使用具体细则和避免检验机构的利益冲突。该协定建立了一个独立的审查程序，由代表检查机构的国际检验机构联盟（IFIA）以及代表出口商的国际商会（ICC）共同执行，旨在解决出口商和审查机构之间的纠纷。④原产地规则：原产地规则协定要求 WTO 成员保证其各自的原产地规则是透明易懂的，不限制、扭曲、破坏国际贸易，

---

　　①　见 https：//www.wto.org/english/thewto_ e/whatis_ e/tif_ e/agrm9_ e.htm。

以一致、相同、公正、合理的方式执行，并基于积极的标准。长远来看，该协议的目标是达成所有 WTO 成员共同的（"和谐的"）原产地规则，除了一些优惠贸易，例如，建立自由贸易区的国家在其自由贸易协定中是允许使用不同的产品原产地规则的。该协议建立了一个协调工作计划，使原产地规则是客观的、可以理解的、可预测的。⑤投资措施：贸易相关的投资措施协定只能应用于影响商品贸易的措施。该协定列举了能限制和扭曲贸易流的特定措施，并规定成员不可以采用歧视外国人或外国产品（违背 GATT 中的国民待遇原则）或导致数量限制的措施。该协定建立了一个贸易相关的投资措施协定委员会来监督规定义务的实施。

相对于商品贸易，服务贸易中的贸易壁垒更加隐蔽和难以被量化，OECD 国家的服务贸易限制指数（Service Trade Restrictiveness Index，STRI）是由经济合作与发展组织建立的有关国际服务贸易限制政策措施的指数。① 该指数 STRI 取值区间为 0—1，其中 0 代表完全开放，1 代表完全封闭。该数据库覆盖 34 个经济合作与发展组织成员和 6 个主要的新兴经济体（巴西、中国、印度、印度尼西亚、俄罗斯和南非）的 18 个不同服务行业。该指数的计算基于一个含各成员实施的贸易和投资相关政策的可比的标准化信息的监管数据库，包括以下 5 种政策类别，即外资进入的限制、人员流动的限制、其他区别对待措施、竞争壁垒和监管透明度，约平均每成员 1400 条措施，共 90000 个网站链接和 16000

---

① 见 http：//www.oecd.org/tad/services-trade/services-trade-restrictiveness-index.htm。

条法律法规。该动态数据库由 4 个维度构成：国家、行业、措施和附注变量。该服务贸易限制指数评分方法使用二进制分数，数据库里的大多数措施拥有二进制答案（是/否），其二进制答案可直接应用，其他拥有数值答案的措施进行阈值分解。有些情况下，其中一个或几个措施的结合将形成一个细分市场的层次结构。有些措施是相辅相成的，这使得如果其中一个度量得分为有限制的，其他的都是。对于这些特殊情况，评分方法也都做出了优化。

二　反倾销、反补贴调查流程

反倾销、反补贴在 WTO 框架下有一些统一的规定，具体的调查流程在各个国家略有不同。本部分我们将介绍美国、欧盟、中国这三大经济体开展反倾销、反补贴调查的流程。

（一）美国的调查流程

根据美国贸易委员会（International Trade Commission）、商务部（Department of Commerce）的官网、美国反倾销反补贴手册（Antidumping and Countervailing Duty Handbook），我们发现美国反倾销或反补贴调查过程包括五个阶段：第一阶段为商务部通过评估诉状决定是否发起调查。第二阶段为委员会初步调查及决定，通常包括：①设立调查小组和确定初步调查时间表；②通过问卷向生产商、进口商和外国生产商征求必要信息；③调查会议及摘要；④调查报告及备忘录；⑤总结及投票；⑥委员会决定及观点。第三阶段为商务部初步调查及决定。第四阶段为商务部最终调查及决定。第五阶段为委员会最终调查及决定，与第二阶段类似但增加了听证会。其中，除了第三阶段商务部初步调查及决定外，其余任何阶段的否定都将终止商务部和委员会双方调查的继续进行。

美国法律规定商务部和美国贸易委员会需要在反倾销或反补贴判决发出、延续、撤回或暂停协议达成或终止的 5 年内进行审查（日落复审）。除非认定倾销或补贴将会继续或复发，商务部将撤销其判决，同时委员会将决定实质损害是否会继续和复发。委员会对实质损害继续或复发可能性的判断过程中，将考虑如下几点。①判断其前产生的损害，包括数量、价格影响；实施判决或达成暂停协议前被调查商品的进口对国内相关行业的影响。②行业状态的改善是否与该判决或暂停协议相关。③若撤销判决或终止暂停协议，该行业是否易受到实质伤害。④反倾销过程中商务部关于补贴吸收的发现。

（二）欧盟的调查流程

欧洲经济体的反倾销、反规避法律条文始于 1957 年的《罗马条约》（*Treaty of Rome*）第 113 条第 1 项的规定。① 最早版本的反倾销法为 1968 年生效的欧洲管理委员会的 459/68 号规定 [Council Regulation（EEC）No. 459/68]，其后经过了多次修正。根据 1995 年 WTO 乌拉圭回合协议中关于反倾销、反补贴所设定的协议，欧盟管理委员会颁布第 3283/94 号规定 [Council Regu-

---

① 见 ec. europa. eu/archives/emu_ history/documents/treaties/rometreaty2. pdf。

lation（EC）No. 3283/94］，1996 年 3 月欧盟又重新以管理委员会第 384/96 号规章［Council Regulation（EC）No. 384/96］取代了第 3283/94 号规定。2009 年欧盟又颁布《关于保护欧盟产业免受非欧盟成员国补贴产品进口的第（EC）2009/597 号理事会条例》，对于申请、补贴认定、实施等程序问题进行了细化。

欧盟反倾销、反补贴、安全措施的执行机关包括以下。①执行委员会（European Commission）：每个成员国至少有一位执行委员；②部长理事会（Council of Ministers）：由成员国主管相关业务的部长组成；③咨询委员会（Advisory Committee）：由各成员国反倾销专家组成，主席由执委会的代表出任。

欧盟反倾销调查程序，第一步是提起控诉，其中包含三个方面的主要内容。①检查控诉资格：反倾销调查通常由欧盟业界发起，并向执委会提出倾销控诉。而该项指控须由自然人、法人或产业公会代表遭受倾销损害的产业，以书面方式提出。欧盟执委会对于控诉书的正确性进行尽可能的核查，并决定是否正式展开调查。另外，在少数情况下，欧盟成员国也可以直接向执委会提出反倾销控诉案。②准备控诉书内容：控诉书需要包含倾销事实以及造成损害的初步证据（prima facie evidence），并且证明两者间的关联性。由于控诉书中部分资料可能带有机密性质，控诉者往往需要另外准备一份公开版本，在正式展开调查后供各利害关系人查阅。③提出反倾销控诉的合理性，即控诉申请方必须在所属产业中具有代表性。执委会会先判断整个行业对倾销案控诉的支持程度，以决定是否展开调查程序，其认定是否支持反倾销案的条件有二：一是明确表示赞成反倾销控诉厂商的生产量占所有给出意见厂商总产量的 50% 以上；二是前述赞成反倾销指控厂商其生产量占欧盟同类产品总产量的 25% 以上。

第二步是展开调查。①执委会征求咨询委员会的意见后，于控诉提出后 45 天内决定是否展开调查。执委会如果认为控诉书的证据不够充分，将要求控诉申请人补提资料。②如决定开展调查，会在欧盟公报（Official Journal）上公开刊登调查决定。③执委会在决定展开调查前，不公布倾销控诉书内容，但如果执委会所收到的控诉符合一般构成反倾销的要件，执委会应在正式展开调查前，通知出口国政府。据估计大约有 50% 申请的案件由于证据不充分而被驳回。相比之下，美国商务部对反倾销控诉的审查标准较为宽松，较少驳回对反倾销案的申请。④反倾销调查公告的内容包括：决定发动调查的原因、涉案产品及国家，以及利害关系人提供资料的最后期限。⑤执委会应将开展调查的决定通知进出口商和其相关公会，同时告知出口国政府的代表及控诉申请人，并将控诉申请书（机密资料除外）提供给出口商及出口商政府。如果出口商数量过多，则申请书内容仅提供给出口国政府和相关公会。

第三步是发送问卷，执委会于展开反倾销调查后，为调查区内的产业是否受损，以及裁定外国生产/出口厂商的反倾销税率，将对涉案产品的进口商、出口商、欧盟同类产品生产者发送不同的问卷，基本上问卷可区分为四类。①对外国生产/出口商的问卷：该问卷将作为执委会判定是否有倾销事实及是否造成产业损害的依据，其中要求填答出口商过去四五年来产品输往欧盟价格、数量的一般资料，并提供调查期间逐笔输入欧盟及本国销售价格资料，及调整出厂价格所需的直接销售费用，以作为计算倾销及损害差额。②对生产/出口商关联进口商的问卷：要求其提供购买价格、转售价格及其间所发生的成本，来计算推算出口价格（constructed export price）的资料。③对与生产/出口商无关联进口商的问卷：其目的是来核对第1项问卷的正确性，并估算推算出口价格的利润率。④对欧盟生产者的问卷：此问卷将作为判定欧盟行业所受损害的依据，通常要求被访者提供过去四五年来欧盟生产者生产数量及交易价格的有关资料。

第四步是抽样调查（sampling）。如进出口商、产品种类、交易笔数过于庞大，执委会将通过科学合理的抽样方式进行调查。执委会有决定抽样方式的裁量权，但应事先与受调查对象协商并取得共识。对于未经选择为调查对象，但于时限内主动提供资料者，仍应尽可能给予个别税率和个别倾销差额。

第五步是实地查证（verification）。欧盟执委会在收回问卷后，将派遣专员（通常3—4人）至出口国进行为期2—3天的实地查证，来确认问卷填答资料和其原始凭证的正确性。这与美国初步调查结束后方进行实地查证有所区别。执委会着手进行实地查证前应先得到出口商的同意，并通知出口国政府。在确保出口国政府不表示反对时才能够进行。当出口国政府拒绝接受实地查证时，执委会将根据可得现有资料判定较高税率，因而一般来说出口商及出口国政府均会接受实地查证。

第六步是初步裁定（preliminary determination）。调查结束后，执委会将初步统计研究结果并做出初步裁定。若调查结果并未发现有倾销或损害的事实，不需要采取措施时，执委会可在征得咨询委员会同意的情况下，终止调查程序并在欧盟公报上刊登结果。若咨询委员会提出反对意见，则执委会须再向部长理事会提出拟结束调查的建议报告。除非该案经欧盟部长理事会对此意见以条件多数（qualified majority）反对，则调查应于报告提出后一个月内终止。如调查结果显示倾销事实存在，并且对欧盟相关行业确实造成损害，则除非出口商提出价格担保并经过执委会同意，否则执委会将在咨询委员会同意后开始对涉案产品课征临时反倾销税。

第七步是最终裁定（final determination）。执委会调查结果如认定存在倾销并导致损害事实成立，且有采取救济措施的必要时，应提出课征最终反倾销税的建议，并在临时措施届满前一个月提交部长理事会。部长理事会应以简单多数决定是否课征反倾销税并确定其税率。部长理事会做出最终裁定后，调查程序即告终止。整个调查程序应自公告展开调查日起一年内完成，最长不得超过 15 个月。

（三）中国的调查流程

中国商务部编辑的《进出口公平贸易法律法规规章汇编》

系统地总结了中国反倾销、反补贴调查的相关规定。这些规定是为了规范货物进出口管理，维护货物进出口秩序，促进对外贸易健康发展，根据《中华人民共和国对外贸易法》所订立的。现行的《中华人民共和国反倾销条例》于 2001 年 11 月 26 日由中华人民共和国国务院令第 328 号公布，并且根据 2004 年 3 月 31 日《国务院关于修改〈中华人民共和国反倾销条例〉的决定》修订。根据条例的定义，倾销是指在正常贸易过程中进口产品以低于其正常价值的出口价格进入中华人民共和国市场，而进口产品的出口价格低于其正常价值的幅度为倾销幅度。对倾销事实的认定以及损害的调查和确定，由商务部负责，其中，涉及农产品的反倾销国内产业损害调查由商务部会同农业部进行。在确定对国内产业造成的损害时，将会重点审查如下几项：①倾销进口产品的数量；②倾销进口产品的价格以及其对本国同类产品产生的价格抑制；③倾销进口产品对国内产业的相关经济因素和指标的影响；④倾销进口产品的出口国（地区）、原产国（地区）的生产能力、出口能力，被调查产品的库存情况。

其中流程主要如下。第一步是根据立案暂行规则①立案。①申请人资格：国内产业或者代表国内产业的自然人、法人或者有关组织（以下统称申请人）可以提起反倾销调查申请。②反倾销调查申请应以书面形式提出。申请书所需主要提供的证据包括申请调查的进口产品存在倾销、对国内产业的损害、两者之间存在

---

① 参见 2002 年 2 月 10 日对外贸易经济合作部第 8 号令。

因果关系。具体内容应包括：申请人的名称、地址及有关情况；对申请调查的进口产品的完整说明，包括产品名称、所涉及的出口国（地区）或者原产国（地区）、已知的出口经营者或者生产者、产品在出口国（地区）或者原产国（地区）国内市场消费时的价格信息、出口价格信息等；对国内同类产品生产的数量和价值的说明；申请调查进口产品的数量和价格对国内产业的影响等信息。同时，申请书应载明正式请求商务部立案进行反倾销调查的表示，并由申请人或其合法授权人盖章或签字。③进出口公平贸易局可以采取问卷或实地核查等方式对申请书及证据材料中包括申请人的资格、申请调查进口产品等问题进行调查。根据初步调查结果，在表示支持申请或者反对申请的国内产业中，支持者的产量占支持者和反对者的总产量50%以上的，应当认定申请是由国内产业或者代表国内产业提出，可以启动反倾销调查；但是，表示支持申请的国内生产者的产量不足国内同类产品总产量25%的，不得启动反倾销调查。这一流程与欧盟的判定标准相同。

第二步是反倾销调查的确认。商务部应当自收到申请人提交的申请书及有关证据之日起60天内，对申请是否由国内产业或者代表国内产业提出、申请书内容及所附具的证据等进行初步审查，并决定立案调查或者不立案调查。在决定立案调查前，应当通知有关出口国（地区）政府。立案调查的决定，由商务部予以公告，并通知申请人、已知的出口经营者和进口经营者、出口国（地区）政府以及其他有利害关系的组织、个人。

第三步是开展反倾销调查。商务部可以采用问卷调查[①]、抽样[②]、反倾销反补贴调查听证会、现场及实地核查等方式向利害关系方了解情况，进行调查。其中抽样包括对出口商或生产商的抽样、产品型号的抽样、交易的抽样等。必要时，商务部可以派出工作人员赴有关国家（地区）进行调查，但是，有关国家（地区）提出异议的除外。利害关系方不如实反映情况、提供有关资料的，或者没有在合理时间内提供必要信息的，或者以其他方式严重妨碍调查的，商务部可以根据已经获得的事实和可获得的最佳信息做出裁定。商务部应当为有关利害关系方提供陈述意见和论据的机会。

第四步是对反倾销事实的认定及其造成损失的裁定。商务部根据调查结果，就倾销、损害和二者之间的因果关系是否成立做出初裁决定。初裁决定确定倾销、损害以及二者之间的因果关系成立的，商务部应当对倾销及倾销幅度、损害及损害程度继续进行调查，并根据调查结果做出终裁决定，并予以公告。反倾销调查应当自立案调查决定公告之日起 12 个月内结束；在做出终裁决定前，应当由商务部将终裁决定所依据的基本事实通知所有已知的利害关系方。特殊情况下可以延长，但延长期不得超过 6 个月。

三 反规避调查流程

反规避是指进口国为限制国外的出口倾销商采用各种方法排

---

① 参见 2002 年 3 月 13 日对外贸易经济合作部第 14 号令。
② 参见 2002 年 3 月 13 日对外贸易经济合作部第 15 号令。

除进口国反倾销、反补贴税的适用而对该种行为采取相应救济的法律行为，即由实施反倾销、反补贴措施的国家针对反倾销、反补贴中的规避行为所采取的反规避措施。常见的规避行为可以分为以下几种类型。①通过产品替换规避：轻微修饰产品的出口，即把被反倾销、反补贴的产品经过非实质性改变之后变为普通商品出口，在目的地再变回原有产品。②通过在目的地重新组装规避：把成品拆装成零件，在目的地再把零件重新组装回成品。③通过绕道第三国规避：轻微组装操作或修饰产品后转运、出口到第三国，获取第三国的原产地证明，进而重新出口到原始的目的地。④通过低关税税率公司规避：在存在公司单独税率的情况下，高关税公司把产品出售给低关税公司，进而出口到目的地国。

大部分国家都建立了相似的反倾销、反补贴法律规定和调查流程，然而，反规避却没有较为统一的规范。这主要是因为在乌拉圭回合谈判期间，虽然"邓克尔草案"被提议用来论述反规避调查的规则，然而，由于美国的反对，它并未被写入 WTO 协定（Matsushita，2010）。据我们了解，欧盟是开展反规避调查最多的地区，相关的法律法规都较为完善。在欧盟，反规避调查由欧洲委员会实施。如果发现规避，由原始调查所施行的反倾销和反补贴税将依具体情况延伸至用于规避的第三国家或者产品零件或轻微修饰产品。根据委员会的调查如果满足下面五个条件则认为存在规避：①第三方国家和欧盟或者被制裁国家的公司与欧盟之间存在贸易模式的改变；②其源于一种做法、过程或操作；③缺少充足的正当理由或经济合理性；④有证据说明其损害或者其关税的治理效果被削弱（就类似的产品的价格和数量而言）；⑤有证据说明与原始调查中为相似产品建立的正常值相关的倾销导致该相似进口产品或者部件受益于反补贴税。欧洲进行反规避调查的具体步骤和反倾销、反补贴类似，也包含以下四点。①发起调查：投诉内容需要有满足以上 5 个条件基本充足的证据，须经过咨询委员会的判定；②进行调查：主要问卷调查；③调查完成：须在发起调查的 9 个月之内；④反规避措施的复审。

◇◇ 第二节　反倾销、反补贴、安全保护措施的案件

根据第一章中介绍的全球反倾销、反补贴、安全保护措施数据库中的数据，图 3—1、图 3—2、图 3—3 分别列出了在 2000—2015 年开展反倾销、反补贴、安全保护措施调查案件数量排名前 10 名的国家和地区。根据图 3—1，我们发现当前开展反倾销调查最多的前几个国家和地区为印度、美国、巴西、欧盟。中国居第 5 位。发达国家开展贸易保护措施的历史由来已久，然而我们发现，在最近若干年的贸易数据中，不仅是发达国家，发展中国家也积极开展反倾销调查。有超过 40 个已经加入 WTO 的发展中国家成为反倾销的积极使用者，一些发展中国家已经成为反倾销调查最频繁的使用者（Bown，2008）。从被调查国家/地区来

看，中国、韩国和印度是遭受反倾销调查最多的国家。从总数上看，近年来，全球发生以及被采取措施的反倾销数量总体上有所下降，但是以中国为对象的反倾销案件占比则在增加。并且发展中国家逐渐成为反倾销的主力军。根据图3—2，我们发现相对于反倾销，反补贴案件的总体数量要少。但整体主要集中在美国、加拿大、欧盟、澳大利亚这些发达国家和地区，其余国家对于反补贴调查的使用还相对都很少。而WTO中被调查成员主要为发展中成员，其中，中国和印度遭受的反补贴调查最多。近年来全球对于反补贴调查使用的增加归因于中国加入WTO和对外出口的持续增加，以及2008—2009年金融危机以来全球反衰退政策的使用（Bown，2011）。图3—3开展安全保护调查的是发展中国家，主要是印度、印度尼西亚、土耳其、约旦、智利。根据图3—3，我们发现开展安全保护措施最多的10个国家都是发展中国家。

在国际上对新兴国家采取反倾销和反补贴调查的研究中发现，报复是一个新兴国家开展调查的重要因素，即如果发达国家对新兴国家展开反倾销、反补贴调查，新兴国家会以此为武器报复发达国家。Feinberg和Reynolds（2006）使用1995—2003年WTO的反倾销数据，发现报复对新使用贸易保护措施的国家特别重要。Prusa和Skeath（2002）也证实了此观点。Francois和Niels（2004）对墨西哥的研究发现之前针对墨西哥进行反倾销的国家，之后墨西哥对其更有可能采取反倾销调查。Zanardi

（2004）也得出了相似的结论，他认为中国的反倾销法律给中国提供了一个可能性，即利用报复手段对那些向中国提出反倾销诉讼的国家提起反倾销调查。

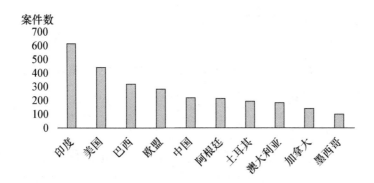

图3—1　2000—2015 年全球开展反倾销调查案件数量前 10 名的国家和地区

资料来源：GAD 数据库。

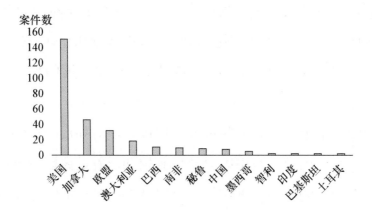

图3—2　2000—2015 年全球开展反补贴调查案件数量前 13 名的国家和地区

资料来源：GCVD 数据库。

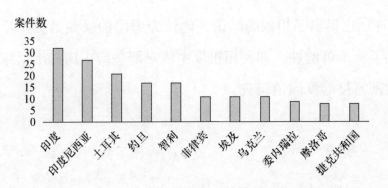

图3—3　2000—2015年全球开展安全保护措施调查案件数量前11名的国家

资料来源：GSGD数据库。

同时，学者的研究发现，对于新使用贸易保护措施的国家而言，相对于传统使用的国家，它们要更加严厉，即它们对倾销国或补贴国的惩罚更加严厉。例如，Messerlin（2004）发现，中国对外国开展的最初的9件反倾销诉讼中，有8件被确认存在反倾销，从价税的简单平均值为75%。Niels和Kate（2004）发现，墨西哥针对东亚的反倾销诉讼，最终被确认存在反倾销的比率高达74%，高于平均水平的66.7%，针对中国的反倾销则高达85%。

然而，由于中国是近些年来才积极开展对外反倾销和反补贴调查的，所以国内研究中国对外反倾销和反补贴原因影响的文献仍十分有限。鲍晓华（2007）利用1997—2004年中国反倾销案例8位数税则号的涉案产品数据，考察了反倾销措施引起的指控对象国和非指控对象国的贸易模式的变化起到了控制进口总量的作用。绝大部分研究主要还是集中于别国对中国企业所进行的反倾销、反补贴调查的原因、影响方面。谢建国（2006）对美国对华贸易反倾销的经济、政治及制度因素进行了分析，发现美国国内工业产出的波动与对华贸易逆差显著提高了美国对华的反倾销调查的概率。沈国兵（2007）发现美国工业生产增长率下降、失业率增加、从中国进口渗透率提高和美元对人民币实际汇率变动率上升，会增加美国对中国反倾销调查及采取惩罚性措施的数量。

◇◇ 第三节　贸易保护措施对投资流、贸易流的影响

无论是关税保护，还是诸如反倾销、反补贴、安全保护措施等非关税壁垒，都会影响到国际贸易流的流向。

一　跨越关税和非关税壁垒的对外直接投资

对于关税保护而言，一种现象被称为"跨越关税的对外直接投资"（Tariff jumping FDI）。对外直接投资（FDI）和国际贸易是两种不同形式的国际资源和物质流动的方式。能力最强的企业进行对外直接投资，中等能力的企业进行出口，低等能力的企业只在国内进行销售。对外直接投资分为两种，一种是为了接近市场的对外直接投资，另一种是为了接近低生产成本的生产地的对外直接投资。跨越关税的对外直接投资具体化了其中一种 FDI 的

动因，即当一国关税过高，外国企业出口到该国的成本过高时，该国的进口量就会被这种政策所降低。对于外国出口企业而言，它们可以通过向该国进行对外直接投资，从而把产品的原产地转变为该国，把原来的出口变为现在的本国生产销售，以规避该国的高关税。跨越关税的对外直接投资是一种遵循 WTO 原则的手段，因为它并没有违反原产地原则（多数以附加值和实际改变为定义原则）。

企业跨越关税的对外直接投资的研究多数集中于分析美国—日本、英国—日本等发达国家之间的贸易流和投资流。20 世纪70 年代，日本多个行业的企业在美国大举进行直接投资。Brecher 和 DiazA-lejandro（1977）发现在这段时间日本对美国对外直接投资增加的主要动因是关税跨越。Grossman 和 Helpman（1994）指出企业会通过在目标市场投资的方式来减少自身受到的贸易保护冲击，以规避美国的贸易壁垒。在分析 FDI 动因的文献中，Markusen（2001）对跨越贸易壁垒动机下的 FDI 给出了理论阐释。Blonigen（2002）的研究证实了这种投资行为的存在。同时在研究中，学者也渐渐注意到贸易政策的内生性问题。这种内生性是指 FDI 和贸易政策之间有互动关系。一方面，一个国家在面对大量的 FDI 时，会考虑运用贸易保护政策保护本国的企业；另一方面，一个国家在开展贸易保护措施的时候，会考虑到被调查国的企业会通过 FDI 来进行关税跨越，从而调整贸易保护政策。Blonigen 和 Figlio（1998）发现，一个地区的 FDI 流入量越大，该地区的议员越倾向于投票支持贸易保护政策。Ellingsen 和 Warneryd（1999）构建了一个理论模型发现，一国的进口竞争部门厂商并不希望政府设置过高关税，否则会促使国外厂商以直接投资的方式进入市场，这样反而会占据更大的市场份额。

但随着关税与贸易总协定多轮谈判的展开，世界范围内各国间的关税水平大幅削减。关税本身所造成的贸易壁垒已经大大下降了，因此也使得跨越关税本身的对外投资行为减少。与此同时，随着全球国际贸易量的增加，各国更加频繁地使用反倾销、反补贴、安全保护措施等大量非关税贸易壁垒保护本国的产业。因此，我们可以认为过去的"跨越关税的对外投资"有可能转化成为"跨越贸易非关税壁垒"的对外直接投资，在不受反倾销、反补贴影响的国家（可能是原来的进口国，也可能是第三国）建立工厂，以该国为基地进行出口，从而替代从本国的直接出口，来实现规避反倾销和反补贴的关税的目的。Blonigen 等（2004）的实证分析表明，如果美国政府开展对外反倾销、反补贴调查并最终裁定成立，则美国国内生产企业的利润水平将会提高。然而，如果存在出口国厂商跨越非关税壁垒的投资行为，则提高的利润会降低。Belderbos 等（2004）对欧盟反倾销政策的研究表明，在产品差异不大的条件下，如果最终实行价格承诺（而不是征税）将会减小跨越贸易壁垒而进行投资的动机。Ichino（2004）发现反倾销是否能促使企业进行 FDI 取决于一系列的具体变量。如当反倾销税率较低时，如果出口成本加上反倾销税高于子公司生产成本,外国企业就会实施跨越贸易壁垒的FDI,反之则不会。Cook 和 Douglas(2013)的进一步研究表明,跨国公司的投资决策不仅取决于东道国的税收和贸易政策,还取决于第三国的贸易政策,其他国家组成的自由贸易协定甚至可以使跨国公司取消对外投资计划。与此同时,直接关注中国企业跨越关税壁垒以及非关税壁垒的对外直接投资的研究在国际上也还是比较少的,主要集中在国内学者的研究上。杜凯和周勤(2010)发现反倾销关税和一般性的关税水平是刺激中国企业对外投资的重要因素。但是具体对外直接投资到哪个国家有很多的差异,这种差异主要取决于双边的市场规模。沈国兵(2011)针对美国对中国产品反倾销、反补贴案件日益增多的趋势,讨论了中国企业是会选择直接投资到反倾销、反补贴实施国本身,还是选择投资到其他美国较少对其采取反倾销、反补贴措施的国家。他发现中国企业并未积极采取对美直接投资的方式来跨越反倾销,而是选择在第三国进行投资。孙文莉和伍晓光(2012)纳入汇率影响的分析发现,反倾销确实会诱发中国企业对外直接投资。据我们所知,目前为止还没有任何研究探讨是否存在中国对外国企业进行反倾销后,外国企业加大了对中国的 FDI,或是外国企业对第三国加大 FDI,从而从第三国再出口到中国的现象。这主要是因为 FDI 是一个较为长期的过程,中国开展对外的反倾销和反补贴的时间有限,样本点还过少,还不足以被运用到系统性的计量分析中。

二　贸易保护政策对贸易流的各种影响

首先，贸易保护政策对贸易流最直接的影响是对调查国与被调查国之间反倾销和反补贴目标产品的贸易流向的影响。第一种效应被称为贸易破坏效应（trade destruction effect），具体而言，包含两个方面：一方面是当 A 国向 B 国征收反倾销税时，最直接的影响是贸易破坏作用，即国家 A 相关产品从 B 国的进口会下降。Prussa（2001）发现，美国对日本的反倾销直接导致了日本对美国的出口大大减少。Lu，Tao 和 Zhang（2013）用中国 2000—2006 年的贸易数据研究了中国出口企业对美国的反倾销调查不同阶段的反应。他们提供证据证明了反倾销调查对美中贸易的破坏作用。第二种直接影响被称为贸易转移效应（trade diversion effect）或是进口来源多样化（import diversification）的作用，即当 A 国对 B 国进行反倾销后，由于贸易破坏作用，A 国减少了从 B 国的进口，转而，A 国增加了从不同于 B 国的第三国的相关产品的进口，即进口来源地从 B 国转向了其他第三国。Konings，Vandenbussche 和 Springael（2001）以及 Romalis（2007）描述了这种现象。前者使用欧盟反倾销案例数据以及海关数据，证明存在由受到反倾销调查国家向未受到调查国家的贸易转移效应，并且发现这种效应在欧盟并没有美国强，这可能是由于欧盟原本相对关税就比较低而造成的；后者则通过估计需求和供给弹性研究了特惠贸易协定所产生的影响。发现北美自由贸易协定挤出了来自非成员进口，从而提高了受保护商品的价格和特惠国产量。

其次，贸易保护政策看似只是涉及调查国与被调查国，然而它也会波及那些非目标国。贸易保护政策的间接影响主要集中在被调查国和第三国的贸易流量关系上，主要包含转折、抑制效应。第一种间接影响被称为贸易转折效应（trade deflection effect）。具体而言，一方面，当 A 国向 B 国征收反倾销或反补贴关税，这会波及 B 国对第三国的出口以及第三国对 B 国的出口。贸易转折效应即描述了 B 国被 A 国反倾销或反补贴后，B 国对 C 国相关产品的出口会增加。这主要是因为 B 国在无法出口到重要的贸易伙伴国 A 国的时候，会积极寻求新的贸易伙伴，对第三国的出口量就会增加。第二种间接影响被称为贸易抑制效应（trade depression effect）。贸易抑制效应描述被调查国从第三国进口状况的改变，即 B 国被 A 国反倾销后，B 国从 C 国相关产品的进口会减少。这是由于 B 国国内厂商在被反倾销以后减少了对 A 国的出口，它们将更多的精力放在国内市场，生产出更多的产品投放到国内市场中，使得 B 国的国内市场竞争变得更为激烈。其结果是，B 国国内市场的激烈竞争将导致从其他国家（C 国）的进口减少。Bown 和 Crowley（2006，2007）利用 1992—2001 年从日本出口到 37 个国家的 4800 个产品的数据，研究了美国对日本出口反倾销调查的影响。他们的发现支持了贸易转折和贸易抑制的作用对于美国与日本这对调查国和被调查国而言是存在的。

再次，贸易保护政策看似只是涉及被调查的产品的国际贸易流，但也会波及一些没有被保护政策直接波及的产品，即它们的贸易流量也会下降，这被称为反倾销和反补贴政策的"寒冷效应"（chilling effect）。Vandenbussch 和 Zanardi（2010）分析了1980—2000 年全球的贸易数据来讨论反倾销税对整体贸易的影响。他们发现，频繁使用反倾销和反补贴政策的国家将体验到贸易的"寒冷效应"，即进口的减少不仅限于目标国的目标产品，而是其他所有产品的进口总量都会衰退。同时，不同部门衰退的程度各不相同。我们的研究期待探寻的是，对特定部门而言，除了有可能存在贸易"寒冷效应"外，上述现象另一个可能的原因是规避反倾销和从第三国增加进口。

最后，人们往往单独看贸易转折和贸易转移效应。在国际贸易的实践中，反倾销、反补贴、安全保护措施会立刻带来很高的贸易屏障，趋利避害的个体也想出了各种手段去规避这些贸易手段，其中被运用最多的是通过把产品绕道第三国，非法获取第三国的原产地证明，最终销往原来的采取非关税壁垒贸易保护措施的国家。因为有这样的规避行为的存在，贸易转折和贸易转移之间很有可能存在正相关关系。被调查国转折到第三国的产品可能最终目标并不是第三国本身，调查国从第三国转移来的进口量可能并不是由第三国自己生产的。Liu 和 Shi（2016）的论文证明了这种情况的存在。因此，这种通过绕道而完成的贸易流也是由于贸易保护政策引起的。

三 贸易自由化进程对各国贸易的影响

贸易自由化是一项对世界各国经济带来深远影响的变革。实证和理论文献已对贸易自由化对出口、产量、福利等带来的影响进行了多角度研究。例如，Wacziarg 和 Welch（2007）分析了 1950 年到 20 世纪 60 年代再到 1998 年，24 个国家的贸易自由化过程，发现在实施贸易自由化政策后，许多国家的贸易开放度有所提高，智利和圭亚那也在此列。与此同时，其他国家，如乌干达和匈牙利在贸易自由化后，贸易开放度反而有所降低。

Wu 和 Shi（2016）建立了一个理论模型以研究不同形式的贸易自由化对出口促进的影响。特别地，他们从产业年龄和贸易自由化速度的维度进行分析。产业年龄衡量一个产业经历过哪些发展阶段。贸易自由化的速度则指其将会持续多久。即使贸易成本同等程度降低，不同年龄和贸易自由化速度下的产业，其贸易自由化对出口密度的促进作用也是不同的。沿着动态异质性厂商模型的思路，他们建立并分析了一个同时存在自选择和出口学习效应的动态模型。在他们的模型中，异质性厂商面临无法收回的出口市场进入成本，以此刻画自选择的特点；与此同时，厂商在成为出口者后将会实现快速的增长，这解释了出口学习的特点。在每个阶段，厂商必须进行三项关键决策。第一，厂商必须决定是否出口并支付不可回收的出口市场进入成本；第二，它必须决定出口多少产品；第三，厂商也必须决定用以扩大产量的创新投资。他们进而用该模型研究不同类型的贸易私有化影响。模型的讨论从一个代表性厂商开始。接着，他们将厂商层面的模型拓展到包含若干厂商的产业中，其中各厂商在年龄、产量、出口状态各方面具有异质性。他们利用智利国家统计局的年度国内工业调查数据库收集 2005—2007 年的制造业厂商数据对模型进行了验证。总体来说，他们发现贸易自由化在一定情况下可以提高特定产业的出口密度。不同阶段的贸易自由化代表着不同年龄产业的贸易自由化特点。当运输成本下降 10% 时，他们发现，第一，对于突然的贸易自由化政策，更为年轻的产业出口密度提升更为明显；第二，渐进的贸易自由化过程对于处于第三至第六阶段的产业来说，可能会引起较为稳定的低水平出口密度；第三，在成熟产业中实行已久的贸易自由化不会对出口产生明显的促进效应，无论贸易自由化状态持续多久。

他们的文章对现有文献有两方面贡献。首先，现有的动态贸易模型（Costantini and Melitz，2007；Burstein and Melitz，2013）对贸易自由化后的产能增长和再分配进行研究时，仅考虑一个稳定产业的改变。他们的文章不只关注稳定产业中的贸易自由化，同时讨论发展中产业的情况。其次，从理论上，他们的模型认为厂商出口和创新的决策是连续的，而现存理论（Costantini and Melitz，2007；Aw，Roberts and Xu，2011）则将其视为离散选择。

◇◇ 第四节　贸易政策对本国企业、调查国 企业的影响

本节我们将讨论贸易政策的改变对于本国企业、外国企业的具体影响以及它们的作用机制。第一，对于开展贸易保护国家的本国企业而言，一般人们会认为，如果一国对外国采取贸易保护措施，本国的企业会从中获益，对外的反倾销、反补贴税率越高，这种获益就会越高。然而，Pierce（2011）通过研究分析美国所有制造业工厂的数据，发现美国对外的反倾销关税和美国本土企业基于营业收入衡量的生产力（revenue productivity）之间的正相关关系可能是误导性的。Pierce（2011）利用美国统计局制造商调查 1987 年、1992 年、1997 年的数据，分析了美国对外开展反倾销调查带来的关税暂时性增加对美国制造业企业的影响。数据包含载运货物价值的厂级数据、输入数据（包括生产和非生产员工数量、原材料使用量和资产的账面价值），这些数据可以用来计算总要素生产力。另外，其数据也包含工厂产品级输出数据（每种产品的收入和实际数量）。拥有基于数量的输出数据使得物质生产力的计算变成可能。细化的产品数据也使得反倾销调查中的产品与实际生产该产品的设备更精确地匹配。他通过比较获得反倾销保护的工厂（实验组）和未获保护的工厂

（对照组）的行为来进行分析。实验组中的每个工厂被匹配一个实验时间和从价税率（来自与其生产的产品相关的反倾销调查结果）。如果一个工厂生产的多种产品都受到了反倾销保护，那么实验时间和税率是来自其出货量占比最高的货物。而对照组将控制两种潜在的偏差，一是自选择偏差，是由于选择申请反倾销保护的子行业可能不同于其他子行业造成的；二是政府选择偏差，是由于政府做出是否保护的决定可能是基于与工厂生产力或其他因变量相关的变量。他发现对于那些报告数量型出口数据的工厂，是价格和价格加成的增加表面上加强了反倾销税对其基于营业收入衡量的生产力的影响，而与此同时其基于数量所衡量的生产力水平实际上反而下降了。另外，反倾销税允许生产力较低的工厂继续生产被保护的产品，阻碍了资源的有效再分配。

　　第二，对于被贸易保护政策约束的出口国家的企业而言，它们受到贸易保护的最直接的影响是出口额的下降。Lu，Tao 和 Zhang（2013）通过 2000—2006 年中国出口商的月度交易数据，研究美国对中国出口企业采取反倾销措施对中国企业的影响。首先，调查中美贸易关系的原因是中国是全球最大的出口国，已经成为全球最大的反倾销目标，同时，由于中美之间日益严重的贸易冲突和美国相关制造业失业率的明显上升，美国已成为全球向中国发起反倾销诉讼数量上的第二大国。其次，他们利用的数据库是中国海关数据（2000—2006）与世界银行的全球反倾销数据库。中国海关数据中，他们利用的是 HS－8 位产品编号的所有出口商对美国的月度出口数据，包括出口数量、出口价值和出口商的身份。从世界银行全球反倾销数据中得到的是 2000—2006 年所有美国基于 HS – 10 位产品编号的对中国出口商发起的反倾销调查，包括发起时间、初步判决时间和最终判决时间。然后再使用 HS – 6 位的产品编号（中美共有）将两类数据合并。分析策略是通过在反倾销调查过程中重要的阶段前和后，出口商在受影响的产品类别下（实验组）结果变量和不受影响的产品类别下（对照组）相同变量的对比，即双重差分估计的方法。具体地，分析采用了两个可供选择的对照组。首先，对于被反倾销调查的 HS – 6 位产品，使用像对照组一样的 HS – 4 位产品类别中所有其他不受影响的 HS – 6 位产品编号，根据 Blonigen 和 Park（2004）构建一个基于产品被反倾销调查的可能性相匹配的对照组。其次，他们发现美国反倾销政策使得中国在 HS – 6 位产品上的总出口量大量减少，同时该贸易减少的效应主要是由于出口商数量的大量减少，而平均每个继续存在的出口商的出口数量仅有微弱减少。另外，出口商数量的大量减少主要体现在生产力更低的出口商、直接出口商而非贸易中介（贸易中介市场和产品更加多元化）、单商品的直接出口商而非多产品的相似出口商。结合已有研究的发现（例如 Pierce，2011），美国暂时实施反倾销税收更加倾斜作用于更薄弱的中国生产商，即使得薄弱的生产商退出市场而留下市场和产品多元的生产力高的出口商，这有利于中国出口商的议价和市场份额方面的力量整合。该结果表明反倾销调查可能对美国国内生产商与中国出口商的竞争造成更大的麻烦，因为后者通过反倾销过程变得生产力更高，其市场和产品更加多元化。

第三，一个显著的事实是经过多轮的贸易谈判，在过去二三十年中，世界范围内的关税水平已经大幅度下降，即贸易保护的程度大大下降。尽管已有很多文献讨论这种关税下降对于全球范围的福利影响，然而对关税下降使得更多的企业进入不同的国家市场，即所谓的进入效应的福利作用却鲜有讨论。Caliendo，Feenstra，Romalis 和 Taylor（2015）构建了一个异质性企业出口模型，利用一个新的包含了 189 个国家、15 个行业的关税数据，量化估计出 1990—2010 年贸易、公司进入和贸易自由化的福利效应。他们着重关注关税影响企业是否选择进入不同市场的决定。他们将国家按收入分组，分别使用高收入和低收入国家的数据来校准模型，然后使用模型进行政策实验来评估真实的过去贸易自由化带来的以及未来可能实现的好处。作者进行了三个政策实验。首先，通过评估 1990—2010 年最惠国关税的变化给各国带来的产品层面的经济效应，量化乌拉圭回合谈判对 189 个国家和 15 个行业的影响；其次，基于第一步进一步评估同一期间所有关税变化（最惠国关税和特惠关税）带来的影响；最后，分析零关税自由贸易是否能给当今世界带来进一步的好处。结果发现几乎所有关税减免的好处均来自乌拉圭回合谈判，而额外的特惠关税带来的好处并不显著。他们发现发达和新兴发展中经济体均主要受益于乌拉圭回合谈判的关税免除而非特惠关税。同时，益处在两类群体中的分布差异很大，对于发达经济体，大部分国家受益且各自获益相似。而对于新兴发展中经济体，不是所有国家都受益，但是受益国家获益相当大。基于贸易和福利效应的分析，该文进一步评估了商业政策如何影响市场中公司进入和退出的选择，发现关税影响公司进入退出选择的方式因国家而异。例如，乌拉圭回合谈判关税减少的结果对发达经济体的公司的影响远大于新兴经济体。当考虑无关税的情况时，结果表明新兴经济体可能会有额外收益，但对于发达经济体并无明显收益。总之，根据他们的研究，贸易自由化在发达市场对公司是否进入的影响大于新兴市场，并且贸易所得中 90% 是源于最惠国关税的减少（乌拉圭回合谈判）。额外的税收减少对贸易所得整体增加的作用并不显著，另外，除了少数新兴和发展中国家，大多数国家并未从其向零关税的完全自由贸易这一转变之中获得显著的好处（甚至有一些损失）。

参考文献

鲍晓华：《反倾销措施的贸易救济效果评估》，《经济研究》2007 年第 2 期。

宾建成：《中国首次反倾销措施执行效果评估》，《世界经济》2003 年第 10 期。

杜慧敏、卓骏：《WTO 后过渡期出口企业反倾销摩擦原因及对策的博弈分析》，《国际贸易问题》2008 年第 6 期。

杜凯、周勤：《中国对外直接投资：贸易壁垒诱发的跨越行为》，《南开经济研究》2010 年第 2 期。

方勇、张二震：《出口产品反倾销预警的经济学研究》，《经济研究》2004 年第 1 期。

蒋德恩：《反倾销的滥用及其贸易保护主义效应》，《国际贸易问题》2007 年第 3 期。

李坤望、王孝松：《申诉者政治势力与美国对华反倾销的歧视性：美国对华反倾销裁定影响因素的经验分析》，《世界经济》2008 年第 6 期。

刘志彪、张杰：《我国本土制造业企业出口决定因素的实证分析》，《经济研究》2009 年第 8 期。

沈国兵：《美国对中国反倾销的宏观决定因素及其影响效应》，《世界经济》2007 年第 11 期。

沈国兵：《美国对华反倾销对中国内向和外向 FDI 的影响》，《财贸经济》2011 年第 9 期。

沈瑶：《倾销与反倾销的历史起源》，《世界经济》2002 年第 9 期。

盛斌：《贸易保护的新政治经济学：文献综述》，《世界经济》2001 年第 1 期。

孙文莉、伍晓光：《汇率，贸易壁垒与企业"诱发性"对外投资决策》，《财贸研究》2012 年第 2 期。

王孝松、谢申祥：《中国究竟为何遭遇反倾销——基于跨国跨行业数据的经验分析》，《管理世界》2009 年第 12 期。

王孝松、谢申祥：《中国出口退税政策的决策和形成机制——基于产品层面的政治经济学分析》，《经济研究》2010 年第 10 期。

谢建国：《经济影响、政治分歧与制度摩擦——美国对华贸易反倾销实证研究》，《管理世界》2006 年第 12 期。

谢增福：《论反倾销措施与保障措施的差异》，《管理世界》2010 年第 10 期。

杨仕辉：《对华反倾销的国际比较》，《管理世界》2000 年第 4 期。

杨仕辉：《国际反倾销趋势、特点、成因与我国对策研究》，《管理世界》2002 年第 3 期。

詹政、冯宗宪：《贸易政策对企业国际竞争力及境外资源利用的影响》，《国际经贸探索》2011 年第 3 期。

中国商务部进出口公平贸易：《进出口公平贸易法律法规规章汇编》2011。

周建华：《反倾销诉讼案中同业协会（商会）的功能定位》，《管理世界》2005 年第 5 期。

朱允卫、易开刚：《我国对外反倾销的特点、存在问题及其完善》，《国际贸易问题》2005 年第 3 期。

ALVAREZ R，LOPEZ R，2005. Exporting and performance：evidence from chilean plants. *Canadian Journal of Economics/Revue CanadienneConomique*，38（4）：1384 – 1400.

AMITI M，KONINGS J，2007. Trade liberalization，intermediate inputs，and productivity：evidence from Indonesia. *American Economic Review*，97（5）：1612 – 1638.

ATKESON A，BURSTEIN A，2010. Innovation，firm dynamics，and international trade. *Journal of Political Economy*，118（3）：433 – 484.

AW B，ROBERTS M，WINSTON T，2007. Export market participation，

investments in R&D and worker training, and the evolution of firm productivity. World Economy, 30 (1): 83 – 104.

AW B, ROBERTS M, XU Y, 2011. R&D investment, exporting, and productivity dynamics. *American Economic Review*, 101 (4): 1312 – 1344.

BELDERBOS R, VANDENBUSSCHE H, VEUGELERS R, 2004. Antidumping duties, undertakings, and foreign direct investment in the EU. European Economic Review, Elsevier, 48 (2): 429 – 453.

BERTRAND, MARIANNE, DUFLO E, MULLAINATHAN S, 2004. How much should we trust differences-in-differences estimates? *Quarterly Journal of Economics*, 119: 249 – 275.

BLONIGEN B A, PRUSA T J, 2004. Antidumping//HARRIGAN J, CHI E K (EDS). Handbook of international Trade, Vol. I Blackwell, Oxford: 251 – 284.

BLONIGEN, BRUCE A, 2002. Tariff-jumping antidumping duties. *Journal of International Economics*, 57: 31 – 49.

BLONIGEN, BRUCE A, FIGLIO D, 1998. Voting for protection: does direct foreign investment influence legislator behavior? *American Economic Review*, 88 (4): 1002 – 1014.

BLONIGEN, BRUCE A, PARK J H, 2004. Dynamic Pricing in the presence of antidumping policy: theory and evidence. *American Economic Review*, 94 (1) 134 – 154.

BLONIGEN, BRUCE A, THOMAS PRUSA, 2003. Antidumping//JANES HARRIGAN, KWAN CHOI E (EDS). Handbook of international trade. Oxford: Blackwell.

BLONIGEN, BRUCE A, TOMLIN K, WILSON W, 2004. Tariff-jumping

FDI and domestic firms' Profits. *Canadian Journal of Economics*, 37: 656 –677.

BOWN C P, CROWLEY M A, 2006. Policy externalities: how US anti-dumping affects Japanese exports to the EU. *European Journal of Political Econo-my*, 22: 696 –714.

BOWN C P, CROWLEY M A, 2007. Trade deflection and trade depres-sion. *Journal of International Economics*, 72: 176 –201.

BOWN, C P, 2008. The WTO and Antidumping in Developing Coun-tries. Economics and Politics, 20 (2): 255 –288.

BOWN, C P, 2010. Global antidumping database. The World Bank, a-vailable at http: //econ. worldbank. org/ttbd/gad/.

BOWN, C P, 2011. Taking stock of antidumping, safeguards, and coun-tervailing duties, 1990 –2009. The World Economy. 34 (12): 1995 –1998.

BRECHER R A, DIAZ ALEJANDRO C F, 1977. Tariffs, foreign capital and immiserizinggrowth. *Journal of International Economics*, 7 (4): 317 –322.

CALIENDO L, FEENSTRA R C, ROMALIS J, TAYLOR A M, 2015. Tariff reductions, entry, and welfare: theory and evidence for the last two dec-ades. NBER No. w21768.

COOK, NATHANIEL P S, DOUGLAS W J, 2013. Using trade policy to influence firm location. Economics Letters, 119 (1): 45 –47.

CROSS F B, 1996. Paradoxical perils of the precautionary principle. Wash. & Lee L. Rev. , 53: 851.

EGGER P, NELSON D, 2011. How bad is antidumping? evidence from panel data. Review of Economics and Statistics, 93: 1374 –1390.

ELLINGSEN T, WARNERYD K, 1999. Foreign direct investment and the political economy of protection. International Economic Review, 40: 357 – 379.

FEINBERG, ROBERTS M, REYNOLDS, KARA M, 2006. The spread of antidumping regimes and the role of retaliation in filings. Southern Economic Journal, Southern Economic Association, 72 (4): 877 – 890.

FRANCOIS J, NIELS G, 2004. Political influence in a new antidumping regime: evidence from Mexico. CEPR Discussion Paper Vol. 429.

GROSSMAN GENE, ELHANAN HELPMAN, 1994. Foreign investment with endogenousprotection. NBER Working Papers: 4876.

HORTMAN, IGNATIUS J, JAMES R MARKUSEN, 1992. Endogenous market structures in international trade. *Journal of International Economics*, 32: 109 – 129.

ICHINO Y, 2004. Antidumping petition, foreign direct investment, and strategic exports. Working Paper.

ITO, HIRO, MENZIE CHINN, 2014. The rise of the "Redback" and China's capital account liberalization: an empirical analysis on the determinants of invoicing currencies. Working Paper.

KONINGS J, VANDENBUSSCHE H, SPRINGAEL L, 2001. Import diversion under European antidumping policy. *Journal of Industry*, Competition and Trade, 1 (3): 283 – 299.

LIU XUEPENG, 2016. Trade agreements and economic growth. Southern Economic Journal, 82 (4): 1374 – 1401.

LIU XUEPENG, SHI HUIMIN, 2016. Anti-dumping duty circumvention through trade re-routing: evidence from Chinese exporters. SSRN Working Paper 2823249.

LIU XUEPENG, SHI HUIMIN, MICHAEL FERRANTIO, 2016. Tax evasion through trade intermediation: evidence from Chinese exporters. International Review of Economics & Finance, 42: 518 – 535.

LU Y, TAO Z, ZHANG Y, 2013. How exporters respond to antidumping investigations? *Journal of International Economics*, 91: 290 – 300.

MARKUSEN, JAMES R, 2001. Multinational firms and the theory of international trade. Cambridge: MIT Press.

MATSUSHITA, MITSUO, 2010. Someinternational and domestic antidumping issues. *Asian Journal of WTO & International Health Law and Policy*, 5 (2): 249 – 268.

MELITZ M, BURSTEIN A, 2013. Trade liberalization and firm dynamics. Advances in Economics and Econometrics Tenth World Congress. Applied Economics, Econometric Society Monographs Vol. 2. , Cambridge UK, Cambridge University Press.

MELITZ M, CONSTANTINI J, 2007. The dynamics of firm-level adjustment to trade liberalization. The organization of firms in a global economy, edited by Helpman E, Marin D, and Verdier T, Cambridge: Harvard University Press.

MESSERLIN P A, 2004. China in the WTO: antidumping and safeguards//BHATTASALI D, MARTIN W, SHANTONG L (EDS) . China and the WTO: accession, policy change, and poverty reduction strategies. World Bank: Washington D. C.

NIEB G, KATE A, 2004. Antidumping protection in a liberalizing country: Mexico's antidumpingpolicy and practice. World Economy, 01 (27): 968 – 983.

NITA, ANDREEA C, MAURIZIO ZANARDI, 2013. The first review of European Unionantidumping reviews. The World Economy, 36 (12): 1455 – 1477.

O' RIORDAN T, 1994. Interpreting the precautionary principle (Vol. 2). Earthscan Publications, Ltd. , Island Press.

OSTONI, LUCIA, 2005. Anti-dumping circumvention in the EU and the US: is there a future for multilateral provisions under the WTO? *Fordham Journal of Corporate & Financial Law*, 10 (2), Article 5.

PIERCE J R, 2011. Plant-level responses to antidumping duties: evidence from US manufacturers. *Journal of International Economics*, 85 (2): 222 – 233.

PRUSA T J, 2001. On the spread and impact of anti-dumping. *Canadian Journal of Economics*, 34: 591 – 611.

PRUSA T J, SKEATH S, 2002. The economic and strategic motives for antidumpingfilings. WeltwirtschafllichesArchiv, 138 (3): 389 – 413.

RAUCH, JAMES E, TRINDADE V, 2002. Ethnic Chinese networks in international trade. The Review of Economics and Statistics, 84 (1): 116 – 130.

RAUCH, JAMES, 1999. Networks versus markets in international trade. *Journal of International Economics*, 48 (1): 7 – 35.

ROMALIS J, 2007. NAFTA's and CUSFTA's impact on international trade. The Review of Economics and Statistics, 89 (3): 416 – 435.

STOYANOV, ANDREY, 2012. Tariff evasion and rules of origin violations under the Canada – U. S. Free Trade Agreement. *Canadian Journal of Economics*, 45 (3): 879 – 902.

SUMNER, DANIEL A SMITH, VINCENT H, ROSSON C PARR, 2001. Tariff and non-tariff barriers to trade. www. farmfoundation. org/news/articlefiles/

816-sumner. pdf.

TOMZ M J, GOLDSTEIN, RIVER D, 2007. Do we really know that the WTO increases trade? Comment. *American Economic Review*, 97 (5): 2005 – 2018.

VANDENBUSSCHE, HYLKE, ZANARDI M, 2010. The chilling trade effects of antidumping proliferation. European Economic Review, 54: 760 – 777.

VERMULST, EDWIN, 2012. EU anti-circumvention rules &practice. http: //eeas. europa. eu/delegations/thailand/documents/thailande_ eu_ coop/ eu_ anti_ circumvention_ rules_ and_ practice_ by_ mr_ edwin_ vermulst_ en. pdf.

WACZIARG R, HORN K WELCH, 2007. Trade liberalization and growth: new evidence. World Bank Economic Review, 22 (2): 187 – 231.

Wu R, SHI H, 2016. Trade liberalization and exports promotion: a dynamic and heterogeneous analysis under the case of Chile. Emerging Markets Finance and Trade, 52 (5): 2636 – 2645.

ZANARDI M, 2004. Antidumping: what arc the numbers to discuss at Doha? World Economy, 27: 403 – 433.

第四章 微观贸易大数据应用之三：贸易与劳动力市场、教育、健康、家庭

各种各样的国际贸易政策，不仅会影响到贸易流量，还会深刻地改变劳动力市场。背后的原因是，每一个贸易流量的背后都对应着一个个的工作，工作机会和工资会随着贸易流量的改变而改变，从而带来总量和分配上的变化。同时，我们还需要注意的是，贸易流量不仅仅会改变人们的经济生活，还会通过经济延伸到影响人们的文化、家庭、健康、教育等多个方面。例如，国际贸易给出口国带来了新的工作机会，如果其中很多工作机会是更偏重于雇用女性的工作，将会大大提高对该国女性劳动力的需求，从而拉高女性的相对工资。这将深刻地改变男女的工资比，通过经济的渠道影响这些社会的男女平等问题。例如，东亚及东南亚地区纺织品大量出口，促进了当地纺织业的蓬勃发展，从而给东亚及东南亚地区的妇女提供了更多的工作机会，加大了她们做家庭主妇的机会成本。新的工作使得她们可以有机会走出家庭获得工资，独立自强地在社会

上生活，从而使得她们在家庭中的地位发生了本质的改变，她们在婚姻、生育上的选择也随之改变。新的工作机会也会影响人们在人力资本积累方面的决定，例如贸易带来的工作机会有可能提高了人们受教育的机会成本，但也有可能通过技能溢酬的角度提高受教育的回报，影响的具体方向要取决于两种影响的强弱。贸易甚至还会通过政府支出的角度影响到人们的健康状况与死亡率。

本章将利用贸易大数据与劳动力市场上的大数据进行匹配，研究贸易对劳动力市场、教育、健康、家庭的影响。本章的结构如下：第一节将分析中美贸易对美国工人工资的技能溢酬的影响；第二节将分析国际贸易与教育、人力资本积累之间的关系；第三节将分析国际贸易对健康的影响。

◇ 第一节 国际贸易与技能溢酬之间的关系：以中美贸易为例

本节我们将在新古典贸易理论一般均衡的框架之下，运用1997—2014年中美两国的投入产出、贸易和工资数据，定量地考察中美制造业产品的双边贸易同美国制造业相对工资差距的关系。自20世纪80年代以来，贸易开放对劳动力工资及就业的影响已成为发达国家日益关注的焦点（Feenstra and Hanson，1996）。中美是世界贸易体系中最重要的两个国家，并且两国双边贸易额巨大，双边贸易依存度不断增长。中国作为一个典型的低工资出口国，由于劳动力充裕而出口大量非熟练劳动力密集型产品，制造业表现尤为明显。而美国作为高工资发达国家的典型代表，20世纪80年代以来国内非熟练劳动力的就业及相对工资下降引起极大关注，以制造业工人的情况最为明显。中国制造业工人工资随着时间的增加不断提高。1990年中国制造业工人周工资仅为4.57美元，到了2013年则上升到34.65美元，增加了6倍多（黄群慧，2014）。反观美国制造业工人的周工资，虽然也有增加，但幅度十分微小，在2010年还出现了下降。从中美两国的比较来看，两国工资差距呈缩小的趋势，1990年美国制造业工人工资是中国制造业工人工资的96倍，到2013年则下降至7倍左右。[①] 美国是中国最大的贸易伙伴，中国是美国最大的贸易逆差来源，在两国的贸易发展以及国内工人相对工资变动等因素的影响下，中美之间的贸易摩擦层出不穷。

美国动辄以保护本国国内工人利益为由限制中国制成品的进口，使两国均遭受了严重的福利损失。那么，中美贸易，特别是制成品贸易是否对美国国内制造业工人相对工资差距的扩大产生影响，影响程度又如何呢？本节试图通过具体的贸易要素含量分析方法对此问题进行回答。虽然在此之前有很多学者探讨了同发展中国家的贸易对发达国家就业和工资的影响，但大多以较早的背景和数据作为分析基础，缺乏对当前问题的解释力，本节采用

---

① 见 https：//www.census.gov/hhes/www/income/。

了所能获取的最新数据进行定量分析。更为重要的是，迄今为止鲜有针对性地通过实证方法具体分析中美双边制造业对美国相对工资的影响，这正是本节的理论意义所在。除此之外，本节还将进一步从动态的角度分析不同时期贸易对工资的影响及变化程度，力求对问题进行更为精准的剖析。

一 研究基础与相关文献综述

（一）理论基础

贸易要素含量分析方法利用贸易要素含量变化取代产品价格变化，衡量了贸易模式变化和要素禀赋变化对要素价格的影响。美国的经济发展状况决定了其熟练劳动力相对丰富，根据要素禀赋理论，美国进口非熟练劳动力密集型产品，出口熟练劳动力密集型产品，其发展中国家贸易伙伴的情况正好相反。与发展中国家的贸易将减少美国对非熟练劳动力的需求，进而压低非熟练劳动力的相对工资。

Dixit 和 Norman（1980）推导出国内要素价格与要素禀赋存在负相关关系。Deardorff 和 Staiger（1988）在此基础上给出在均衡情况下贸易要素含量（factor content of trade）变化与要素价格变化之间的关系。

假定生产 n 种产品 X_1，…，X_n，使用 m 种要素 L_1，…，L_m；技术为线性齐次，则生产技术可以用 $m \times n$ 阶技术矩阵 $A = \{a_{ij}\}$ 表示，a_{ij} 为生产一单位产品 j 所需要的要素 i 的投入数量。在封闭条件下，给定要素禀赋 $L^0 = (L_1^0, \cdots, L_n^m)'$ 和产品价格

$p^0 = (p_1^0, \cdots, p_n^0)'$，则存在一个竞争性均衡状态，同时符合成本最小化条件和利润最大化条件。在贸易开放且非完全专业化生产条件下，C^0 为本国国内对各产品的消费需求，那么净贸易向量就可以表示为本国生产与需求的差额，即 $T^0 = X^0 - C^0$。此时，贸易要素含量就定义为一国生产出口产品所需要的生产要素与进口产品所替代的生产要素的差，即 $S^o = A^0 T^0$，此处 A^0 为一国国内技术矩阵。

等价封闭均衡（equivalent autarky equilibrium）的内涵为从一国最初要素禀赋中减去出口产品中所包含的要素含量，再加上进口产品中所包含的要素含量，使价格保持与存在贸易时的均衡价格相同，此时存在一个生产均衡，使得消费的产品与要素价格同贸易均衡时的情况相同。[①]

Deardorff 和 Staiger（1988）进一步假定一国国内生产函数和偏好均为科布—道格拉斯函数，则每种要素 i 的报酬占行业总收入固定份额，消费者对每种产品 j 的支出占总支出 E 固定份额。[②] 在封闭情况下，所有消费者对产品 j 的总支出等于生产该产品的产业的总收入。根据前面两个假设条件，意味着每种要素的总收入（各产业该要素收入的加总）占消费支出 E 的比例为固定值 c_i，因此可以得到：

$$w_i L_i = c_i E \tag{1}$$

在式（1）的左右两边同时除以 L_i，则可以立即得到一国封

---

① 此处不要求各国技术相同，具体证明过程见 Deardorff 和 Staiger（1988）。

② Deardorff（2000）针对 Leamer（2000）对 FCA 提出的否定从理论上重新进行了检验和扩展，对 CES 模型适用性进行了论证。

闭情况下的要素价格与该国的要素禀赋成反向相关关系。

考虑一国在进行贸易的情况下存在两种均衡 1 和 2，此时式（1）不能直接使用。但是根据一般等价均衡的定义，存在贸易时的要素价格可以用未进行贸易的等价封闭均衡情况下的要素价格表达，此时一国要素禀赋为 $B = L - S$。令 L^0 为一国拥有的实际要素禀赋，且在两种贸易均衡情况下相同，则要素 i 的价格可以表示为：

$$w_i^t = c_i E^t / (L_i^0 - S_i^t), \qquad t = 1, 2^{①} \tag{2}$$

比较两种均衡状况可以得到[②]：

$$\frac{w_i^2}{w_i^1} = \frac{E^2 (L_i^0 - S_i^1)}{E^1 (L_i^0 - S_i^2)} \tag{3}$$

由式（2）可以看出，要素价格与一国的支出水平呈正相关关系，与该国该要素禀赋与净贸易要素含量的差呈负相关关系。

如果将总支出通过价格标准化使得在两种贸易均衡下支出相同，则对任意要素 i 有：

$$\frac{w_i^2 - w_i^1}{w_i^1} = \frac{S_i^2 - S_i^1}{B_i^2} \tag{4}$$

式（4）意味着，可以利用贸易要素含量来度量某种要素收入在两种贸易情况下的相对变化。

（二）经验分析的基本方法

关于贸易对一国工资和就业的影响，不同的学者采用了不同的方法进行分析。Krugman 等（1995）从理论上阐述了贸易对工

---

① 假设两种情况下消费者偏好不发生改变。

② 两种情况下 c_i 相同。

资的影响，并通过简化的 CGE 模型（假设变量值）进行计算，分美国和欧洲两种模式研究了新兴工业化国家出口对两个区域非熟练劳动力和熟练劳动力相对工资的影响，并通过分析得出贸易不是相对工资差距扩大主要原因的结论。而针对贸易对一国非熟练劳动力与熟练劳动力相对工资影响的研究，学者们主要使用两种方法：贸易要素含量分析法（Factor Content Analyses, FCA）和价格方程法（Price Equations）。

1. 贸易要素含量分析法

Deardorff 和 Staiger（1988）首次从理论上提出利用贸易要素含量衡量贸易下要素价格与贸易开放之间的关系。他们提出等价封闭均衡概念，并证明可以用贸易要素含量来衡量贸易均衡下的要素价格改变，并在他们的最后证明了在更一般的情况下贸易要素含量与贸易均衡下要素价格改变的非负相关关系。Leamer（2000）对贸易要素含量方法提出了质疑，认为两者没有必然联系，并提出了一个将 D-S 收入份额方程与 H-O-V 要素含量方程相结合的方法来分析影响收入份额比例变动的两种要素，其中一种要素为国内要素份额/外部贸易，另一种为技术/偏好。Deardorff（2000）针对前文从理论上对贸易要素含量分析法重新进行了检验和扩展，对 CES 模型适用性进行了论证。此外，Panagariya（2000）也从理论上对用贸易要素含量分析贸易对工资差距影响的方法进行了探讨。

2. 价格方程法

在以价格方程为分析方法的研究文献中，Johnson 和 Stafford

（1999）从理论上给出了在新古典开放模型下相对工资变动的公式，$r\hat{e}l = \left(\dfrac{\hat{W}_s}{W_u}\right) = \dfrac{1}{\beta_1 - \beta_2}\left(\dfrac{\hat{P}_1 \ \hat{A}_1}{P_2 \ A_2}\right)$，指明熟练劳动力和非熟练劳动力相对工资变化受密集使用该种要素的产品价格和相对技术参数变化的影响，并且对价格变化具有琼斯放大效应。

（三）经验分析文献

关于贸易对工资和就业影响的实证文献，既有涉及发达国家的，如美国、英国、瑞典和加拿大，也有涉及发展中国家的，如墨西哥和中国，其中以研究美国的文献居多。研究结论大体上可以归纳为三类：贸易对工资和就业的影响比较大、贸易对工资和就业的影响比较小、贸易对工资和就业影响的程度是不确定的。

Borjas 等（1997）认为 1980—1985 年的贸易逆差比较显著地导致了大学毕业生相对于高中毕业生工资差距的增大。Berman，Bound 和 Griliches（1994）通过研究得出结论认为，贸易模式的变化对相对工资差距扩大有影响，但其他因素，特别是偏向熟练工人的技术进步的影响更大。Wood（1995）认为，标准的要素含量分析方法低估了贸易对就业的影响，因为发展中国家出口的劳动力密集型产品不同于美国国内相应部门的产品。Wood（1995）选用的技术矩阵为出口国（发展中国家），依此得到贸易量的增加是引起工人相对工资变化的根本原因的结论。Avalos（2006）使用 1963—1998 年拉美和东亚 26 个经济体的面板数据研究了制造业部门的工资不平等，结果发现，以外贸依存度衡量的开放度有利于缩小这两个地区熟练和非熟练工人的工资差距。Verhoogen（2008）基于墨西哥制造业数据的研究认为，出口会引起出口产品质量升级，企业为留住生产更高质量产品的高技能工人，将给高技能工人支付更高的工资，从而扩大工资差距。Mitchener 和 Yan（2014）考察了 20 世纪初国际贸易对中国工资差距的影响。由于当时中国主要出口低技术密集型产品，所以在 20 世纪 20 年代，中国的工资差距开始降低，降幅达 8%。

Murphy 和 Welch（1992）认为工资差距扩大的主要原因在产业内部，而贸易主要影响的是产业间的平均工资差距，所以贸易的影响是微小的。Krugman 和 Lawrence（1993）认为国际竞争增加对美国收入差距扩大的影响相当小。Lawrence 等（1993）使用生产工人与非生产工人分类方法，通过价格方程 $\hat{P}_i = b_0 + b_1 X_{Si} + b_2 X_{Ui} + \cdots + e_i$ 对 20 世纪 80 年代的数据进行回归，结果系数并不显著，因此认为贸易对相对工资变化的作用很小。Haskel 和 Slaughter（2000）探讨了关税和转移成本降低对相对工资差距扩大的影响，他们使用了指定工资（Mandated-Wage）方法，未发现贸易对相对工资差距扩大有重要影响。

Sachs 等（1994）分析了 1978—1990 年美国从发展中国家制成品进口量的变化情况及美国制造业工人的就业变动情况，认为美国从发展中经济体进口制成品的增加引起了制造业非熟练劳动力就业的下降，也引起了密集使用非熟练劳动力产品价格的下降，进而降低了非熟练劳动力工资，但是影响程度并不确定。Robertson（2004）以墨西哥为例，分为加入 GATT 前和加入 NAFTA

后两个阶段，分别研究相对价格与工资差距的关系，两个时间段得到了两种不同的结果。Xu 和 Li（2008）使用世界银行从中国5 个城市抽取的 1500 个企业的数据，发现出口扩张对中国熟练劳动需求的直接效应为负，但是间接效应为正，净效应则是出口提高了对熟练工人的需求。

近年来，国内也涌现出众多的相关研究。周念林（2005）从贸易开放与就业关系的角度进行了中美相关贸易冲突分析，提出发展中国家与发达国家的贸易，特别是中国对美国的贸易顺差并不是引起美国失业率上升的根本原因，而是其国内宏观经济政策协调和技术进步等因素起主要作用。王苍峰、司传宁（2011）使用中国经济普查数据进行实证检验，发现进口有缩小制造业工资差距的作用，低技术行业的出口缩小了工资差距，而新产品出口则会扩大工资差距，外资企业来源地区不同，对工资差距的影响也不同。陈波、贺超群（2013）使用中国工业企业数据库的研究表明，企业出口密集度会扩大熟练与非熟练劳动力的工资差距。周禄松、郑亚莉（2015）使用中国省级面板数据考察中国对外贸易对工资差距的影响，发现贸易显著扩大了制造业熟练与非熟练劳动力的工资差距，区分进出口来看，进口贸易是工资差距扩大的主要原因，而出口的影响并不显著。

二　中美贸易和美国工资差距变化的相关性

自中美建交以来，两国经贸关系逐步趋于正常化，双边贸易额迅速增长，双边贸易依存度不断加深。从贸易结构上看，中美两国经济有着极强的互补性，中国劳动力资源丰富，工资水平相对较低，在劳动密集型产品的生产上具有比较优势；美国在战后经过产业结构调整，逐步把劳动力密集型产业转移到海外，而这些劳动力密集型产品大部分是人们日常生活消费用品，这就为中国出口劳动力密集型产品提供了契机。中国对美国产品的需求则主要集中在技术性产品上。

自 20 世纪 90 年代以来，美国制造业各行业工人的工资也呈上升趋势，但是变化速度差异显著。为考察美国各行业内部工资差距变化同中美贸易之间是否存在联系，我们通过如下三步进行初步的相关性检验。

第一步，计算出 1997—2014 年美国主要的制造业部门内部非生产性工人和生产性工人平均工资的比值，以此衡量熟练劳动和非熟练劳动的工资差距，原始数据来源于美国劳工统计局（BLS）的统计数据库。[①]　一般而言，非生产性工人包括经理、商务和金融从业人员、计算机操作员、工程师等，拥有较高的教育水平和职业技能，属于熟练劳动力；生产性工人主要包括一线操作员、组装和制造员工、金属冶炼员工、食品加工员等，通常具有低学历、低技能的特征，属于非熟练劳动力（Lawrence 和 Slaughter，1993；Sachs 等，1994）。

---

①　工资的衡量以各部门的小时工资为基本单位。见 http：//www. bls. gov/oes/ta-bles. htm。

第二步，计算出 1997—2014 年美国主要制造业部门从中国进口占该部门总进口比重，以此衡量中美之间的贸易联系。计算美国各部门工资差距时，部门划分是按照北美行业划分系统（NAICS）进行的，因而美国进口数据也要基于 NAICS 来划分部门。① 我们从美国统计局的"美国贸易在线"（USA Trade Online）系统查找到 NAICS 分类标准下的美国进口数据，可以同工资差距数据直接进行匹配。②

第三步，根据上两步的计算结果，计算工资差距同从中国进口比重之间的相关系数，计算结果如表 4—1 所示。

表 4—1　　　　　　　　中美贸易同美国制造业相对工资差距的相关性

行业	食品制造	饮料和烟草	纺织原料	纺织品	服装
相关系数	0.52	0.33	0.73	0.86	0.91
行业	皮革及相关制品	木制品	造纸	印刷	石油及煤炭制品
相关系数	0.54	0.49	0.55	0.42	0.28
行业	化工	塑料及橡胶制品	非金属矿产制造	基础金属制造	金属制备
相关系数	0.75	0.58	0.61	0.77	0.80
相关系数	0.85	0.74	0.57	0.40	0.88

注：变量 A 为美国各部门非生产性工人与生产性工人的工资之比，变量 B 为美国各部门从中国进口占总进口比重。表中所列值为变量 A 和 B 的相关系数，由他们计算而得。

---

① NAICS 标准下共有 20 个部门，其中编号 31—33 为制造业部门，见 http：//www. bls. gov/oes/current/oessrci. htm。
② 美国进口数据资料来源网址为：https：//usatrade. census. gov/。

由表4—1可见，全部20个行业的相关系数均为正，工资差距与美中贸易关联度最高的为服装制造业，相关系数为0.91，关联度最低的为石油及煤炭制品，相关系数为0.28。相关系数大于0.5的行业有15个，占全部行业的3/4，表现出考察期内，美国各行业工资差距同该行业从中国进口呈较为显著的正相关关系。计算各行业相关系数时，均使用了1997—2014年的时间序列数据，因此这样的结果表明，中美制造业贸易份额增长较快的行业和美国相对工资差距扩大较快的行业基本上是一致的，初步验证了中美双边贸易对美国工资差距可能具有一定的影响作用。

然而，通过相关系数只能判定二者之间具有相关关系，无法判定二者之间是否具有经济意义上的因果联系，以及孰因孰果，因此我们将使用要素含量法进一步判明中美贸易对美国相对工资差距的影响。

三　中美制造业贸易对美国相对工资差距影响的实证分析

本部分首先分析世界整体对美国制造业净出口对其国内相对工资差距的影响，接下来分析中国制造业净出口的影响，并与世界的影响进行比较。由于希望能更进一步研究这种相对工资差距扩大的趋势，本部分还将比较不同时期贸易影响程度的变化，并尝试给予恰当的解释。为保证估计结果的稳健性，我们还使用划分熟练和非熟练劳动力的替代方法进行检验。

（一）实证分析方法与数据

1. 实证模型的确定

式（4）表明，可以用贸易要素含量来度量某种要素收入在两种贸易情况下的相对变化。根据此关系，通过进一步推导，可以利用不同年份两种贸易要素含量的变化来衡量两种要素相对收入差距的变化。具体地说，给定美国某年两种要素的禀赋、技术、消费偏好和支出，其后假设美国调整贸易政策后该国净出口要素含量（用该年度的生产技术水平衡量）保持前面某年度的水平，则可以推算出非熟练劳动力与熟练劳动力两种要素相对收入差距在该年度为多少。具体计算公式为：

$$\frac{w_h^t - w_l^t}{w_l^t} = \frac{\left[1 + \dfrac{S_h^{t-1} - S_h^t}{B_h^t}\right] w_h^t}{\left[1 + \dfrac{S_l^{t-1} - S_l^t}{B_l^t}\right] w_l^t} - 1 \tag{5}$$

式（5）左边表示根据假设推算出的第 t 年熟练劳动力与非熟练劳动力工资差距占第 t 年非熟练劳动力工资的比例。等式右边 S_i^t 和 S_i^{t-1} 为分别使用第 t 年和第 $t-1$ 年的技术矩阵计算出的第 i 个要素（熟练劳动力 h 或非熟练劳动力 l）的净出口要素含量。$B_i^t = L_i^t - S_i^t$ 为第 t 年美国实际要素禀赋与贸易要素含量的差，即国内实际消费的要素含量。

本节将通过计算第 t 年与第 $t-1$ 年不同技术条件下两种要素的贸易要素含量来估计熟练劳动力与非熟练劳动力相对工资差距情况，那么，实际观测值与估算结果的差则为贸易量变化对相对工资差距扩大的影响程度。

2. 数据选择与处理

本节的实证分析涉及美国、中国和世界整体的进出口数据，美国各类劳动力的就业和工资数据，美国各行业的 GDP 数据以及投入—产出数据。

在本部分，我们仍然将劳动力划分为生产性工人和非生产性工人，以此来代表非熟练劳动和熟练劳动。在稳健性检验中，我们还将按照工人的受教育程度，将受过高等教育的工人作为熟练劳动，未受过高等教育的工人作为非熟练劳动（Borjas et al., 1997）。

如前所述，制造业的行业按照 NAICS 进行划分，非生产性工人和生产性工人按照 BLS 提供的方法划分，贸易数据来源于 Census 的 "美国贸易在线" 数据库，各类劳动力的就业和工资数据来源于 BLS 网站。

投入—产出系数采用的是重新定义后每个产业对各个产业投入的总需求系数（Industry-by-Commodity Total Requirements, after Redefinitions）。由于美国 1997 年投入—产出表的分类与 1997 年前相比有较大的划分变动，但此后至 2014 年各年度的统计口径相同，所以本节将考察 1997—2014 年的变化情况。投入—产出数据来源于美国经济分析局（Bureau of Economic Analysis, BEA）官方网站。①

在计算各行业贸易要素含量时需要各行业的直接劳动力投入

①　见 http：//www. bea. gov/iTable/index_ industry_ io. cfm。

系数，我们以各年度每个行业的就业人数除以该年度该行业的产值表示，各行业的产值数据来源于 BEA 官方网站。[①] 为剔除价格变化影响，我们以 2000 年为基期，使用各行业的价格指数获得各行业的实际产值。

(二) 基准检验结果

1. 美国从世界进口对美国制造业工资差距的影响

在分析美中贸易对美国制造业内部相对工资差距的影响之前，首先需要确定贸易，特别是制成品贸易对工资是否存在影响；若存在影响，则进一步分析美中双边制造业贸易的影响才有意义。所以本部分首先探讨美国从世界进口对美国制造业内部非生产性工人和生产性工人相对工资差距的影响。

根据式 (5)，由于本节研究的时间跨度为 1997—2014 年，所以时间 t 取 2014 年，$t-1$ 为 1997 年，相应的估算公式为：

$$\frac{w_h^{2014} - w_l^{2014}}{w_l^{2014}} = \frac{\left[1 + \dfrac{S_h^{1997} - S_h^{2014}}{B_h^{2014}}\right] w_h^{2014}}{\left[1 + \dfrac{S_l^{1997} - S_l^{2014}}{B_l^{2014}}\right] w_l^{2014}} - 1 \tag{6}$$

此处 l 代表生产性工人，h 代表非生产性工人，S_i^{1997} 和 S_i^{2014} 分别为该年度世界对美国制造业净出口中所包含的生产性工人和非生产性工人的要素含量。计算的结果见表 4—2。

---

① 见 http：//www. bea. gov/iTable/index_ industry_ gdpIndy. cfm。

表 4—2　　　　　美国从世界净进口变化的影响（1997—2014 年）

推算工资缺口	0.1036
实际工资缺口	0.1162
贸易量变化引起的工资缺口	0.0128

上述结果表明，根据现实统计数据计算，2014 年美国非生产性工人与生产性工人的工资差距占生产性工人工资的 11.62%，而如果 2014 年世界对美国制造业净出口中所包含的贸易要素含量与 1997 年相同，则在 2014 年的技术条件下美国非生产性工人与生产性工人的工资差距占生产性工人工资的 10.36%。二者之差为 1.26%，即与 1997 年美国制成品净进口相比较而言，2014 年美国从世界净进口制成品的增长引起的非生产性工人与生产性工人的工资差距占 2014 年生产性工人工资的 1.28%。由此可见，美国制成品净进口量的增加对美国制造业内部熟练劳动与非熟练劳动之间的工资差距产生了扩大效应，但是并不显著。

2. 美国从中国进口对美国制造业工资差距的影响

根据上一步的分析，美国制造业进出口贸易对其国内熟练劳动与非熟练劳动的工资存在一定的影响。分析 1997—2014 年美国贸易数据可以发现，美国从中国制成品净进口额占美国从世界净进口额的比例从 13% 增加到 22%。由此，我们预计，美中贸易将会对美国制造业内部的工资差距产生显著的影响。

推算非生产性工人与生产性工人的工资缺口仍然依据式

（6）进行，只是此处 S_i^{1997} 和 S_i^{2014} 分别代表该年度中国对美国制造业净出口中所包含的生产性工人和非生产性工人的要素含量。

由表4—3的结果表明，2014年美国非生产性工人与生产性工人的工资差距占该年生产性工人工资的11.78%，而如果2014年美国从中国制造业净进口贸易要素含量与1997年相同，则在2014年的技术条件下美国非生产性工人与生产性工人的工资差距占生产性工人工资的10.13%。前两者的差为1.65%，即与1997年美国制成品净进口相比较而言，2014年美国从中国制成品净进口的增加引起的非生产性工人与生产性工人的工资差距占生产性工人工资的1.65%。

表4—3　　　　　　美国从中国净进口变化的影响（1997—2014年）

推算工资缺口	0.1013
实际工资缺口	0.1178
贸易量变化引起的工资缺口	0.0165

同上节估算的美国从世界净进口量增长产生的影响相比，美中贸易的增长对其制造业内部相对工资差距产生的影响更大。这一结果并不十分奇怪，因为在考察期内，美国货物贸易的逆差主要是由美中贸易引发的，有一些年份，美国对华贸易逆差高于美国对世界贸易逆差，意味着剔除美中贸易之后，美国将由贸易逆差国转为顺差国。近年来中国制造业产品出口增长速度很快，18

年间中美制造业进出口总额占美国 GDP 的比重从 4% 上升至 8%，也从一个方面说明引起美国对中国制成品出口关注的原因。

但是从引起工资差距的绝对量来看，考察期内，美中贸易的增长引起美国制造业内部工资差距仅占生产性工人工资的 1.65%，是一个相对温和的影响结果，并未对美国的工资差距产生剧烈的实质性影响。

（三）美中贸易影响的动态特征

中国加入 WTO 之后，美中贸易的增长十分迅猛，为了探求美中贸易对美国工资差距的动态影响特征，本节以中国入世后第一年 2002 年为分界点，分别考察 1997—2002 年和 2002—2014 年两个时段内美国从中国净进口变化产生的影响。

1. 1997—2002 年的影响分析

依据式（6）可以得到此时间段内美国非生产性工人与生产性工人相对工资差距的估算公式：

$$\frac{w_h^{2002} - w_l^{2002}}{w_l^{2002}} = \frac{\left[1 + \dfrac{S_h^{1997} - S_h^{2002}}{B_h^{2002}}\right] w_h^{2002}}{\left[1 + \dfrac{S_l^{1997} - S_l^{2002}}{B_l^{2005}}\right] w_l^{2002}} - 1 \tag{7}$$

根据表 4—4 的计算结果可知，2002 年美国非生产性工人与生产性工人的工资差距占生产性工人工资的 11.62%，而如果 2002 年美国从中国的净进口中所包含的贸易要素含量与 1997 年相同，则在 2002 年的技术条件下美国非生产性工人与生产性工人的工资差距占生产性工人工资的 10.79%。这就是说，美中贸易的变化引起的工资缺口变化为 0.83%。同表 4—3 中的结果相比，这一阶段美中贸易对美国制造业内部相对工资差距扩大的影响小于整个考察期内的影响。

表 4—4　　　美国从中国净进口变化的影响（1997—2002 年）

推算工资缺口	0.1079
实际工资缺口	0.1162
贸易量变化引起的工资缺口	0.0083

2. 2002—2014 年的影响分析

依据式（6），此阶段内美国非生产性工人与生产性工人相对工资差距的估算公式为：

$$\frac{w_h^{2014} - w_l^{2014}}{w_l^{2014}} = \frac{\left[1 + \dfrac{S_h^{2002} - S_h^{2014}}{B_h^{2005}}\right] w_h^{2014}}{\left[1 + \dfrac{S_l^{2002} - S_l^{2014}}{B_l^{2014}}\right] w_l^{2014}} - 1 \tag{8}$$

根据表 4—5 的计算结果可知，2014 年美国非生产性工人与生产性工人的工资差距占生产性工人工资的 11.92%，而如果 2014 年美国从中国的净进口中所包含的贸易要素含量与 2002 年相同，则在 2014 年的技术条件下美国非生产性工人与生产性工人的工资差距占生产性工人工资的 10.05%。这样的结果意味着，该时段内，美中贸易的变化引起的工资缺口变化为 1.87%。

表4—5　　　　　美国从中国净进口变化的影响（2002—2014年）

推算工资缺口	0.1005
实际工资缺口	0.1192
贸易量变化引起的工资缺口	0.0187

同表4—3及表4—4中的结果进行比较，可以看出，虽然美中贸易并未对美国相对工资差距扩大产生剧烈影响，但是随着美中双边贸易的迅猛增长，中国制造业出口产生的影响呈扩大趋势。从动态趋势来看，未来中国制造业出口将继续保持快速增长的势头，那么就可能引发美国制造业内部工资差距的进一步扩大，"中国制造"将成为美国各界更为关注的对象，以保护非熟练劳动力为名对中国产品实施贸易限制的呼声将会更高。

（四）稳健性检验：按教育程度划分劳动力类别

本节的研究目的是考察美中贸易对美国制造业内部熟练劳动和非熟练劳动之间工资差距的影响，尽管使用非生产性工人和生产性工人的划分方法有其合理性，并且在以往文献中广泛使用，但这种分类方法也有其局限。一方面，BLS的职业分类方法中，生产性工人大类中不仅包括一线生产工人，还包括生产工人的监督管理者，而这些管理者很可能属于熟练劳动力；另一方面，非生产性工人大类中，包括安装、维护和维修工人，以及搬运工人等，这些工人虽具备一定技能，但同经理、商务师、工程师等"典型"的非生产性工人相比，其受教育程度低、收入水平偏低。所以，非生产性和生产性工人并不完全对应于熟练劳动和非熟练劳动，我们将采用替代的方法，即按照教育程度划分熟练和非熟练劳动力，以考察实证结果的稳健性。

不同教育程度劳动者的就业及工资数据来源于 BLS，我们将高中及以下学历的劳动者定义为非熟练劳动，将大学及以上学历的劳动者定义为熟练劳动，数据的起始年份为 2000 年。[①] 估计结果列于表 4—6 之中。

表 4—6　　美国从中国净进口变化的影响（按教育程度划分，2000—2014 年）

推算工资缺口	0.0935
实际工资缺口	0.1089
贸易量变化引起的工资缺口	0.0154

由表 4—6 可见，2014 年美国大学及以上学历劳动者与高中及以下学历劳动者的工资差距占后者工资的 10.89%，而如果 2014 年美国从中国的净进口中所包含的贸易要素含量与 2000 年相同，则在 2014 年的技术条件下两种教育程度工人工资差距占低学历工工资的 9.35%，从而推算出美中贸易的变化引起的工资缺口变化为 1.54%。这样的结果同基准检验（表 4—3）中的结果十分相近，表明了我们的实证结果未因为劳动者类别划分方法而发生显著差异。

---

① 见 http://www.bls.gov/webapps/legacy/cpswktab5.htm。

本节考察了美中贸易同美国制造业内部相对工资差距的关系。以 1997—2014 年为考察期，从制造业各部门的贸易和工资数据来看，美国制造业工人工资差距的扩大和中美制造业产品贸易的增加具有一定的相关性。进一步地，本节通过计算贸易要素含量的方法研究美中贸易对美国熟练劳动和非熟练劳动相对工资差距的影响，发现美国制造业从中国的净进口对美国制造业内部相对工资差距扩大存在影响，但影响幅度较小。以中国加入 WTO 为界进行考察，发现后一阶段的影响程度明显大于前一阶段。

由此可见，计算贸易和工资差距相关系数的方法同使用贸易要素含量方法得出的结论有一定的区别。尽管各部门从中国进口和工资差距的相关系数为正，且绝对值普遍较大，但通过更为严谨的定量考察发现，美国非熟练工人与熟练工人相对工资差距扩大受美中贸易的影响较小。引起相对收入差距扩大还可能有其他原因，如工会力量的降低、最低工资实际水平的降低、移民的增加、公共开支和私人支出模式的变化等。

事实上，中美两国经济在贸易结构上有着极强的互补性。中国劳动力资源丰富，工资水平低，发展劳动密集型产品有比较优势。美国在战后经过产业结构调整，逐步把劳动密集型产业转移到海外，而这些劳动密集型产品大部分是人们日常生活消费用品，这就为中国出口劳动密集型产品提供了契机。中国对美国产品的需求则主要集中在技术性产品上。对于互补性如此强的贸易关系，双方应该共同加以维护。然而，根据本节动态分析的结果可知，如果中美制造业贸易进一步发展，美国从中国的进口贸易将会对制造业内部的相对工资差距造成更为显著的影响，将会为贸易保护主义提供更多口实，"限制从中国进口以保护非熟练劳动者利益"的呼声将愈发高涨，从而使美中贸易摩擦进一步加剧。

实际上，从全球金融危机爆发之后，如李坤望等（2009）指出，美中贸易摩擦已成为常态，本节的研究结论从一个侧面为化解美中之间的矛盾与隔阂、建立互利互信的良好机制，从而促进美中贸易健康发展提供了启示。

贸易开放不论对发达国家还是发展中国家都是利弊共存。一方面，在发展中国家的劳动密集型出口产品冲击发达国家相关产业就业和工资的同时，发达国家的资本密集型产品出口对发展中国家的相关行业就业与工资也带来了一定的冲击。如何在贸易开放过程中妥当有效地解决相关问题，对任何国家的宏观调控都是一种挑战；另一方面，全球化的发展使不同发展水平国家之间的经济依赖日益加深，南北之间合作共赢已日益广泛地成为国际贸易利益的分配模式。发展中国家与发达国家之间在贸易方面的问题，包括对贸易纠纷的处理，都应该以互利互惠为双方利益协调的基础。若推行对相关产业绝对的贸易保护来牺牲贸易伙伴的利益，终将导致自身的对外贸易难以稳定和持续。

从双边层面来看，中美战略与经济对话（SED）应聚焦于某些具体问题的探讨，例如就双边贸易问题同各国内部的产业发展、就业、工资水平、社会保障等一揽子相关问题共同进行探讨磋商，使两国明确双边贸易为各自带来的利弊得失，以及未来的共同努力方向和利益协调方案。如果这些具体问题能够得到落实，那么，以保护非熟练劳动者利益为借口的贸易保护主义将在美国没有市场，不会成为阻碍双边贸易发展的绊脚石。

从中国的角度来看，强化出口管理，建立应对突发事件的紧急应对机制迫在眉睫。一方面，应建立市场化的配置体制，保证出口主渠道，以稳定特定类别产品正常、有序的出口；另一方面，有计划的管理势在必行，相关政府机构、行业协会需要发挥应有的作用，可以通过启动贸易摩擦预警网络体系，对行业形成有参考意义的指导性意见和规章，避免中国企业在国际市场无序竞争的发生。

从美国的角度来看，需要理顺政府同特定利益群体之间的关系。从传统的利益协调方式看，美国的政党通常为了赢得选举，消极地顺应特殊利益集团提出的贸易保护要求。实际上，美国政府应该采取积极的经济政策，对贸易开放不可避免引起的产业结构调整和转型进行积极引导，开展多种形式的与产业转型配套的再就业培训和补贴，通过适当的政策鼓励私人投资和扶植具有国际竞争力的企业、公司发展等措施来扩大就业机会。只要政府提供和开发新的就业机会和资源，特殊利益集团的贸易保护要求就会相应减少。

美国从中国的净进口对美国制造业非熟练劳动力和熟练劳动

力相对工资差距扩大存在影响，但影响幅度较小，贸易并不是引起相对收入差距扩大的唯一原因。但随着中美双边制造业贸易的进一步发展，美中贸易对美国工资差距的影响可能越来越大，以保护非熟练劳动力为名对中国产品实施贸易限制的呼声将会更高。

◇◇ 第二节 国际贸易与教育、人力资本积累之间的关系

一 理论基础

相对于研究国际贸易对劳动力市场工资、就业的影响而言，国际贸易对家庭决策、个体教育决策的研究比较少。本节旨在讨论国际贸易对于教育以及一个国家人力资本积累的影响，这是一个常常被人们忽视的问题。特别是人们往往没有意识到国际贸易有可能减缓一个国家人力资本积累的一面。

国际贸易有哪些渠道会影响教育与人力资本积累呢？一方面，中国出口多的产业往往是低技能的行业，当一个地区新增的出口企业带来了新的工作机会时，由于出口企业相对于非出口企业工资往往更高，所以新的出口工作机会意味着有可能获得更高的工资，从而会使得青少年上学的机会成本提高，在这个维度上出口会导致失学率的上升，从而不利于一个国家长期的人力资本

积累。另一方面，如果出口企业能带来技能溢酬的增加，即高技能工人相对于低技能工人收入的比增加，则会提高受教育的长期回报，在这个维度上，出口会导致失学率的降低，人们会选择受更多的教育以获得长期更高的工资。

在实证结果中，最终的结果国际贸易究竟是提高还是降低入学率，取决于两个渠道的相对强度的大小。在现实状况下，两种机制结合所导致的最终国际贸易对教育影响的方向，取决于出口产品的复杂程度、需要劳动力的技能高低等多种参数。在之前的文献中，人们往往只注意了这两个渠道中的第一方面。依逻辑推论，如果考虑工人对就业前景的良好预期，出口扩张应该会引起升学率的上升。例如，Bernard 和 Jensen（1995）发现出口企业相对其他经济部门会支付较高薪水，Goldberg 和 Pavcnik（2007）等学者提出出口扩张往往伴随工人技能水平上升。

但如果考虑上学的机会成本，发展中国家大多凭借低技能产业的规模性扩张支撑出口并进行工业化，即青年提前就业所得工资的提高提升了其上学的机会成本。在实际数据中，如果是后一种机制即国际贸易抑制受教育程度的强度超过第一种机制即国际贸易促进受教育程度的强度，就有可能对一国长期的人力资本积累造成不良的影响，使得该国的国际贸易更加固化在低附加值含量的产业部门中，影响该国长期的经济增长。

教育对一国的经济会产生深远的影响，其中的主要原因是教育与人力资本积累有着很强的外部性。教育和人力资本的积累会通过代际在时间维度上传播、通过家庭在广度维度上传播。Klenow 和 Rodriguez-Clare（2005）证明知识的扩散和人力资本外部性可能是解释发展中国家间经济增长率区别的重要影响因素。在 Klenow 和 Rodriguez-Clare（2005）总体水平上测量人力资本的基础上，Wantchekon，Klašnja 和 Novta（2015）利用贝宁殖民地的证据证明了教育与人力资源外部性，并建立了教育和经济发展结果之间的直接联系，他们提供了人力资源对经济在个人层面影响的直接证据，以及其在空间和时间上的溢出效应的证据。Wantchekon，Klašnja 和 Novta（2015）使用独特的时间序列数据，该数据可追溯到贝宁 20 世纪早期在中心和北部的殖民地学校最早的一批学生、这些学生的直系后裔和其所属的大家庭，以及与他们同时期但未接受教育的同龄人（Wantchekon，2012）。数据来源于使用学校和教堂的存档和对 289 位被调查者和 325 位对照组的调查者（用于交叉验证所得信息）面对面的访谈。对照组中包括的主要是出生在同时期同村庄但未接受教育的人的数据信息和同时期相近无学校的村庄的成员信息。正如 Nunn（2010）和 Johnson（1967）讨论的那样，有利的地理条件可能决定了殖民者或天主教传教士对学校位置的选择。而这可能导致对人力资本影响估计的选择偏差。他们借鉴 Wantchekon（2012）只收集相近村庄（距离不超过 20 千米）的数据收集方法，避开了地址选择的内生性影响问题，因为它们对于决策制定者来说外在条件是相似的。值得注意的是，他们只考虑截至第一所学校建立时过去未受欧洲影响的地区。换句话说，所用数据只包括正式的殖民机构建立在教育机会对社会大众广泛开放之后的地区。这使得对经济发展的分析可分离人力资本的影响与政治机构的潜在影响。

Wantchekon，Klašnja 和 Novta（2015）还使用上述数据研究了教育对个人生活水平、职业和政治参与度的影响。他们发现教育对第一代学生和其后裔的显著正影响：他们往往拥有更高的生活水平，成为农民的可能性更低，而且政治参与度更高。他们发现大型村庄层面的外部性：有学校的村庄中未受教育的人比那些对照组村庄的人表现更好。他们发现大家庭中也存在相似的外部性，侄子侄女直接受益于叔叔的教育水平，他们将其定义为"家庭税"，即受过教育的叔叔将资源转移到大家庭中。同时，无论是在竞选运动还是参与政党的积极性或者为选举奋斗的层面上，他们的政治参与度更高。这在某种程度上支持了教育对发展中国家政治参与度水平的正面影响。Wantchekon，Klašnja 和 Novta（2015）把重点放到对他们后裔的分析结果上，发现家长的教育水平对他们孩子的教育、生活水平、社交网络有非常大的正面影响，这与对第一代受教育者的影响类似，有学校的村庄中未受教育的人的后裔总体上来说比那些村庄中没有学校的人的境遇要好一些。

二　墨西哥的研究

Atkin（2012）利用墨西哥的出口企业数据和受教育的信息

系统全面地对此问题进行了讨论。相对于过去同类型的研究，Atkin（2012）使用了更丰富的年度就业数据，并且使用工具变量避免了解释变量的内生性。最后，他仿照之前学者对印度 IT 产业扩张对教育的影响的研究，根据对教育的收益的影响将职业进行了分类。结果发现，数据支持当地出口工业的扩张带来了辍学率的上升这一假说。出口部门每创造出 25 个就业岗位，就有 1 个学生选择在 9 年级辍学（墨西哥义务教育结束时间，此时青年通常 16 岁），而不是继续读到 12 年级（接受高等教育）。

为什么墨西哥数据对于研究该问题是一个很好的选择呢？一方面，墨西哥是积极推进贸易自由化的国家。墨西哥在 1986 年加入关税与贸易总协定，1994 年加入北美自由贸易协定（NAF-TA）。同时，贸易自由化对墨西哥本国的经济也产生了重要的影响。降低关税等措施促使出口部门迅速膨胀。墨西哥出口部门提供的就业机会从 1986 年的 90 万上升到 2000 年的 270 万；另一方面，作为一个发展中国家，教育对于墨西哥人力资本的积累乃至长期的经济增长有着深远的意义。以此为背景，Atkin（2012）研究了墨西哥 1986—2000 年贸易改革时期出口迅速扩张对当地劳动力教育水平的影响。

为了研究贸易对教育的影响，Atkin（2012）着重关注了 16 岁的青少年的升学（或辍学）决定。原因是，16 岁一般强制性义务教育结束，是人们可以自由地选择受教育与否的开始，这个时候的升学率（或辍学率）最能反映出经济个体自主决定。研究该问题，需要教育、就业（特别是与出口相关部门的就业）数据。第一，各年龄阶层的受教育数据来源于墨西哥国家统计局公布的 2000 年墨西哥人口普查中 10.6% 的二次抽样样本。这近 1000 万人的数据集包含了墨西哥所有 2443 个村级行政单位（Municipio，类似于美国的郡，中国的县）。但排除了墨西哥城的数据。该数据也可以在明尼苏达人口中心（Minnesota Population Center）于 2007 年公布的综合公共利用微数据系列（Integrated Public Use Microdata Series）中找到。第二，就业数据则来自墨西哥社会保障机构（Mexican Social Security Institute, MSSI）。这部分数据涵盖了私人部门以及边境加工的企业。墨西哥社会保障机构为公民提供健康和退休金补助，因此所有劳动者都必须在这里登记注册，这使得该数据的权威性、准确性得到了保证。这些数据包括了 1985—2000 年在墨西哥活跃的近 220 万个企业。由于墨西哥社会保障机构并未注明哪些企业是出口企业，Atkin（2012）统计出每一个 ISIC 3 位编码的行业的出口占所有销售额的比例，如果这些行业在样本期间超过一半的时间将其 50% 的产品用于出口，就把它定义为出口导向型行业。

利用这些数据，Atkin（2012）整理出各地区各年出口企业就业率的增长情况，并以出口企业对 16 岁青少年就业率的冲击为自变量。考虑到大村落雇佣决策受当地劳动力市场条件影响远大于小村落，他们又根据 15—49 岁人口的数量重新调整了就业率。墨西哥内生技能习得（endogenous skill acquisition）和出口生产将墨西哥各年龄层人口的受教育时间作为人力资本水平的代理变量，同时需要注意的是，这里有可能存在反向因果的关系，即当地劳动力的技能水平决定了企业是否在当地建立从而是否雇用工人。为了处理该问题，Atkin（2012）将面板数据分为1808个通勤区（commuting zones）和14个年龄层。自变量的外生性要求企业的劳动需求决策不能受个人学历的影响，于是他选择用单一企业（single-firm）的开业、倒闭、收缩和扩张作为就业的代理变量，原因是对于单一企业而言，这些企业的决策取决于固定成本而不是年轻人的劳动力供给。

　　他的研究结果发现：①16岁时面临当地出口工厂大量扩张的年轻人的受教育时间短于平均水平。在同一地区，出口增长带来的16岁青年的教育水平的上升幅度相对其他年龄阶段最小，且受就业冲击影响最大。②对于年龄更大的群体来说，就业对教育的影响并不显著。考虑年级，9年级的辍学率出现了相似的模式；但是初等学校的辍学率与过去的出口行业就业变动有更明显的关系，而且这一效应对特定性别的学校的影响更明显。③最后他们研究了各部门就业对教育的影响程度。尽管非出口部门的新增就业岗位在一定程度上也降低了16岁青少年的升学率，但影响程度较出口部门较小。而且对于高度集中的工业（他们对当地劳动力的需求冲击受变量内生性影响最小），这一效应消失了。进一步的研究发现，辍学主要是由中等教育水平岗位的增加引起。一旦控制这些变量，无论是非出口企业的增加还是出口企业的增加，它们对教育的影响就类似了。

然而我们也需要注意到，Atkin（2012）的一个问题是仅限于非移民人员的受教育选择，没有考虑移民人员的受教育情况。因为如果放宽到所有人看，困难点在于人们不仅做移民的决定也同时做受教育方面的决定。当我们讨论出口对一个地区就业市场的冲击时，因为人们可以通过迁移来获得工作机会，所以它不仅会对出口企业所在地产生影响，还将会扩散到其他地区，从而影响人们在就业、移民、受教育上的选择。这种随着地理空间影响强度的计算是难以被识别的。

三　关于中国国际贸易与人力资本的研究

改革开放以来，人口迁移、出口的增加和人民受教育水平的提高都是中国经济发展所伴生的现象。一方面，利用廉价的劳动力优势，中国大力发展外向型经济，迅速开拓了以出口为导向的经济模式，拉动了全国的经济增长，大量的劳动力也因此从内陆地区迁移到沿海地区；另一方面，在世界经济日益全球化的背景之下，中国等发展中国家正经历着高技能劳动力需求旺盛，而低技能劳动力相对过剩的时代。

（一）中国教育关于"知识改变命运"和"教育无用论"的争论

伴随着经济的发展，中国的教育也取得了长足的进步。中国各年龄层受过大学教育的人口比重如图4—1所示。根据第六次人口普查数据，中国年轻人中接受过大学及以上教育的人口比例远远高于其他年龄段的人口，这反映了中国在教育方面的大发展。但同时我们也发现，即使在25—29岁这个人口接受过大学教育比例最高的年龄层，接受大学教育的比例也只有不到10%。但在此大背景下，中国社会的不同地区仍一直存在"知识改变命运"和"教育无用论"的争论。对教育回报的讨论存在于各个教育阶段、各个学历水平上，并且教育回报对于城市青年和农村青年也有着很大的差距。

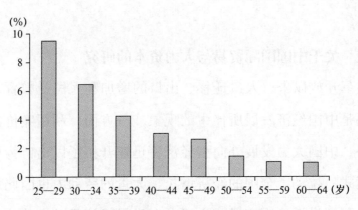

图4—1 中国不同年龄层受过大学教育的人口比例

资料来源：中国第六次人口普查。

第一是基础教育部分，尽管中国实行九年制义务教育，但执行的强度在各个地区存在很大的差异，并且真实情况也难以摸清。这主要是因为辍学是违反《义务教育法》的，因此基层组织和个体家庭有着很强的动机瞒报信息。

史耀疆和马跃（2016）根据中国教育学会农村教育所进行的中国农村中学辍学调查，报道分析了中国农村中学辍学的现状和原因。经中国教育学会农村教育所分会测算，在2008—2011年，全国各农村小学辍学率从5.99‰回升到8.8‰，与1997年、1998年、1999年的辍学水平大体相当。因为瞒报动机的存在，我们只能把上述数据视为真实辍学率的下界。学生在辍学背后有着理性决策和冲动选择两种模式。他们的调查发现：①辍学的学生通常是年龄较大、学习成绩不好、家庭条件差的男生。原因是，在调查期间中国非熟练工人的工资总体呈迅速上升的态势，而男生在劳动力市场上更容易找到工作。因此，相对来说，年龄较大、家庭贫困的男生上学的机会成本较高。②学习成绩由于影响了学生对教育回报的预期，也会影响学生的教育选择。一般来说，学习成绩差的学生拥有较低的教育收益预期，更倾向于辍学提前迈入工作岗位。他们的调查同时发现，也有许多学生出于冲动做出了不符合本人长期利益的决策，这些学生往往会在事后后悔自己当时的选择。这通常表现为学生面临强大的短期压力，而这些压力大多来源于师生、同学间关系的恶化。同时，信息不畅通和几乎不能受到父母等家人的思想指导（他们大多是贫穷地区单亲、离异家庭的留守儿童或寄宿在校生），使得他们倾向于相信自己能在校外拥有更广阔的自由空间，从而基于冲动决定辍学。刘莹（2008）利用采集到的727个陕西省农村初中在校学生和辍学学生的样本数据以及303个非西部地区省内的农村初中学生样本，分析了陕西省农村初中学生的辍学原因。她发现陕西省政府在实施了"两免一补"等教育政策后，影响农村地区初中学生辍学的诸原因中较为重要的因素为家庭的经济状况（尤其是对教育回报率和成本的对比分析）和家长的教育观念、学校的教育质量及政府的教育政策。社会学家也对中国农村中学的辍学现象做出解释，付林芮（2016）通过对河南省驻马店市 F 村辍学中学生、学生家长以及当地村民的访谈调查，发现农村中学生辍学行为的背后，实质上是农村中学生、学生家长理性选择的结果。从微观的个体层面来看，农村中学生选择辍学以及家长默许子女辍学是基于对经济效益（利益最大化选择）、情感效益（摆脱束缚，追求自由）和文化效益（寻求群体认同）的追求；从宏观的社会环境来看，由教育投资的高成本低回报而触发的"读书无用论"和打工经济潮的盛行，进一步为学生跟风辍学、家长纵容学生辍学的行为提供了合理性。

第二是对高中、中专阶段的教育回报的讨论，王美艳（2009）考察了城市中来自农村的外来劳动力和城市本地劳动力在不同教育阶段的教育回报。利用 2001 年和 2005 年两次劳动力调查数据，她发现，不论是来自农村的外来劳动力，还是城市本地劳动力，仅仅接受初中教育对工资提高的边际作用已经不大。外来劳动力在高中或中专阶段的教育回报显著高于城市劳动力。对外来劳动力而言，接受高中或中专教育是显著提高工资的重要转折点；而对城市劳动力而言，接受大专及以上教育才是显著提高工资的重要转折点。王美艳（2009）还指出，国家应该对义务教育以上阶段的教育加大投入，在增加可用于农村教育资源的同时，应该逐步提升高中或中专教育在农村教育发展中的优先地位，在城市地区，则应该让更多高中或中专毕业生接受大专及以上的教育。

第三是对成人高等教育回报率的讨论，许玲丽、冯帅章等（2008）研究了中国成人高等教育的回报问题。他们使用国家统计局2007年全国城镇住户调查数据，包括其特别附加的教育问卷数据，来分析成人本科和成人专科的教育回报。他们发现，在控制个人能力因素后，成人本科教育回报显著低于普通本科教育回报，而成人专科和普通专科的教育回报却没有显著差异。他们认为这是由于20世纪90年代以后，成人本科教育成为某些人"混文凭"的工具，导致成人本科生不能被社会和雇主认可。他们的研究凸显了成人教育，尤其是成人本科教育面临的定位问题，他们认为应当取消成人本科，回归到专科水平的职业培训和继续教育。

第四是对职业教育回报率的讨论，基于中国家庭动态跟踪调查（CFPS）的成人问卷数据，陈钊和冯净冰（2015）分析了职业教育回报的空间差异。他们发现，在考虑了地区间生活成本差异、就业所在地对生产的正外部性、本地人身份、就职行业等因素后，在东部或较发达地区接受高等职业教育者仍然具有显著更高的人力资本回报。他们认为，经济发达地区应当鼓励外来人口在本地就读高等职业教育，进而提升城市未来产业工人的人力资本含量，这有助于中国未来的产业升级以及在城市化进程中实现"人的城市化"。

第五是对城市居民与农村居民教育回报率差异的讨论，Levine 采用 CHNS 2000—2009 年的个人数据，研究了中国 9 省的劳动者在收入、健康、教育、医疗保险四个维度的多维贫困问题。他们使用了 Heckman 两步法分别估计农民工和城市劳动者的教育对收入回报的截面变动趋势，并采用个体面板数据估计、比较农民工和城市劳动者 10 年间的总体教育回报状况。他们发现，收入与教育维度的贫困对农民工贫困的贡献率较高，尤其是教育维度的贡献率更高且呈现上升趋势。农民工的教育回报低于城市劳动者，近年来两个群体之间教育回报的差距呈拉大趋势。在教育回报较低的情况下，农民工的理性选择是减少教育的投入。在中国经济转型升级背景下，教育投入动力不足将不利于农民工人力资本的积累，容易回到多维贫困，造成农民工难以真正融入城市。

（二）中国出口和教育、人力资本积累

现阶段，研究中国国际贸易与教育和人力资本积累方面的文献，大部分认为出口促进了人们接受教育，促进了人力资本积累，即出口对教育回报提升的渠道起到了更为主要的影响。

第一，出口的产品越复杂越能提高人力资本。中国在劳动力市场上，一直存在城市与农村分割的二元结构以及以户口制度为代表的高迁移成本的制度问题。在这样存在摩擦的劳动力市场上，出口的复杂度将会怎样影响人力资本呢？陈维涛、王永进和毛劲松（2014）指出，理论上而言，一方面，出口技术复杂度的提高会提高技能溢价水平，因此，出口技术复杂度会提高人力资本投资的水平；另一方面出口技术复杂度会促进人们跨越城乡，实现迁移，从而有助于城乡融合，起到促进人力资本投资的作用。他们采用 2007 年的中国居民家庭收入调查（Chinese Household Income Project，CHIP）、中国工业企业数据库和世界银行的 TPP 数据库，将劳动者人力资本投资变量对出口技术复杂度和劳动者职业技能的交叉项进行回归，以出口技术复杂度的滞后期数据为内生变量，检验了出口技术复杂度对中国城乡劳动者人力资本投资的影响。其中，他们的出口复杂度是根据各产业出口占该国总出口比重，以该国实际人均收入为权重加总得到某个行业的出口技术复杂度；以某行业的出口技术复杂度乘以该行业出口占该城市出口值的比重得到某个城市的出口技术复杂度来计算的。他们的研究结果表明，出口技术复杂度的提升不仅有利于中国城镇和农村劳动者人力资本投资的增加，还有利于劳动者人力资本投资未来预期报酬的提高，促进劳动者子女教育投入和长期人力资本投资的增加；另外，随着出口技术复杂度的提升，从事高技能职业的劳动者比其他劳动者更倾向于对自身及其子女进行人力资本投资。

第二，地区出口企业生产率的提高也促进了人们在教育和人力资本上的投资。同样是利用 2007 年中国居民家庭收入调查（CHIP）、中国工业企业数据库等数据，陈维涛、王永进和李坤望（2014）讨论的问题是在城乡二元劳动力市场背景下，地区出口企业生产率提高对中国人力资本积累的影响是怎样的。他们借鉴 Hering 等（2010）的研究方法，将个体变量和城市变量合并，将各城市个体的人力资本投资变量对该城市出口企业生产率进行回归，并控制该城市和个体的特征变量。他们的研究发现，地区出口企业生产率的提高不仅有利于中国城镇和农村劳动者的人力资本投资，而且也有助于劳动者子女教育投入的增长，能够促进中国人力资本的长期积累和提升。另外，其对农村劳动者正式教育的促进作用要显著大于城镇劳动者，而对农村劳动者脱产职业培训的促进作用却显著小于城镇劳动者；在子女教育投入方面，对辅导班教育投入的促进作用要显著大于基本教育投入。上述结论意味着，引导中国出口结构向具有生产率优势的行业转变对于促进人力资本积累和长期经济增长具有重要意义。

第三，出口对于城市劳动者和农村劳动者人力资本积累的影响不同。针对贸易与人力资本的积累，李坤望、陈维涛和王永进（2014）对城市和农村的情况分别进行了讨论。他们对劳动者人力资本投资变量对贸易开放度和贸易开放度与劳动者职业技能虚拟变量的交叉项进行回归，发现对外贸易不利于中国城镇劳动者进行人力资本投资，尤其不利于技能水平较低的劳动者进行人力资本投资；对外贸易也不利于中国农村劳动者尤其是技能水平较低的劳动者进行教育投资，但能够促进农村劳动者尤其是技能水平较高的农村劳动者进行职业培训。此外，他们的分析还表明，出口加工贸易有利于城镇劳动者进行职业培训，而一般出口贸易的影响与其相反。

第四，进口不同的产品对于人力资本的积累会产生不同的影响。利用 2004 年的中国工业企业微观数据对这一机制进行实证研究，唐东波（2012）基于全球化纵向"交叉协作"理论分析了垂直专业化贸易对国内就业结构的影响，在控制员工的在职培训投入、企业生产规模、企业出口规模、外商直接投资和相对技术水平影响后，对高技能工人与低技能工人数量之比的增长率分别对高收入和低收入国际的垂直专业化贸易进行回归。他的研究发现：①来自 OECD 等发达国家的中间品进口份额（VSSH）上升有助于提高中国制造业的高技能劳动力就业比例，从亚非拉等低收入国家进口中间品份额（VSSL）的增加将带来劳动力技能水平的相对下降；②企业出口比例的提升，尤其是一般出口显著强化了 VSSH 与高技能劳动力就业比例的正相关性，而加工出口则不利于这种相关性的加强；③资本深化与高技能劳动力就业之间具有互补关系，但以加工贸易为主的港澳台资本在一定程度上削弱了高技能劳动力的相对需求。基于理论和实证的发现，他还讨论了在中国参与全球化进程中，采取什么样的政策可以实现国内就业结构的升级。

然而，一方面中国现有的关于此问题的研究还局限于简化形式的局部均衡分析，我们知道，教育回报提高，微观个体会选择接受更多的教育，然而随着高学历人员的数目增加，教育的回报又会因此降低。对于社会整体而言，在一般均衡下，国际贸易对于教育的影响往往和局部均衡条件下的分析会有较大差距；另一方面，现有研究还没有讨论出口对于高中阶段受教育的影响，根据墨西哥的例子来看，这一阶段的教育可能是受到出口冲击最大的一部分。

中国自改革开放以来，一直走外向型经济的路线，出口加工区、出口退税制度等产业政策都旨在促进出口和出口企业的发展。然而出口企业所获得的大量补贴对于中国经济是否最优呢？是否考虑到国际贸易对教育和人力资本的影响呢？综合前述利用各个地区微观调查数据分析的辍学现象，背后的动因都离不开学生所面对的受教育机会成本的改变，从而改变其工作—受教育的成本收益分析。由于出口会影响到中国劳动力所面对的工资，工资又会影响到他们的受教育选择，因此，即使静态来说，大规模的国际贸易对中国有利，也会因为其损失了中国的人力资本的积累，因此长远来看，国际贸易对中国经济的增长也会有有害的一面。因此，在实施贸易政策的同时，应当区分具体的产业以及其对教育、人力资本的不同影响而采取不同的补贴措施，并且应当配合以相应的教育补助措施，才能促进中国经济的长期增长。

◇◇ 第三节　国际贸易与健康

现有的讨论国际贸易与健康之间关系的文献非常有限，影响的主要渠道是失业率、财政支出的变化等。中美之间的贸易关系一直在镁光灯下，广受关注。作为美国最重要的贸易伙伴国之一，美国更关注进口大量的中国产品对于其当地劳动力市场的冲击，进而对当地居民健康的影响，本节将着重讨论美国从中国的进口对于美国各地居民健康的影响。

首先是贸易自由化政策对进口国当地劳动力市场的影响。美国历史上，自从胡佛政府于 1930 年通过关于大幅提高美国关税的斯姆特—霍利法案（Smoot-Hawley Tariff Act）以来，一直使用两套关税税率。第一套是正常贸易关系（NTR）税率。这种税率通常较低，适用国家为世界贸易组织的成员。第二套是非正常贸易关系（Non-NTR）税率，由斯姆特—霍利法案确立。它通常比 NTR 税率更高，适用于非 WTO 成员的非市场化国家。对于美国而言，2000 年是美国贸易自由化进程中一个重要的时间节点。因为在这一年，美国恢复了与中国的永久性贸易正常关系（Permanent Normal Trade Relations，PNTR），减少了中国企业出口到美国需要一年一年审核"正常贸易关系"的不确定性。加上中国于 2001 年正式加入 WTO，这些事件都使得中国出口生产者有了扩张对美国市场出口的动机。因此，随之而来的是，美国当地市场产品的竞争性大大加强。一种观点是，美国的贸易自由化政策使得美国的生产者将劳动密集型的生产部门转移到中国和其他发展中国家，在美国本地市场，企业会更集中于劳动节约型的行业，因此美国市场本地的失业率会大大提高。Pierce 和 Schott（2012）发现随着美国授予中国永久性贸易正常关系，在 2000—2007 年，美国制造业整体的就业人数下降了 18%。就业人数下降最多的部门，通常是受中美之间贸易政策自由化影响最大的那些生产部门。他们还发现，在此期间美国从中国的进口和参与中美国际贸易的中美双方的企业数量都出现了大规模增长的态势。同时，Autor 等（2013）利用美国郡县层级的劳动力市场的就业信息，与出口到该郡县可以通勤区域范围内的中国商品量联系起来，他们发现那些从中国进口商品量增长较快的可通勤地区，当地劳动力平均的就业率更低。他们把这种现象称为"中国综合征"。

其次，对于进口国而言，劳动力市场状况的恶化会传导到居民健康的层面。通常来说，贸易自由化和死亡率之间的关系可能存在以下两种传导渠道。一方面，随着工人在具有比较优势的生产部门所得工资上升，或贸易带来产品和服务的价格降低，工人的健康水平可能上升；另一方面，对进口替代的部门来说，就业率和工资总体呈下降趋势，这些部门的工人可能会面临健康保障减少的威胁。对于这个渠道，Autor 等（2013）也发现对中国进口增长较快的地区，因为劳动力的平均失业率高，所以这些地区的失业、残疾、退休和健康的转移支付也随之增加。McManus 和 Schaur（2015）记录了美国对中国进口量和该地区公民健康水平之间的关系。

根据上述两个逻辑，Pierce 和 Schott（2016）试图分析美国各郡县死亡率的变动与美国对中国贸易自由化政策之间的关系。他们使用的根据郡、年份、人口种类和死因分类的死亡率数据可从美国疾病防控中心（U. S. Centers for Disease Control's，CDC）组建的 WONDER 数据库中获得。但出于隐私考虑，涉及死因的死亡率数据存在很多缺失值，因此在他们中不考虑各郡公民死因的区别。由于各郡本身的人口特点也可能影响死亡率，因此在回归方程中需要有关人口信息的变量。这部分人口信息，例如中等收入家庭的收入，从美国人口调查局的人口普查数据中获得。各郡各产业的就业数据可以在美国人口普查局的县域商业模式数据库（U. S. Census Bureau's County Business Patterns）中找到。

Pierce 和 Schott（2016）通过两个步骤量化了 PNTR 对死亡率的影响。首先，仿照 Pierce 和 Schott（2012）的研究思路，根据 PNTR 实行后关税率变动的程度定义了 PNTR 对产业的影响程度。他们将这种关税的变动率定义为 NTR 缺口。不同产业的 NTR 缺口值有很大差异，其平均值和标准差分别为 33 和 15 个百分点。然后，他们计算了美国各郡受 PNTR 影响的程度，再用就业权重加权计算其平均 NTR 缺口。由于在各郡县内部非可贸易产业所占的比重较高，NTR 缺口在郡级数据上的变动较产业的要小一些。NTR 缺口的均值和标准差分别为 7.2 和 6.3 个百分点。进一步的分析从建立双重差分模型开始。他们将郡县受到的与中国的竞争影响程度作为第一次差分（用 2000 年之前和之后的 NTR 缺口变动表示），将政策实施后死亡率差分的变化作为第二次差分。之后在经年龄调整后的死亡率和美国贸易自由度中发现正向并且显著的相关关系，即将位于第 25 百分位数与位于第 75 百分位数的 NTR 缺口的郡进行比较，发现后者的总体死亡率比前者高近 0.6%，也就是说后者相对前者死亡人数多 5.6 人/10 万人。之后他们又根据人口特征将数据分为三个子集：男人、女人和白种人。对此分别回归，尽管所有组的结果都显示系数的估计值是正数，但结果只在女人和白种人中显著。最后，Pierce 和 Schott（2016）还考虑了 PNTR 对犯罪率和出生率的影响。尽管 PNTR 与暴力犯罪之间的关系不显著，但贸易自由化与财产犯罪的增长显著相关；至于出生率，结果发现两者之间存在负相关关系。

◇ 第四节　国际贸易与妇女地位

在现阶段，具体地分析国际贸易和妇女地位的研究尚处于空白，大部分的研究着重于讨论国际贸易对性别工资差距的影响。然而，关于开放和国际贸易对于性别工资差的影响并没有得到一致性的结论，基于不同样本的研究得到的结论并不相同。本节将论述国际贸易将如何影响到男女相对工资比例，从而影响妇女在社会中的地位。这部分直接的实证研究还比较少，我们先从男女相对工资的变化对性别比影响的角度引出该问题。

第一，男女工资差距发生变化会影响到一国妇女的社会地位。一个鲜明的例子是许多亚洲国家都存在严重的性别失衡问题。与欧洲 50.1％ 的女性比例相比，在印度和中国这一数据是 48.4％。Sen（1990）称此现象为消失的女性（missing women）。即使在韩国、中国台湾等较发达的亚洲国家和地区，也存在这种情况，只是程度稍轻。很多人认为是亚洲普遍存在对男孩的偏爱，很多父母会根据婴儿的性别进行有选择的堕胎而造成的。长久以来，经济学家一直在研究发展中国家中性别失衡的潜在经济原因，他们旨在研究女性相对收入的提高是否会影响男女性别比例。

长期以来，该领域的研究总是受到内生性问题的影响，这主要是因为更高的女性收入可能是由其他导致女性地位上升的原因引起的，这使得很难单独把收入对女性地位的影响识别出来。Qian（2008）利用存在性别差异的农业收入的外生增长数据来检验家庭总体收入和存在性别差异的收入增长对儿童生存率及受教育程度的影响。中国在 1978—1980 年的早期改革时期，农村地区提高了经济作物的收益，包括茶叶和果业。女性在产茶上有比较优势，而男性在果业生产中有比较优势。因此，客观上适合产茶的地区女性收入相对上升，而适合发展果业的地区男性收入相对上升。这使得 Qian 可以使用双重差分模型来区分性别偏向性的收入增长的影响。同时，许多复杂的潜在影响因素在这个时期内基本固定。移民被严格控制，茶产业技术进步有限，对中国广大农村人口来说性别识别技术尚未可用（Zeng et al., 1993; Diao, Zhang and Somwaru, 2000），严格的家庭控制政策很大程度上限制了家庭规模。为了测度性别偏向的收入变化的影响，Qian（2008）比较了在生产和不生产上述作物的地区改革前后性别失衡的情况。首先，在保持成年男性收入不变的情况下，通过比较种植茶叶地区和其他地区的男性出生比在茶叶价格上升前和上升后的变动，测度了成年女性收入增长对性别失衡的影响；在果园业的比较和收入对儿童教育的影响测度中，该研究也使用了相同的方法。这些方式使该研究可以区分由家庭总收入增长和相对收入变动所带来的对人口性别比和儿童受教育程度的影响。结论表明，成年女性相对收入的增长对女孩的生存率有迅速且正向的影响。在 20 世纪 80 年代早期的中国农村地区，在保持成年男性收入不变的情况下，成年女性年收入每增长 7.7 美元（当时中国农村地区平均年收入的 10%），女孩的生存率提高 1%，并且使得男孩和女孩的受教育时间延长了 0.5 年左右。相反，保持女性收入不变，提高男性收入则同时降低了女孩的生存率和受教育时间，但对男孩的受教育时间没有影响。同时 Qian（2008）还发现，随着所有经济作物价格上升（其中大多数不产生性别偏向性工资变动），对各性别的生存率和受教育年限基本没有影响。这些发现告诉我们具有性别偏向的农作物价格上升的影响是由不同性别之间相对收入的变化，而非家庭总收入的增长引起的。

第二，国际贸易会影响男女工资间的差距。理论上而言，传统新古典理论认为随着行业竞争的增加，性别歧视由于成本越来越大会逐渐消失。在实际数据中，Menon 和 Rodgers（2009）通过印度制造业部门贸易数据和微观调查数据研究了贸易自由化政策所带来的竞争增加如何影响女性的就业和工资。他们将这一观点纳入一个市场竞争和产业集聚的理论模型中，并进行了实证检验。而结果却表明，贸易开放反而扩大了男女性工人的工资差异，并且这种效应在聚集性产业的表现更明显。而 Chen 等（2013）学者则使用中国企业和人口层面的数据研究了全球化对于中国劳动力市场上性别工资不平等的问题。他们发现外资企业和出口企业会比国内非出口企业雇用更多的女性劳动力。因此，同一个地区和行业出口导向的发展实际上有利于提高女性的劳动参与，从而减少性别工资差异。他们进一步发现这种企业类型差异导致的性别工资差实际上是来源于不同性别雇员的生产率异质性。全球化是有利于促进女性就业并且减少性别歧视的。

另一方面邢春冰等（2014）关注了中国劳动力市场性别工资差距问题。他们利用 2005 年 1% 人口抽样调查数据、2011 年流动人口动态监测调查数据以及城市统计年鉴数据，考察了城镇非农样本以及农民工样本的教育回报率和性别工资差距之间的关系，结果表明中国的性别工资差距和教育回报率都存在明显的地区差异。利用这种地区差异他们发现教育回报和性别工资差距存在反向变动的关系：教育回报率越高，性别工资差距越低，即女性的相对收入越高，而其背后的基本力量是技术进步所导致的对不同技能的需求变化。因此，他们认为通过教育平均化改革有助于缩小性别工资差异。尽管他们的研究没有涉及国际贸易对工资差距的影响，然而，根据贸易对城市和农村青年受教育选择的影响，我们可以推断出，贸易影响到男女性别工资差的另一种渠道。

尽管 Qian（2008）并没有涉及国际贸易，但其帮助我们建立了从男女工资比到女性地位的链接。在未来的实证研究中，我们首先需要做的就是建立起贸易保护政策与男女工资比例之间的关系。例如，中国的纺织品工业所雇用的女性员工远远高于其他产业，纺织业也是受贸易保护影响非常大的行业，例如受到纺织品协定的影响，当贸易保护政策变动时，必然会影响到该行业的需求，从而影响到对女性员工的需求，改变当地的女性地位。当然研究该类型问题，我们必须控制很多内生因素，例如，纺织业开在某些地区主要是因为当地女性员工的数量比较丰富。同时，我们还需要注意出口在文化传播中的作用。出口企业，特别是外资的出口企业，在文化上会和当地只内销的企业有很大的不同，因此它们还有可能从影响文化的角度来影响中国的妇女地位。

国际贸易对社会生活的影响，还会通过影响工资的改变传递到更广阔的范围，例如生育率。这是因为，一方面，父母在生育孩子的时候，存在数量和质量的权衡取舍，在 Becker（1962）关于家庭教育和子女人力资本投资的经验理论中，他将子女看作耐用性商品，而父母对于子女的生育和教育投资决策则是基于他们的边际收益和边际成本分析。父母实际工资增加导致生育子女的机会成本相应增加，而教育回报率的增加则等于提高了对子女人力资本投资的收益，从而增加父母对于子女教育投资的意愿。这些因素降低了新生子女的意愿，从而使得社会整体的生育率降低。Becker（1994）还将人力资本投资与经济增长理论纳入统一的分析框架下。他假设了内生的生育决策以及人力资本投资回报的增加。在这种情况下，社会可以通过生育更多的子女、提高对子女的教育投资以及长期的物质资料积累实现代际储蓄。当社会的人力资本丰富时，人力资本投资的回报率高于对子女的教育投资回报，于是人们会选择少生育子女并进行较大的人力资本投资。而当社会人力资本水平有限时，人们就会选择养育更多子女但不对教育进行过多投入；另一方面，当国际贸易影响到父母的工资，特别是女性的工资时，会对他们生育孩子的机会成本造成影响，从而改变他们生育方面的决定。

参考文献

陈波、贺超群：《出口与工资差距：基于我国工业企业的理论与实证分析》，《管理世界》2013 年第 8 期。

陈维涛、王永进、李坤望：《地区出口企业生产率、二元劳动力市场与中国的人力资本积累》，《经济研究》2014 年第 1 期。

陈维涛、王永进、毛劲松：《出口技术复杂度、劳动力市场分割与中国的人力资本投资》，《管理世界》2014 年第 2 期。

陈钊、冯净冰：《应该在哪里接受职业教育：来自教育回报空间差异的证据》，《世界经济》2015 年第 8 期。

付林芮：《农村中学生辍学行为探析——基于科尔曼理性选择理论的分析》，《山东青年政治学院学报》2016 年第 4 期。

黄群慧：《中国工业发展报告（2014）》，经济管理出版社 2014 年版。

李坤望、陈维涛、王永进：《对外贸易、劳动力市场分割与中国人力资本投资》，《世界经济》2014 年第 3 期。

李坤望、王孝松、谢申祥：《奥巴马内阁，党派性与中美贸易发展走势》，《南开大学学报》（哲学社会科学版）2009 年第 5 期。

刘莹：《陕西省农村初中学生辍学原因的探究》，硕士学位论文，西北大学，2008 年。

史耀疆、马跃：《中国农村中学辍学调查》，《中国改革》2016 年第 2 期。

石慧敏：《中美制造业双边贸易对美国相对工资差距的影响研究》，《经济理论与经济管理》2016 年第 5 期。

唐东波：《垂直专业化贸易如何影响了中国的就业结构》，《经济研究》2012 年第 8 期。

王苍峰、司传宁：《经济开放、技术进步与我国制造业的工资差距》，《南开经济研究》2011 年第 6 期。

王春超、叶琴：《中国农民工多维贫困的演进——基于收入与教育维度的考察》,《经济研究》2014 年第 12 期。

王美艳:《教育回报与城乡教育资源配置》,《世界经济》2009 年第 5 期。

邢春冰、贾淑艳、李实:《技术进步、教育回报与中国城镇地区的性别工资差距》,《劳动经济研究》2014 年第 3 期。

许玲丽、冯帅章、陈小龙:《成人高等教育的工资效应》,《经济研究》2008 年第 12 期。

周禄松、郑亚莉:《国际贸易对我国制造业熟练与非熟练劳动力工资差距的效应研究——基于省级面板数据的实证分析》,《浙江理工大学学报》(社会科学版) 2015 年第 2 期。

周念林:《贸易开放与就业:中美相关贸易冲突分析》,《世界经济与政治论坛》2005 年第 2 期。

ATKIN D, 2012. Endogenous skill acquisition and export manufacturing in Mexico (No. w18266). National Bureau of Economic Research.

AUTOR D H, DORN D, HANSON G, 2013. The China syndrome: local labor market effects of import competition in the United States. *The American Economic Review*, 103 (6): 2121 – 2168.

AVALOS A, SAVVIDES A, 2006. The manufacturing wage inequality in Latin America and East Asia: openness, technology transfer, and labor supply. Review of Development Economics, 10 (4): 553 – 576.

BECKER G S, 1962. Investment in human capital: a theoretical analysis. *The Journal of Political Economy*, 70 (5): 9 – 49.

BECKER G S, MURPHY K M, TAMURA R, 1994. Human capital, fertility, and economic growth// Human capital: a theoretical and empirical analysis with special reference to education (3rd Edition). The University of Chicago Press: 323 – 350.

BERMANE, BOUND J, GRILICHES Z, 1994. Changes in the demand for skilled labor within US manufacturing: evidence from the annual survey of manufacturers. *The Quarterly Journal of Economics*: 367 – 397.

BERNARD A B, JENSEN J B, LAWRENCE R Z, 1995. Exporters, jobs, and wages in US manufacturing: 1976 – 1987. Brookings papers on economic activity. Microeconomics, 1995: 67 – 119.

BORGAS G J, TREEMAN R B, KATZ L F, DINARDO J, ABPWD J M, 1997. How much do immigration and trade affect labor market outcomes? Brookings papers on economic activity, 1997 (1): 1 – 90.

CHEN Z, GE Y, LAI H, WAN C, 2013. Globalization and gender wage inequality in China. World Development, 44: 256 – 266.

DAVID H, DORN D, HANSON G H, 2013. The China syndrome: local labor market effects of import competition in the United States. *The American Economic Review*, 103 (6): 2121 – 2168.

DEARDORFF A V, 2000. Factor prices and the factor content of trade revisited: what's the use? *Journal of International Economics*, 50 (1): 73 – 90.

DEARDORFF A V, STAIGER R W, 1988. An interpretation of the factor content of trade. *Journal of International Economics*, 24 (1 – 2): 93 – 107.

DIAO X, ZHANG Y, SOMWARU A, 2000. Farmland holdings, crop planting structure and input usage (No. 62). International Food Policy Research Institute (IFPRI).

DIXIT A, NORMAN V, 1980. Theory of international trade: a dual, general equilibrium approach. Cambridge University Press.

FEDERMAN M, LEVINE D I, 2005. The effects of industrialization on education and youth labor in Indonesia. Contributions to Macroeconomics, 5 (1): 1 – 32.

FEENSTRA R C, HANSON G H, 1996. Globalization, outsourcing, and wage inequality. *The American Economic Review*, 86 (2): 240.

GOLDBERG P K, PAVCNIK N, 2007. Distributional effects of globalization in developing countries. *Journal of economic Literature*, 45 (1): 39 – 82.

HASKEL J E, SLAUGHTER M J, 2003. Have falling tariffs and transportation costs raised US wage inequality? Review of International Economics, 11 (4): 630 – 650.

HERING L, PONCET S, 2010. Market access and individual wages: evidence from China. The Review of Economics and Statistics, 92 (1): 145 – 159.

JOHNSON G, STAFFORD F, 1999. The labor market implications of international trade. Handbook of Labor Economics, 3: 2215 – 2288.

JOHNSON H B, 1967. The location of Christian missions in Africa. Geographical Review: 168 – 202.

KLENOW P J, RODRIGUEZ-CLARE A, 2005. Externalities and growth. Handbook of economic growth, 1: 817 – 861.

KRUGMAN P, LAWRENCE R, 1993. Trade, jobs, and wages. National Bureau of Economic Research, No. w4478.

KRUGMAN P. COOPER R N, SRINIVASAN T N, 1995. Growing world trade: causes and consequences. Brookings papers on economic activity, 1995 (1): 327 – 377.

LAWRENCE R Z, SLAUGHTER M J, HALL R E, DAVIS S J, TOPEL R H, 1993. International trade and American wages in the 1980s: giant sucking sound or small hiccup? Brookings papers on economic activity. Microeconomics, 1993 (2): 161 –226.

LEAMER EE, 2000. What's the use of factor contents? *Journal of International Economics*, 50 (1): 17 –49.

MCMANUS T C, SCHAUR G, 2015. The effects of import competition on health in the local economy. The Effects of Import Competition on Health in the Local Economy. Working Paper.

MENON N, VAN DER MEULEN, RODGERS Y, 2009. International trade and the gender wage gap: new evidence from India's manufacturing sector. World Development, 37 (5): 965 –981.

MITCHENER K J, YAN S, 2014. Globalization, trade, and wages: what does history tell us about China? International Economic Review, 55 (1): 131 –168.

MURPHY K M, WELCH F, 1992. The structure of wages. *The Quarterly Journal of Economics*: 285 –326.

NUNN N, 2009. Christians in colonial africa. Unpublished manuscript.

NUNN N, 2010. Religious conversion in colonial Africa. *The American Economic Review*, 100 (2): 147 –152.

PANAGARIYA A, 2000. Evaluating the factor-content approach to measuring the effect of trade on wage inequality. *Journal of International Economics*, 50 (1): 91 –116.

PIERCE J R, SCHOTT P K, 2012. The surprisingly swift decline of US manufacturing employment . National Bureau of Economic Research, No. w18655.

PIERCE J R, SCHOTT P K, 2016. Trade liberalization and mortality: evidence from US counties. Yale mimeo.

QIAN N, 2008. Missing women and the price of tea in China: the effect of sex-specific earnings on sex imbalance. *The Quarterly Journal of Economics*, 123 (3): 1251 – 1285.

ROBERTSON R, 2004. Relative prices and wage inequality: evidence from Mexico. *Journal of International Economics*, 64 (2): 387 – 409.

SACHS J D, SHATZ H J, DEARDORFF A, et al. , 1994. Trade and jobs in US manufacturing. Brookings papers on economic activity, (1): 1 – 84.

SEN A, 1990. More than 100 million women are missing. The New York Review of Books.

SEN A, 2003. Missing women-revisited: reduction in female mortality has been counterbalanced by sex selective abortions. British Medical Journal, 327 (7427): 1297 – 1299.

VERHOOGEN E A, 2008. Trade, quality upgrading, and wage inequality in the Mexican manufacturing sector. *The Quarterly Journal of Economics*, 123 (2): 489 – 530.

WANTCHEKON L, 2012. Mobilité sociale des premiers eleves du benin (1864 – 1922) . Base de données, IREEP, Cotonou (Benin): 703 – 757.

WANTCHEKON L, KLASNJA M, NOVTA N, 2015. Education and human capital externalities: evidence from colonial Benin. *The Quarterly Journal of Economics*, 130 (2): 703 – 757.

WOOD A, 1995. How trade hurt unskilled workers. *The Journal of Econom-*

ic Perspectives, 9 (3): 57 – 80.

XU B, LI W, 2008. Trade, technology, and China's rising skill demand. Economics of Transition, 16 (1): 59 – 84.

ZENG Y, TU P, GU B, XU Y, LI B, LI Y, 1993. Causes and implications of recent increase in sex ratio at birth in China. Population and Development Review, 19 (2): 283 – 302.

第五章 微观贸易大数据应用之四：和中国相关的对外贸易政策

中国经济的对外贸易依存度高，因此对外贸易政策是中国重要的经济政策。中国的对外贸易政策经历了由国家管控到以市场化为导向的变革，不同时期的对外贸易政策是中国的经济目标与外交目标在不同阶段的体现。除去和其他国家相类似的贸易政策，如反倾销、反补贴政策之外，中国还有一些具有中国特色的对外贸易政策，这一方面是中国产业调节政策的一部分，另一方面又在中国经济长期发展的过程中起到了实验性的作用。

本章旨在介绍和中国相关的贸易政策以及利用微观贸易大数据对这些政策影响加以研究。这些政策具体包括：①中国进出口经营权的逐步放开，即进出口经营权从最初的由少数国有贸易公司掌握，逐步转化成生产企业可以自主出口。②中国通过出口退税政策调节出口，因为退税额度在企业考虑出口还是内销的抉择方面起到了重要的作用。③贸易公司在中国出口中的地位。一方面，中国的贸易公司和其他国家的贸易公司类似，能够匹配买卖双方、进行质量监督保障；另一方面，由于中国对通过贸易公司出口和通过生产型企业出口的企业实施不同的出口退税政策，贸易公司还会扮演避税的灰色角色。④随着中国的外贸进程，中国又开展了进出口加工区、保税区、自贸区等多种税收优惠政策。加工贸易是中国重要的贸易政策。

◇◇ 第一节 进出口经营权的放开

和国内贸易不同，进出口经营权作为一种特殊的权利，长期受到管控，自新中国成立以来，中国经历了漫长的下放进出口经营权的过程。

第一个阶段为新中国成立初期。在新中国成立初期，为了服务于国家整体的计划经济体制，对外贸易实行指令性计划管理，由国家统负盈亏。根据 1950 年贸易部颁布的《对外贸易管理暂行条例》及其实施细则，进出口贸易由少数几家国有专业外贸公司垄断经营，即在中央人民政府贸易部辖下设有专营与社会主义国家贸易的中国进口公司、专营与资本主义国家贸易的中国进出口公司及其他分管出口和收购业务的贸易公司。1953 年，依托"一五"计划，在全国范围内成立了 14 个专营特种商品的专业进出口公司和 2 个外贸运输公司。

　　第二个阶段为新中国成立初期至"文化大革命"结束。1953—1977 年，受政治斗争所累，中国对外贸易体制改革止步不前，进出口经营权仍主要由中央政府把控。在此期间，外贸企业主要采取条块式的管理模式，即中央政府管理总公司，总公司与地方政府共同管理分公司。国家计划委员会与对外经济贸易部（以下简称外经贸部）下达进口与出口计划后，由专业进出口公司负责对外洽谈并签订合同。此种制度的弊端在于生产部门与市场脱节，不能及时根据需求调整生产。同时，外贸公司依托国家计划，由国家统包盈亏，缺乏市场性激励。

　　第三个阶段为改革开放初期至 20 世纪 90 年代中期，进出口经营权被逐步松绑。1978 年后，中国步入了改革开放的新时期，企业的进出口经营权开始逐渐下放。各级政府学习贯彻党的十一届三中全会的精神，认真执行公报所写的"现在我国经济管理体制的一个严重缺点是权力过于集中，应该有领导地大胆下放，让地方和工农业企业在国家统一计划的指导下有更多的经营管理自主权；应该着手大力精简各级经济行政机构，把它们的大部分职权转交给企业性的专业公司或联合公司"。以 1978 年国务院常务会议批准一机部成立中国机械设备进出口公司为标志，中央政府各主管生产的部门开始成立其主营产品的进出口总公司，外经贸部垄断进出口的局面开始被打破，进入了进出口专业化经营的新时代。

　　1984 年 9 月，国务院批准《关于外贸体制改革意见的报告》

并发出通知，指出外贸体制改革下一步是"实行进出口代理制，改进外贸经营管理；改革外贸计划体制，简化计划内容"。在此基础上，一大批地方性的专业外贸公司如雨后春笋般涌现。1988年2月，国务院出台《关于加快和深化对外贸易体制改革若干问题的规定》，推动了进出口经营权进一步下放。文件规定，"少数商品由外贸和工贸进出口总公司承包并统一经营，不下放的部分工贸总公司仍由其承包经营。各外贸进出口总公司和部分工贸进出口总公司的地方分支机构（经营国家统一经营出口商品的有关企业除外）与总公司脱钩，作为企业法人，下放地方管理，财务上与地方财政挂钩"，地方在进出口贸易中的作用增强。随后，外经贸部批准成立了六大进出口商会和若干商品分会，负责外贸企业间的协调工作。1993年《出口商品管理临时细则》与1994年《进出口商品经营管理暂行办法》规定除少数大宗、垄断性较强的商品由中央所属的外贸公司出口外，其余商品一律放开经营，地方在对外贸易中的地位不断增强。1994年5月，第八届全国人民代表大会常务委员会第七次会议通过《中华人民共和国对外贸易法》，将上述改革以法律的形式确定下来。

第四个阶段为从20世纪90年代中后期到2004年，进出口经营权的改革进一步深化，最终从审批制转变为申报制，达到了完全放开。1998年11月，中共中央办公厅与国务院办公厅联合公布《中共中央办公厅、国务院办公厅关于中央党政机关与所办经济实体和管理的直属企业脱钩有关问题的通知》，文件规定中央党政机关必须在 1998 年年底以前与所办经济实体和管理的直属企业完全脱钩，不再直接管理企业。各专业外贸总公司同外经贸部脱钩，为接下来的现代企业制度改造做了充足准备。之后，国家取消了对外贸企业的指令性计划与财政优惠。

同时，进出口企业经营资格也在不断放宽。1999 年，《中华人民共和国对外贸易经济合作部关于调整企业申请进出口经营权的资格条件及加强后期管理有关问题的通知》放宽省属外贸公司，地（市）、县所属外贸公司，对外承包劳务公司和有外经权的设计院，外贸公司子公司的设立条件；允许生产企业申请成立进出口公司。《中华人民共和国对外贸易经济合作部关于调整企业申请进出口经营权的资格条件及加强后期管理有关问题的通知》重申并确立了之前对获得外贸自营权的大中型企业、私有企业、乡镇企业、外资合营企业等多个经济主体的改革成果。2000 年《对外贸易经济合作部关于调整私营生产企业和科研院所申请自营进出口经营权资格条件的通知》，宣布私营生产企业和科研院所申请自营进出口权的资格条件按国有、集体生产企业和科研院所的标准执行，实际上降低了申请标准。2003 年《关于设立中外合资对外贸易公司暂行办法》放宽了中外合资外贸公司的设立标准。

1999 年开始，中国政府对外贸经营权逐渐开始施行由审批制向备案登记制的改革。1999 年，《对外贸易经济合作部关于对国有、集体所有制的科研院所和高新技术企业实行自营进出口权登记制的通知》，对全国公有制科研院所和高新技术企业实行自营进出口权登记制试点。2001 年，外经贸部发布《关于进出口经营资格管理的有关规定》，确定对"进出口经营资格实行登记和核准制，遵循自主申请、公开透明、统一规范、依法监督的原则，各类所有制企业（外商投资企业、商业物资、供销社企业、边境小额贸易企业，经济特区、浦东新区企业除外，下同）进出口经营资格实行统一的标准和管理办法"。同时，对企业的进出口经营资格区分外贸流通经营权和生产企业自营进出口权管理，不再单列贸易方式。但以上文件主要针对经济特区生产企业、国家千户重点企业和国有大型工业企业。

第五个阶段为 2004 年之后，2003 年《外经贸部关于对国有、集体生产企业实行自营进出口权登记制的通知》规定在全国范围内对国有、集体生产企业自营进出口权实行登记制改革。同年颁布的《商务部关于调整进出口经营资格标准和核准程序的通知（现行规定）》则进一步放宽注册要求，"除对注册在中西部地区的内资企业申请进出口经营资格实行优惠条件外，对在中华人民共和国关境内注册的所有内资企业在进出口经营资格管理方面实行统一的政策"。上述条款于 2004 年起开始实施。2004 年颁布的《中华人民共和国对外贸易法》与《对外贸易经营者备案登记办法》将备案登记制的适用范围扩展到全国各所有权制的企业。

总体来说，中国进出口经营权经历了由外贸部向中央其他部委转移，由中央向地方转移，由国企垄断向多元化主体转变三个阶段。以设立外贸企业由审批制向备案登记制转变为标志，进出口经营权下放基本完成改革目标。中国进出口经营权逐步下放的过程和需要事件见表5—1。

表5—1　　　　中国进出口经营权逐步下放的过程和重要事件

重要年份	主要事件
1949—1952	贸易部垄断对外贸易，根据贸易地区建立进出口贸易公司
1953—1977	对各种贸易商品建立不同的进出口贸易公司，采取条块式管理模式
1978	十一届三中全会提出下放进出口贸易权，中央政府各主管生产的部门开始成立其主营产品的进出口总公司，外经贸部垄断进出口的局面开始被打破，进入了进出口专业化经营的新时代
1994	新中国第一部对外贸易法律面世，以法律的形式确定了之前有关加强地方政府在对外贸易中作用的一系列改革文件
1998	中央宣布在1998年年末之前完成各专业外贸总公司同外经贸部脱钩
1999	以《对外贸易经济合作部关于对国有、集体所有制的科研院所和高新技术企业实行自营进出口权登记制的通知》为标志，开始了对外贸易经营权由审批制向备案登记制的改革
2004	1994年对外贸易法的修订版本问世，将备案登记制的适用范围扩展到全国各所有权制的企业

◇◇ 第二节　中国的出口退税政策

一　中国出口退税政策的演变

出口退税是指对出口货物和劳务免除退还其在国内各环节征收的流转税的一种制度（王孝松等，2010），税务机关通常会返还给出口商在生产和分配过程中已经支付过的间接税（如增值税）。如陈平和黄健梅（2003）指出，出口退税的目的是使本国出口产品可以以不含税的价格进入国际市场，有利于出口货物和劳务在国际市场上公平竞争。出口退税间接提供了针对出口商的补贴，相比其他的出口类贸易政策工具来说，增值税退税的独特之处在于它是国际贸易的通常做法，是被世界贸易组织认可的。世界贸易组织允许其成员以上缴额为限向出口商返还这部分税款，即只要退税率不超过实际征收的税率，这种做法在 GATT／WTO 框架下就是被允许的。出口退税作为一项被 WTO 允许的政策工具，是在多边贸易体制下为避免国家间重复征税而在国际上形成的通行做法，是经济全球化趋势下国际间接税协调的重要方式（苏东海，2009），为许多国家的政府所使用。

中国出口退税政策大致经历了如下一些步骤的演变。

第一，在早期的计划经济体制下，受到对外经济贸易政策和财税体制的影响，中国没有形成相对完整系统的出口退税制度，因此出口退税政策表现为时征时停，税收也没有对进出口外贸发挥调节功能（赵丽丹，2008）。

第二，改革开放之后，中国的经济制度逐渐由计划经济向社会主义市场经济过渡，进出口贸易也由中央财政统负盈亏，转变为外贸企业独立核算、自负盈亏、自主经营。并且这一时期，中国面临着外贸逆差和外汇储备不足的问题，为了拉动国内需求，扩大对外贸易规模，促进国内产品出口创汇，财政部、国家税务总局等有关部门开始探索建立并完善进出口税收和出口退税制度。1985 年，中国正式确立了进口征税、出口退税的现行退税制度。[①] Cui（2003）的记录表明，中国在 1985 年实施了出口退税政策，并于 1988 年贯彻"全额退款"原则。1988 年又进一步确立了"征多少、退多少、未征不退和彻底退税"的原则（苏东海，2009），并且在地方设立进出口税收管理机构。早期，出口退税所产生的财政负担主要是根据出口企业的隶属关系在中央和地方之间分配。随后中央为了促进对外贸易发展，规定自 1988 年 1 月 1 日起，出口产品应退产品税、增值税、营业税税款，一律由中央收入退付。[②]但仅一年后中央由于财政压力要求严格限制出口退税规模（王殿志，2007），并于 1991 年重新规定中央与地方的分担比例为：地方负担计划内退税的 10% 以及地方计划外退税，中央负担其余计划内退税。[③] 1992 年这一比例又提高到 20% 。

第三，1993 年 12 月国务院通过的《中华人民共和国增值税暂行条例》和《中华人民共和国消费税暂行条例》正式规定了纳税人的出口货物适用的增值税和消费税税率为零并且在海关办理出口手续后，按月向税务机关办理出口货物退税。新的出口退

---

① 参见《关于对进出口产品征、退产品税或增值税的规定》（国务院〔1985〕43 号）。

② 参见《关于出口退税产品若干问题的规定》（税字号〔1987〕345 号）。

③ 参见《关于实行出口产品退税由中央财政和地方财政共同负担的通知》（国发办〔1991〕7 号）。

税制度按照增值税和消费税法定税率进行退税，这将平均退税率由 11.2% 提高到 16.6%（刘娜，2008）。1994 年开始正式实施税制改革后，旧的工业和商业标准税（工商统一税）被新的增值税制度取代。原则上，投入阶段收取的增值税可全额退还。1994 年，伴随着中国全面财政体制改革以及确立的现行的税收制度，中国逐渐开始建立与增值税和消费税相协调的出口退税制度。起初，随着出口的迅猛增长，退税额日益增加，但这只持续了很短的时间。由于增值税退税已经被视为预算支出而非权利，中央政府面临预算短缺，被迫在 1995 年和 1996 年两次降低退税率。[①]出口退税率的提高刺激企业扩大出口，从而促进了出口贸易规模（Chao et al.，2001，2006）。但由于当时中国的税收征管水平还不高，企业实际缴纳的增值税率远低于法定税率，这就造成了大量出口企业"少征多退"以及"出口骗税"现象，同时增加了财政负担。在这一背景下，中国在 1995 年和 1996 年两次大幅度下调了出口退税率[②]，分别由 10% 和 14% 两档下调为 3%、6%、9% 三档。理论上，大幅调低出口退税率不利于提高企业出口积极性，而实际上，这也确实导致了外贸增速大幅回落。

[①] 中央政府 2000—2003 年负责所有的增值税退税。2004 年，中央政府以 2003 年的退税额作为基准；基准内，中央政府仍然负责所有税收退还；超过基准，地方政府分担 25% 的退税负担，这一比例在 2005 年调整为 7.5%。

[②] 参见《国务院关于调低出口退税率　加强出口退税管理的通知》（国发〔1995〕3 号）、《国务院关于调低出口货物退税率的通知》（国发〔1995〕029 号）。

为了对抗 1997 年亚洲金融危机的负面冲击以及促进出口，对于不同的出口商品，中国从 1998—1999 年 9 次提高了出口退税力度。而自 2004 年以来，中国已经降低了调整频率。[①] 此后，为了应对 1997 年亚洲金融危机产生的冲击，1997—2003 年，财政部和国税总局针对不同行业和出口产品开始不断上调出口退税率，大多数产品的退税率恢复到下调前的水平。1994 年以后，由于分税制改革使得"两个比重"不断增加，中央财力极大增强。因而在 1994—2003 年这一时期，出口退税的分担基本过渡为在地方政府定额上解退税基数的基础上由中央财政统一退税的格局（吕凯波，2016）。

第四，2003 年以后，随着中国于 2001 年加入 WTO，中国依靠廉价劳动力以及在劳动力密集型的制造业企业的比较优势逐步成为世界工厂。出口迅速增长也带来了人民币升值的压力。并且，由于快速增加的出口退税额极大加重了中央财政负担，导致拖欠退税款的现象严重（赵丽丹，2008）。在这一背景下，2003年 10 月国务院出台了酝酿已久的《关于改革现行出口退税机制的决定》（国发〔2003〕24 号），这标志着出口退税新政的实施。改革的主要内容包含：①对于累计欠税的解决办法，累计欠退税由中央财政负担；②对出口退税率的结构性调整，适当降低出口退税率，对国家鼓励出口产品不降或少降，对一般性出口产

---

①　参见通函〔2003〕222 号：在 2003 年 10 月由财政部和国家税务总局联合下发的《关于调整出口货物退税率的通知》。

品适当降低，对国家限制出口产品和一些资源性产品多降或取消
退税；③加大中央政策对出口退税的支持力度，从 2004 年起，
中央进口环节增值税、消费税收入增量首先用于出口退税；④建
立中央和地方共同负担出口退税的新机制。以 2003 年出口退税
实退指标为基数，对超基数部分的应退税额，由中央和地方按
75：25 的比例共同负担。通过出口退税改革，逐步建立了科学、
规范的出口退税管理政策，缓解了欠税矛盾，并且中央开始以出
口退税率为工具，优化出口产品，推进外贸体制改革。2007 年 1
月，中国财政部和国税总局会同国家发改委、商务部、海关总署
再次下调了出口退税率①，共涉及 2831 项商品，约占海关税则
中全部商品的 37%，并且对于"二高一资"产品和易引起贸易
摩擦的商品大幅降低退税率（白重恩等，2011）。2008 年 7 月、
2009 年 5 月，中国又多次上调出口退税率，以此来应对 2008 年
全球经济危机给企业出口、经济增长以及就业所带来的冲击
（王孝松等，2010）。

二 中国出口退税政策的作用

理论上而言，传统的贸易理论如 Feldstein 和 Krugman
（1990）认为适用目的地原则且全额退还的增值税系统对进出口
的影响是中性的，即对进出口量不会产生影响。同时，他们也证

---

① 参见《财政部、国家税务总局关于调低部分商品出口退税率的通知》（财税
〔2007〕90 号）。

明了未得到全额退税的这部分增值税的作用与传统的出口税类似，会减少贸易量。这其实也暗示着给定增值税税率时，增值税退税与贸易量存在正相关关系。Keen 和 Syed（2006）运用 OECD 国家 1967—2003 年的数据发现，对增值税收入的依赖可能造成该国净出口急剧下降，尽管这种影响在长期中会消失。他们认为经典贸易理论对增值税对于出口的中性影响与实证中发现的负相关关系的差异可能是由于模型假设在现实中不成立。他们提到如果外汇汇率是完全富有弹性的，同时对贸易品和不可贸易品征收统一的增值税率，如果出口退税是全额偿还的，则出口退税是中性的。Desai 等（2005）发现对发展中和发达国家而言，增值税收入依赖度对出口密集度和出口份额有显著的负面影响。

在实践中，中国的出口退税政策是部分退税制度，即绝大部分的产品都无法得到全额退税。因此如理论模型上的推论所说，在控制了其他因素之后，退税比例越高的产品，出口量会越大。同时，和其他国家不同，在中国，出口退税不仅仅是一项和出口相关的政策，在实践中，出口退税的额度常常在时间维度和产品维度上都会有大幅度的改变。政府调整出口退税额度体现了其多重政策目标，包括出口目标、宏观经济调节、解决贸易冲突、产业补贴政策、治理环境污染、中央和地方财政协调等多个方面。

第一，出口退税政策的变化最直接的影响会反映在出口量上。从 2003—2015 年的 10 多年间，中国政府频繁调整出口增值税退税水平，Gourdon，Monjon 和 Poncet（2014）探究了这段时间中国增值税出口退税政策变动对中国出口量的影响。对于一般贸易（normal trade）和进料加工贸易（processing with imported materials）而言，它们可以得到出口退税。然而，对于来料加工贸易（processing with supplied materials）而言，因为原始进料的部分没有纳税，就没有退税。因此，理论上来说，出口退税对前者的影响更大。他们分析了中国 2003—2015 年在 HS – 6 位产品编码上商品出口数量数据（数据来自中国海关总署）和出口退税率（数据来自中国海关总署公布的关税年鉴）。他们发现，中国的增值税退税率每上升（下降）1%，就能带来 7% 的出口数量增长（减少），出口退税对出口有显著的正面影响，但对于来料加工贸易而言，这种影响变得不再显著。这一发现有助于理解中国在世界经济低迷时出口仍保持增长的原因，而且意味着如果中国像西方国家一样实行完全的出口退税，其出口量可能增长 45%。

同时，Chandra 和 Long（2013）也利用中国的企业层面数据找到增值税、增值税退税及贸易量的直接关系。他们利用中国统计局发布的 2000—2006 年工业企业数据年度报告，将不同地区不同产业各企业的出口增长率对平均增值税退税率进行回归，并控制了企业层面的固定效应。他们发现，出口退税率每上升 1%，出口量就降低 13%。换句话说，出口商每得到 1 美元的出口退税，就能提高 4.7 美元的出口。同时，他们也考虑了政策内生性的问题。如果政府在提高出口退税的同时采取其他促进贸易的政策，或对出口增长有潜力的商品提高其退税率，这些内生的相关政策意味着简单的 OLS 回归可能高估增值税退税对出口的影响。因此，他们使用 2004—2006 年中国各地方政府的财政状况为出口退税的一个工具变量。在此期间，财政压力迫使中国政府调整出口退税税率，于是，政府的财政状况与出口退税税率高度相关，而与各企业的出口量近乎无关。检验结果发现增值税退税对出口量仍存在大且显著的正面影响。然而，由于他们的结果基于较短的时间序列数据，这可能不是对增值税退税对出口的长期影响的恰当估计。尽管实证数据证明增值税退税在上个 10 年中有利于中国出口的增长，但不代表其作为一项贸易政策的有效性。

　　第二，近年来，出口退税的税率变化也被视作一种调节国际收支平衡的手段。Chen，Mai 和 Yu（2006）使用 Brander 和 Spencer（1985）的古诺竞争模型（Cournot Quantity Competition Model）来检验中国出口退税政策变动对出口表现、消费和外汇储备的影响。该模型说明当本国和国外两个厂商在第三国进行同质商品的贸易时，对本国企业的出口补贴会导致国外厂商利润的转移。他们在理论上推测：①当政府提高出口退税率时，国内公司生产的用于出口的最终产品的产量增加，利润上升，国外竞争者的产量和利润则会下降。②最优的出口退税税率是一个大于 1 的正数，这表明国内政府不仅要为进口中间产品的国内出口企业提供完全的退税，还应为其最终产品的出口提供补贴。在实证检验部分，他们使用《中国统计年鉴（2000—2003）》和《中国金融年鉴

（2002）》公布的 1985—2002 年出口退税和出口量数据，运用斯皮尔曼等级相关法，发现中国的出口退税政策对其出口、最终国内消费、外汇储备有着显著的正相关影响。这与之前的理论结论一致，说明对于中国这个转型经济体来说，出口退税是平衡国际收支的一个有效政策。

第三，出口退税也被视为一种调节宏观经济的手段（白重恩等，2011）。出口在中国经济中占重要的比重，当国际市场发生重大变化时，中国政府常常利用出口退税政策来刺激（提高出口退税额度）或抑制（降低出口退税额度）出口，从而带动宏观经济增长。而且其对于出口贸易规模、就业（谢建国等，2012，2013）等指标的显著影响也多次被相关实证研究所验证。谢建国和吴春燕（2013）在一个两阶段博弈模型基础上研究了出口退税对企业出口流量以及劳动需求的影响，然后采用中国2004 年 1 月至 2011 年 12 月共 96 期工业面板数据对中国出口退税政策的就业激励效果进行了实证分析。具体来说，根据国研网工业数据库、国研网宏观经济数据库、国家税务总局 2012 年 2月 21 日下发的出口退税率文库 20120201A 版文件提供的数据，将从业人员平均数代替行业就业人数，对出口退税率、实际有效汇率指数、行业固定资产投资额、行业出口交货值和销售产值进行回归。他们的研究表明，中国出口退税率的提高具有显著的就业促进效应，而这种就业促进效应具有行业差异性。其中，出口退税率（额）的提高对劳动密集型行业就业影响最大，出口退税率的提高显著地提高了中国劳动密集型产业的就业水平，而出口退税对中国资本密集型行业就业影响则相对较弱，对资源密集型行业就业甚至产生了抑制作用。他们的研究表明，如果国内出口退税政策诉求是提振出口，提升国内就业，那么，提高劳动密集型产业的出口退税水平比提高其他产业的出口退税水平作用更大。

第四，出口退税政策还起着协调中央和地方财政的关系。在过去 30 年间增值税在中央和地方间的分配比例以及出口退税在中央地方间的承担比例屡次调整。吕凯波（2016）采用 1994 年分税制改革后至 2013 年的省级面板数据定量分析了出口退税分担机制改革和财政分权对出口贸易总规模及高新技术产品出口的影响。将各地区出口总额占地区生产总值的比重或高技术行业出口交货值占地区生产总值的比重对其滞后值、出口退税分担机制改革虚拟变量和财政分权度（用财政收入分权和财政支出分权两种方式度量）、其他控制变量（如人口）进行回归。他们所用的各项数据分别来自《新中国 60 年统计资料汇编》、《中国统计年鉴》、国家统计局网站、《中国高技术产业统计年鉴》、《中国财政年鉴》、《中国金融年鉴》和《中国区域金融运行报告》。他们的研究结果表明，2004 年出口退税分担机制改革降低了地方政府发展出口贸易的积极性，而财政分权具有弱化这一负面影响的作用；由于出口退税机制设计中存在地方政府间税收输出问题，沿海省份财政分权对出口退税分担机制改革负面影响的弱化作用要比内陆省份小；出口退税政策效果在一定程度上解释了为什么 2015 年要在外需疲软的情况下将出口退税由中央地方分担重新调整为"中央全部承担、地方定额上解"的模式。

第五，出口退税政策的具体设定大大促进了中国加工贸易的发展。范子英、田彬彬（2014）指出加工贸易占中国出口贸易的一半以上，且构成中国出口企业"生产率之谜"，即出口企业的生产力低于非出口企业这一事实的关键部分，他们发现加工贸易"不征不退"的出口退税制度使其在一定程度上规避了国家调控政策的影响，获得了长期稳定发展的空间，是对加工贸易的繁荣所提出的一个合理解释。他们以 2004 年 1 月国家下调部分产品出口退税率作为外生的政策冲击，基于中国海关统计数据库提供的在政策变动前后 15 个月的基于 HS - 8 分位细分的产品月度数据，计算出每一种产品、每一种贸易方式与上年同期的增长率，并运用倍差法研究了出口退税率调整对出口贸易的影响。他们发现，下调 4 个百分点的出口退税率显著抑制了出口商品的增长率，其中一般贸易增速下降了 28%，加工贸易中的进料加工增速下降 17%，而来料加工贸易由于"不征不退"，其出口增速不受退税率调整的影响，因此，这种差异化的退税政策解释了加工贸易在中国出口贸易中占比过高的现象。

第六，除上述职能之外，出口退税政策还被运用于环境能源政策方面，例如多次调整出口退税率的条款提及要调低"高耗能、高污染、资源型"行业的出口退税率。[①]出口退税政策还被用来缓解贸易摩擦，处理外界对于人民币升值的呼声等经济外交问题上。然而，上述职能的实施效果存在争议。2007 年 7 月 1 日，中国大规模下调了出口退税率，白重恩等（2011）分析该项政策对出口产生的影响。出口退税率调整总是选择部分商品调低或者调高其出口退税率，因此可以将未调整出口退税率的商品作为控制组，调整出口退税率的商品作为实验组，通过倍差法观察两类商品出口额变化的差别，进而观察到出口退税率对出口额的影响。实证方面，他们使用的 2006 年 9 月至 2008 年 6 月来源于《中国海关统计月刊》的出口额数据，出口退税率变动情况来自《财政部、国家税务总局关于调低部分商品出口退税率的通知》。他们的实证结果表明，出口退税率下调对易引起贸易摩擦的商品出口增长率负影响显著，对"高耗能、高污染、资源型"产品的出口增长率负影响不显著。对政策动态影响和对多次政策调整的分析进一步验证了这一结果。

综上所述，出口退税政策在中国不仅仅是一项单纯的贸易政策，政府还可以通过频繁地变更出口退税率来调节经济发展。如 Liu 等（2016）所述，一项单一的出口退税政策能否承担如此多的目标是存在很多争议的。

---

① 请参阅以下链接：http://english. people. com. cn/200310/05/eng20031005_125408. shtml，在对中国经济学家林毅夫（世界银行前首席经济学家）的采访中，他明确表示，取消或削减出口退税将有助于缓解人民币升值的压力。

◇◇ 第三节　中国的贸易公司的作用

一　一般性贸易公司的产生

生产厂商可以选择直接出口或通过中介贸易公司间接出口。[①] 中介贸易公司在国际贸易中扮演着重要的角色。在美国，批发零售企业约占出口和进口总额的 24% 和 11%（Bernard，Jensen，Redding and Schott，2010）。在 20 世纪 80 年代初，300 家日本贸易公司接手了日本 80% 的贸易量（Rossman，1984）。据中国海关统计，在 2005 年间接出口占中国总出货量的 38%，其商品价值占当年出口商品的 21%。在最近关于贸易的相关文献中，针对企业层面已进行了广泛的研究，但对于中介贸易公司在其中的作用缺乏详尽的论述。基于中国部分出口商品增值税退税政策，本节着重研究间接出口背后所蕴藏着的逃税动机。

许多关于贸易中介的文献侧重于研究贸易中介机构或中间商的合法作用，如保证产品质量，匹配买卖双方提供流动性以及合同执行上。

第一，贸易公司的一个最重要的职能是匹配买家和卖家。正

---

① 中介贸易公司在出口退税的过程中所扮演的角色分为两种情形：生产厂商将产品卖给中介贸易公司，并由中介公司负责退税；另一种情况，中介公司只负责寻找买家，退税由生产厂商自身负责。我们分析的重点是第一种情况，因为对于另一种情况我们无法直接观测。

如 Spulber（1996）所言："中介机构建构了大多数市场的基本微观结构，如制定买卖价格、管理库存、供应信息和协调交易。"Spulber（1996）强调贸易中介在美国经济中所扮演的重要角色，认为其主要职能有调整价格和出清市场、为市场提供流动性以及通过变动库存保证市场商品供给的连续性、匹配交易的买家和卖家、搜寻市场信息降低供求双方的信息成本、提供担保和管控来分别减少市场中的逆向选择和道德风险问题。贸易中介为大多数市场提供不可或缺的微观结构。在微观经济学中，贸易中介的存在解释了市场是如何达到均衡以及市场如何根据供求变动做出调整。同样的，贸易中介对宏观经济学的发展也有着相当重要的经济含义。由菜单成本和其他因素导致的价格刚性以及库存的波动在经济周期中具有举足轻重的作用，更好地理解贸易中介的定价行为和库存调整机制能够为剖析经济周期提供更加充分的思路。

　　第二，贸易中介公司通过作为质量担保减轻了逆向选择。Freenstra 和 Hanson（2004）认为中国香港在连接中国大陆与世界的贸易中扮演了非常重要的中介角色，尤其是在匹配国外买家和中国大陆生产商方面提供了相当有效的信息资源。国外买家在从中国大陆进口商品时并不知道该从哪个厂商入手，这个时候香港的贸易企业作为中介，通过质量管控来促进贸易的开展。其中一种典型的模式就是香港从世界各地采购原材料，加工为半成品或者直接将原材料出口到中国大陆，以外包的形式在大陆进行进一步的加工，完成制成品，再通过香港出口到全世界。香港紧邻大陆，特别是与重要加工地广州邻近，所以香港具有独特的信息优势，香港的贸易企业比较容易了解哪些中国大陆的企业生产的产品能够符合国外的质量标准，同时也擅长引导国外的购买者选择中国大陆生产的商品。作为中间人，香港的贸易企业能够有效地抑制逆向选择问题，因此，它们也会得到由信息优势产生的经济租金，即国外购买者支付价格与中国大陆生产商收益价格之间的差价。

第三，贸易中介减轻了贸易中的搜索摩擦。Rauch 和 Watson（2004）建模分析表明国际贸易中贸易中介的出现是厂商搜索摩擦的结果。Rauch 和 Watson（2004）认为随着关税和运输成本等传统的国际贸易壁垒重要性的下降，研究者们的注意力更多地关注到了贸易中的非正式贸易壁垒。缺乏关于国际贸易机会的信息就是其中一种重要的形式（Portes and Rey，1999）。出口企业如果想要获取这些信息，就必须要掌握贸易中介所拥有的"深度知识"（Rhee and Soulier，1989），即关于外部市场/买家和当地生产能力/生产者的有效信息。这些信息帮助贸易企业在匹配买家和生产厂商时减少搜寻信息的阻力，提高匹配的效率和成功率。拥有信息优势的贸易中介可以说是通过出售沟通渠道与网络来获得收益（Rauch and Casella，2003），许多日本、韩国和中国香港的企业就是很好的例子。在作者设定的模型当中，拥有国外关系网的贸易机构可以自己利用关系网络，也可以把关系网络提供给别的生产企业使用，这时候它们就成为关系网络中的中介了。

正因为贸易公司降低搜索成本的功能，Bernard 等（2010）发现当美国商品出口到更小的市场时，中介公司有着更高的市场占有率，且在与农业相关的贸易批发中占据主导地位。Bernard 等（2010）认为传统的国际贸易模型假设某个国家的生产厂商是与另一个国家的最终消费者直接进行交易的，而现实的贸易活动则涉及大范围的批发和零售网络。这些关系网络很有可能影响贸易摩擦的规模和性质，进而影响贸易模式和贸易所得。作者检验了美国进出口流量中通过贸易中介（批发和零售）完成的流量相对于不通过贸易中介（直接由生产商卖给消费者）实现的比例，研究发现，尽管专职的批发商在数量上多于专职的生产者，但是批发商的规模平均而言还是较小，在贸易产品的价值中所占比重偏低；专职的批发商主要集中在农业领域，而专职的生产者则分布在各个产业中；专职的批发商对市场规模的敏感度较低，并且从中国等低工资国家大规模进口商品。

此外，Antras 和 Costinot（2011）也研究了在贸易中介的帮助下由贸易自由化而降低的搜寻摩擦所造成的福利影响。他们试图建立一个涉及国际贸易中介的简单模型。模型假设一个包含两个岛屿和两种代理人（农民和交易商）的经济体。其中农民生产两种商品，并在同一个市场（瓦尔拉斯市场）上出售。他们须与交易商联系，而联系耗费搜寻成本。在假定不存在搜寻摩擦的情况下，他们的模型与标准的李嘉图贸易模型得到的结果类似。Antras 和 Costinot（2011）使用这个简单的模型分析允许不同岛屿的贸易商之间交易货物的贸易自由化的影响。结果发现贸易中介的出现往往能通过减少农民和贸易商之间的搜寻成本来增加市场一体化的收益。但是在此过程中，总损失的可能性会增大，从而使得福利水平与之前相比有些许不同。这部分福利损失可以通过歧视外国贸易商的政策、最小化国内贸易商支取的利润来避免。

第四，贸易中介也帮助减少了贸易中的不确定性。Felbermayr 和 Jung（2011）考察了在目的地国家贸易中介敲竹杠的影响，强调了产品的特异性关系。研究商业的文献表明，在实际操作中，出口商通过中介或派出本方外国出口代表来进行对外贸易，而之前的标准贸易模型忽视了这一选择。他们发展了生产者间异质并存在比较优势，以此解释贸易中介内生出现原因的模型。具体来说，贸易中介允许生产者以较低的固定成本进入外国市场，但缺少跨国可强制执行的合同在一定程度上减少了可变收入。生产者根据自己的特点选择不同的出口模式。模型结果表明，当外国的征用风险越大，契约摩擦越少，生产者的异质性和变量间的替代弹性越低时，贸易中介的相对优势越大。在模型中作者还纳入了双边贸易和外商直接的存量投资作为模型的补充。之后，Felbermayr 和 Jung（2011）还利用美国国家统计局公布的关联方与非关联方交易的比例作为贸易中介的占比情况，发现实证研究证实了这一结论。

第五，一些文献还发现中介贸易与有着固定贸易成本的各类代理间存在正向关系。例如，Akerman（2013）提供了对国际贸易中批发商和其他贸易中介存在性的理论解释，并分析了他们在包含异质性企业的经济中的作用。一般来说，出口企业在建立国外市场的销售网络时需要支付固定成本。批发商与普通出口企业的区别在于可以通过转手贸易同时交易多件产品，因此批发商面临一个凸性并且随着出售商品数量单调递增的额外固定成本。批发商的进入客观上造成了一种生产力水平排序，其中生产力最高的企业支付固定成本自己出口，但许多处于中间生产力水平的企业通过国际批发商出口。当出口固定成本提高时，出口总价值量所占份额和通过批发商出口的商品范围增加。此时批发商的作用增强，这是因为他们可以把这种固定成本分摊到多种商品上。在这种意义上，批发商代表了一种范围经济的概念。最后，作者发展了一个包含多边阻力变量（multilateral resistance variable）对贸易伙伴批发商的数量有影响的引力模型。在此模型中，批发商的存在降低了国家的价格指数，缓和了固定贸易成本对价格水平的正向影响。使用瑞典企业层面数据的实证分析证明了以上模型的主要结论。

第六，Bernard，Grazzi 和 Tomasi（2011）分析了导致出口贸易中介出现的因素，并探究了其对贸易量的影响。一般来说，诸如批发商的出口中介与直接出口商在出口的产品种类与参与贸易的市场上都有所不同。特别的，针对特定市场较高的出口固定成本，缺乏普遍的合同环境（contract environment）以及对特定产品的技术要求等因素能基本解释出口中介的存在原因。这种通过中介和直接出口的区别在贸易流方面表现得更为明显。出口中介承受更高的国家和产品出口固定成本的能力意味着他们能更好地应对外部冲击。比如，中介和直接出口商装运的总出口价值量、出口产品的价格和数量在外汇汇率波动时存在不同的变化趋势。间接出口商占比较大的经济体总出口量受实际汇率变动影响小于直接出口商占优的经济体。

第七，Ahn，Khandelwal 和 Wei（2011）以及 Tang 和 Zhang（2012）专门研究了中国出口的贸易中介。Ahn，Khandelwal 和 Wei（2011）建立一个模型来分析拥有不同生产率水平的企业会选择直接出口、间接出口还是不出口。在他们的模型中，生产率最高的企业会选择直接出口，中间水平的企业选择间接出口，低生产率企业选择不出口。他们还提供实证证据证明在更难渗透进入的市场中，中介机构会发挥更重要的作用。Tang 和 Zhang（2012）研究了中介机构在质量差异及发送信号中的作用。他们通过建立生产力异质模型检验中介机构起到了质量验证的作用。他们区分了水平差异和垂直差异，即消费者偏好的替代弹性和质量差异。假设公司不能在事前将生产商和中介间的贸易盈余划分写在合同中，那么从生产者的角度来看，中介机构对于质量调查的投资是不足的，因为这样的低投资尤其不利于高质量产品，我们应该会看到间接出口和垂直差异间存在一个负相关关系。对于那些具有更高水平差异（低替代）的产品，质量问题并不那么重要，所以他们的模型预测贸易中介的流行与产品水平差异间存在正相关关系，这与 Feenstra 和 Hanson（2004）的结论是一致的。现有的研究表明贸易中介可以起到检验产品质量的作用，本节在理论和实证上检验了这一理论在国际贸易中是否正确。他们发展了一个直接出口和通过贸易中介的间接出口并存，存在产品的水平和垂直差异，以及投资受产品质量信号影响的异质性企业模型。模型分析显示，当完整的贸易合约不可行时，贸易中介使得厂商依据贸易信号的投资不足。对于垂直差异更显著的产品来说，由于市场竞争较小，即使是生产低质量产品的企业也能通过贸易中介出口。以上两种机制说明了跨产品中垂直（水平）差异水平和贸易中介数量的负相关（正相关）关系。同时，该模型还证明了贸易中介在远距离国家间的贸易，在产品水平和垂直差异更显著的市场中更常见。

二 和中国的贸易公司相关的出口退税政策

中国特殊的出口增值税退税政策激励了企业更多地选择通过外贸公司出口。在中国，对于不同产品、在不同的时间段，出口增值税退税率是不同的，不像简单的基于目的地的增值税（如欧盟）。由于该制度的这一特点，出口税实际上成了一个变量，这对我们的研究结果是极为重要的，因而了解中国退税体制中和贸易公司、生产企业相关的政策背景十分必要。

自 2002 年以来，对于直接出口商或生产企业来说，出口退税最常见的方法被称为"免，抵，退"（ECR）。[①]"免"是指出口销售免征销项增值税，"抵"是指用于生产的原材料所产生的进项税可被内销的销项税额抵免，"退"是指当进项税额超过销项税额时，在一定范围内超过的部分将退还给厂商。对于中介贸易公司，该方法被称为"免，退"："免"与之前的解释一致；"退"是退换内销时缴纳的增值税。直接和间接出口的另一个区别是直接出口是基于出口的离岸价格，这是我们分析的关键，而对于贸易公司的退税是根据其国内采购价。[②] 在不同海关体制下退税政策也不同[③]，中国有两个主要的海关制度：一般贸易和加工贸易。一般贸易是指用于国内市场的进口和主要在本地制造的出口。加工贸易是指进口的材料全部或部分来自国外免税地，加工或组装后出口成品的商业活动，包括进料加工和来料加工。[④]在一般贸易下企业需要对在国内或国外的采购缴纳增值税，出口最终产品时能够获得退税。加工企业可以进口免税的材料，因而他们不会获得退税。在中国国内采购，对于不同类型的加工企

---

① 对于这种方法的详细说明，请参阅国家税务总局和财政部于 2002 年 10 月发布的通函〔2002〕7 号《进一步推进出口货物实行免抵退税办法的通知》。

② 由于贸易公司并不对商品的加价或增值（如果有的话）缴税，因而退税是根据其国内购进价。见 http://www.deloitte.com.mx/csgmx/docs/Sourcing_ from_ China_ Export_ VAT.pdf（page 2）。

③ 见国家税务总局 1994 年发布的通函〔1994〕第 31 号《出口货物退（免）税管理办法》，根据中国中央政府门户网站，该规定目前仍然有效，见 http://www.gov.cn/gongbao/content/2011/content_ 1825138.htm。

④ 它们之间的主要区别在于，来料加工企业是纯粹的加工商，没有来料或最终产品的所有权。相比之下，进料加工企业拥有进口材料的所有权并负责成品出口。

业，返利政策不同。类似于一般贸易下的出口商，加工企业使用进口。

材料出口后根据"免，抵，退"政策获得部分税收减免。相比之下，"不收不退"的增值税政策适用于来料加工贸易，这意味着没有销项增值税，因而也不会获得进项税的抵免。[①] 这表明出口增值税逃税与来料加工企业相关性很弱。出于这个原因，我们在实证研究中剔除加工贸易企业，只保留一般贸易和那些"免，抵，退"依然适用的加工贸易企业。长期以来，中国对于国内销售和外贸采用不同的税收规定：国内销售缴纳增值税；出口则无须缴纳增值税（出口前最后阶段的价值增加不缴增值税），而且通常对以前缴纳的进项税额进行退税，进口有时免征关税。

包括中国在内的国家采用以目的地为基础课税（destination-based VAT），增值税在国内交易时被收取，而在出口前会得到减免，原则上先前支付的进项税额会全部退还以保证出口厂商的竞争力。与欧盟或其他地方全额退税政策不同，中国是部分退税制度，退税额度小于等于征收额度。这一非退还的增值税额度实际上就是出口税，如（t-r），t 指法定增值税税率，r 为退税税率。[②] 出口部分的增值税是基于离岸价格收取的。在理想情况下，无论

---

① 在中国的另一方法是"先征后退"：先对出口征税之后再退还。这一方法在 2002 年以后很少使用，而我们实证分析的是 2005 年的数据。

② Feldstein 和 Krugman（1990）认为基于目的地的增值税体系应当给予出口商全额退税，不完全的退税则相当于征收了一种出口税。

是生产厂商还是中介贸易公司，离岸价格应当相同（X），并且向中介贸易公司征收的增值税不应大于 X。即使包含国内采购价格的增值税与 X 相同，直接出口都会带来税收优惠，这是因为产品间接出口时国内采购价格的增值税率正常为 14.5%，低于 X（增值税通常为 17%）。类似的，我们会发现有很多中介公司宣称他们可以帮助出口商通过间接出口降低税收负担。[1] 如果国内采购价格低于 X 的话逃税额度会更大，上文的方法是通过生产厂商和贸易公司的勾结来达到逃税的目的。此外，为逃避出口税，出口商也可能压低出口价格和国内采购价格。[2] 直接出口商（生产厂商）可以通过低报价格有效地逃避增值税，前提是该出口商能找到外国合作伙伴以便收回损失。间接出口商（贸易公司）有动机低报其国内购买价来逃避增值税，他们也有激励低报出口价从而使购买销售价格差最小，而这一价差被政府用来作为检测逃税的指标。虽然还需要外国合作伙伴来收回报价上的损失，但是贸易公司在这方面极为擅长，因为相比于生产厂商，它们通常是大公司，并有着良好的政治关联，更熟悉国外市场。因此，贸易公司可以将离岸价格压得更低。这是通过间接出口逃税的另一个渠道。

---

① 详见下面两个通过间接出口达到避税目的的案例，见 http://www.e-to-china.com.cn/Trade/jckhjs/cjwt/2012/0608/102964.html；http://chinasourcinginfo.org/2011/09/22/vat-rebate-differences-between-trading-and-manufacturing-companies/。

② Ferrantino 等（2012）提供了一个实证证据来分析生产厂商在直接出口时为何有动机压低价格，而当下文献多是探讨间接出口避税。值得一提的是，有文献发现有的厂商会提高出口价格，这是因为该厂商使用假发票以获得更多的进项税抵免。

税收优惠不管是基于不同的税收公式还是出口低报，都会带来出口价值（出口税基）的低估。因而出口税率（t-r）越高，逃税的动机就会越强。这表明出口税率（不予退还的那部分增值税）与间接出口的比例呈正相关关系，即隐含的出口税越高，越促使生产厂商转向间接出口。我们使用中国海关 2005 年出口数据来检验该假设，这是中国加入 WTO 后贸易全面开放的第一年。[①] 通过实证分析发现这一结果是稳健的，特别是对差异化产品，相比于同质产品，这些产品更易于压低报价；国有企业在出口方面更具有优势，这是由于国有企业与政府联系得更为紧密。

如上所述，虽然增值税退税并不是基于贸易公司最终出口价格，但其仍有动机低报出口价格，这是因为买卖价差是中国税务机关评价逃税与否的指标之一，因而这意味着通过国内贸易公司逃税与间接出口跨境逃税有关。因此，这两种类型的逃税行为应体现在进口与出口时的报表差异中。本节对直接和间接出口时低报出口价格做出了完整的解释，从而有助于解释为什么中国报告的出口数据显著小于相应的进口国数据（如美国）。阐明中国出口商低报价格的动因不仅可以更加完整地呈现出中国贸易现状，

---

① 我们之所以选择使用 2005 年数据是因为，首先，2005 年以前，出口和进口权受到审批制度控制。如果生产商没有出口权，那么它们不得不选择间接出口，这与逃税无关；其次，在关于中国中介公司的论文中，Ahn 等（2011）以及 Tang 和 Zhang（2012）同样使用 2005 年数据，为方便与他们的论文结果比较，因而我们同样选择 2005 年。我们只有 2000—2006 年详细的中国海关数据，虽然也可以使用 2005—2006 年数据进行面板分析，但我们这篇文章的分析重点并不是要去考察核心解释变量在这两年的变化情况。

也有助于当局发现和遏制逃税行为。由于增值税是在生产的每一个阶段所征收的，所有参与企业难以串通，因而增值税逃税的范围通常很小，我们的研究结果表明，部分退税政策可以激励企业规避增值税。针对出口的税收优惠，企业将选择直接出口或通过中介机构间接出口来达到逃税的目的。有证据表明，一些生产厂商间接出口只是为了逃税。虽然这种关联交易通常难以识别，本节提供了一种方法证明这类间接出口与逃税无异。事实上，中国也有关于生产厂商拥有或控制贸易中介公司的明确规定。①

我们的估计结果表明，低报出口价格的中等水平（低报 1/3的真实价值），税收损失就接近 10 亿美元。此外，逃税的隐性成本远比损失的税收严重。例如，增值税退税作为中国政府的政策工具，其存在诸多的经济、政策作用：促进高技术行业；降低耗能源/重污染/资源密集型产品；逐步淘汰老旧资本；减少贸易摩擦；等等。当然，增值税退税作为单一的政策工具，其能不能同时处理这么多的目标是受到质疑的。我们的研究结果表明，增值税退税作为政策工具的有效性会被大量出口企业的逃税行为削弱。本节的政策含义不仅仅局限于间接出口逃税。一般情况下，生产厂商为了利益最大化，会改变它们的出口模式和组织形式。对于市场和政府而言，生产厂商的这种非生产性行为会显著地增加社会成本，特别是在中国这样的发展中国

---

① 见通函〔2004〕第 14 号《对外贸易经营者备案登记办法》。2004 年 7 月 1 日之前，生产厂商建立中介贸易公司是受到限制的。之后，中国对生产厂商和贸易公司开放了进出口权。根据这一规则，生产厂商可以依法建立中介公司。

家或经济转型国家。

交易者的逃税行为同样存在政治、经济影响。一方面，政府重视增值税退税的比例；另一方面是增值税退税所反映出的政治经济学。不同的退税额度反映了政府对于不同行业给予的不同重视程度，这取决于当时的经济关系或政治关系。当出口的商品是高科技、环保型时，退税力度最大；当出口商品的生产过程中使用老旧设备或出口时易产生贸易摩擦时，如钢铁，那么该商品的退税力度最小。然而，如果不同行业出口的商品有效退税率的差异降低，那么贸易公司就缺乏激励去改变增值税退税额度。税收漏洞（通过间接出口得到更大的税收优惠）中最大的受益者是贸易公司和将商品卖给他们的生产厂商，而这却损害了政府和纳税人的利益。由于大型贸易公司大多是国有企业，同时国有企业也往往有自己的贸易公司，所以税收漏洞可能有助于大贸易商和国有企业的出口。国有企业可以通过两种方式从间接出口避税中获益：首先，间接出口可直接降低其税负；其次，国有企业出口货物的种类大多是钢铁一类出口退税额较低的商品。

此外，国有企业担负着创造就业的重要意义。对国有企业的退税与促进高科技和低污染企业发展、减少贸易摩擦是存在权衡取舍的。由于国有企业可以通过与贸易公司的合作来降低增值税，因而现行的退税政策对于国有企业更为有利。目前还不清楚当局是否明确考虑过部分企业通过贸易公司的逃税行为（一些国有企业的影响力是不言而喻的），或者当局是否明白目前退税的目标实现是低于预期的，如果进一步市场化改革，作为帮助国有企业逃税的贸易公司可能会受到一定的制裁。

本节研究对象是在国际贸易和贸易中介中存在的逃税现象。虽然在公共财政文献中逃税这一问题已被广泛研究过①，但本节文献综述的重点在于国际贸易间的逃税。在这一领域现有论文的思路都是按照 Fisman 和 Wei（2004）的方法，即基于税收或关税和贸易数据报表差异间的相关性来识别逃税现象（见 Ferrantino, Liu and Wang, 2012；Javorcik and Narciso, 2008；Mishra, Subramanian and Topalova, 2008；等等）。在一个三国模型中，优惠贸易渠道是指低或零关税，非优惠贸易渠道则有着较高的关税，Biswas 和 Marjit（2007）在理论上研究了不同的贸易政策是如何影响虚假发票的使用，以及对外汇市场和非法资本外流的程度的影响。相关论文的另一研究思路是考察跨国公司的转移定价行为，以及各国的税率如何影响企业的内部贸易价格和贸易流动（参见 Bernard, Jensen and Schott, 2006；Clausing, 2003；Clausing, 2006；Swenson, 2001）。

不过，目前的文献提出了一种完全不同的方法来识别逃税行为，这种方法是考虑出口税与间接出口得到的税收优惠间的相关性。据我们所知，在现有的文献中明确研究贸易中介逃税作用的是 Fisman, Moustakerski 和 Wei（2008），发现香港的中介机构再

---

① 参见 Slemrod 和 Yitzhaki（2000）关于收入税逃税的文献综述。

出口中国产品有助于逃避关税，并且随着关税税率的提高，企业逃避关税的激励也相应增加。在他们的论文中，香港的中间商和贸易中介帮助外国出口商（生产厂商或贸易公司）以逃避中国关税。我们则采取一种不同的方法来研究贸易公司通过正常交易或者变相公司内部转让帮助国内的生产厂商逃避增值税。本节可以看作对关于国际贸易逃税的实证文献的一个补充。使用中间商避税（合法）、逃税（非法）、低报出口值的做法在世界各地普遍存在。因此，我们有理由相信我们的发现在全球视角下同样具有一定意义。

◇◇ 第四节　和贸易相关的工业园区

在中国改革开放的过程中，进行了很多经济方面的试验，其中建立各种各样的工业园区就是其中一种重要的试验。本节将详细论述中国和贸易相关的工业园区以及它们在中国经济中所发挥的作用。我们将详细探讨自贸区、保税区、进出口加工区之比较以及自贸区的发展。

关于自由贸易区（free trade zone）的最早的权威解释来自1973 年的《京都公约》[①] 关于"自由区"的定义，即指一国的部分领土，在这部分领土内运入的任何货物就进口关税及其他各

---

① 全称《关于简化和协调海关业务制度的国际公约》。

税而言，被认为在关境以外，并免于实施惯常的海关监管制度。1984年联合国贸易和发展会议给出的自由贸易区的直观定义为：一国国境内的一块区域，货物进出这块区域无须通过海关。也就是说，自由贸易是区别于国境内一般关税地区的独立封锁区域，自贸区内的进口商品只要不流入国内市场就可免除关税以及其他配额限制。自贸区的设立对于推动贸易自由化有着重要的意义。然而早期，中国由于金融管制以及进出口管制，建立全面开放的自由贸易区的条件还不成熟，因此参照自由贸易区的定义和功能，中国设立了一系列海关特殊监管区域，其中包括保税区、保税物流园区、进出口加工区、保税港区、综合保税区、跨境工业园区等。

一般来说，保税区指的是进口货物暂时不缴纳进口税，可先将货物存放在特殊区域。因此，从概念上保税区与自贸区有很大的相似之处。1994年6月在天津召开的全国保税区工作会上，分管外贸工作的李岚清副总理发言认为："我国的保税区实际上类似其他国家在港口划出一块并用铁丝网围起来的自由区。"因此，可以看出保税区其实就是早期的中国特色的自由贸易区，是自贸区的初级形式。而自贸区是保税区在职能和开放程度上的进一步延伸，例如上海自贸区的功能远超过简单的商品加工与货物流转（王孝松等，2014）。外国商品在保税区内只需缴纳存储费等少量费用，并且在海关的监管内可以进行储存、改装、分类、混合、展览，以及加工制造等活动。

　　进出口加工区则是国家划定或开辟的专门制造、加工、装配出口商品的特殊工业区。在进出口加工区内的制造业企业从国外进口的生产设备、原料、燃料、零件等的半成品享受进口关税减免，出口产品则享受出口税收减免。因此，从这个角度来看，进出口加工区和保税区有相似之处，但是它们设立的目的以及作用是不同的，进出口加工区主要是为了吸引外资在进出口加工区内投资建厂，并且功能相对单一，以外销产品的加工装配业务为主。而保税区的覆盖范围则相对宽泛，包括加工、转口贸易、仓储、展览等职能。在地点选择上，进出口加工区只能设在已经过国务院批准的现有经济技术开发区内①，而保税区则主要分布在制造业发达地区和物流节点城市以及开放口岸等。因此简单来说，进出口加工区和保税区可以算作是中国海关特殊监管区的一种形式，它们的作用目标、政策优惠、申请审批方式等存在差异。而这种特殊监管区域则是在中国尚不具备设立完全开放的自由贸易区的情况下产生的一种过渡性的制度安排。由进出口加工区、综合保税区等向自由贸易区转变是新时期中国促进贸易自由化发展以及与国际标准接轨的一种必然选择。

　　1990 年中国第一个封关运作的保税区——上海外高桥保税区成立，明确上海外高桥保税区享有"免领进出口许可证、免缴关税"的特权（毕博，2015），这标志着中国自由贸易园区的

---

　　①　参见《中华人民共和国海关对进出口加工区监管的暂行办法》（海关总署令第 81 号）。

发展开端。2009 年 11 月，上海综合保税区成立，综合管理洋山保税港区、上海外高桥保税区及 2010 年 9 月成立的浦东机场综合保税区。① 2011 年，上海市政府提交了在上海综合保税区设立自由贸易园区的申请。

2013 年，国务院常务会议原则通过了《中国（上海）自由贸易试验区总体方案》。②这意味着中国第一个自由贸易区——上海自贸区的建立。2014 年政府工作报告当中提出"设立中国（上海）自由贸易试验区，探索准入前国民待遇加负面清单的管理模式"，并且强调要"建设好、管理好中国（上海）自由贸易试验区，形成可复制可推广的体制机制，并开展若干新的试点"。同年国务院又印发《关于推广中国（上海）自由贸易试验区可复制改革试点经验的通知》，推广了 34 项试点经验，决定设立广东、天津、福建三个自贸试验区，并扩展上海自贸区的范围。2015 年 3 月，中央政治局会议审议通过广东、天津、福建自由贸易试验区总体方案和《进一步深化中国（上海）自由贸易试验区改革开放方案》③。

---

① 《上海自贸区试点历程回顾》，见 http：//www.ceweekly.cn/html/Article/20130909885058 19084824.html。

② 《国务院关于印发中国（上海）自由贸易试验区总体方案的通知》（国发〔2013〕38 号）。

③ 批准《中国（广东）自由贸易试验区总体方案》《中国（天津）自由贸易试验区总体方案》《中国（福建）自由贸易试验区总体方案》和《进一步深化中国（上海）自由贸易试验区改革开放方案》。

附录：中国保税区等名录。①

附表1　　　　　　　　　　中国现有自由贸易区

上海自由贸易 试验区	广东自由贸易 试验区	天津自由贸易 试验区	福建自由贸易 试验区

附表2　　　　　　　　　　中国现有保税区

天津港保税区	大连大窑湾保税区	上海外高桥保税区	江苏张家港保税区
宁波北仑港保税区	福州保税区	厦门象屿保税区	山东青岛保税区
广州保税区	深圳福田保税区	深圳沙头角保税区	深圳盐田保税区
珠海保税区	汕头保税区		

附表3　　　　　　　　　　中国现有出口加工区

天津出口加工区	河北秦皇岛出口加工区	河北廊坊出口加工区	内蒙古呼和浩特出口加工区
辽宁大连出口加工区	吉林珲春出口加工区	上海漕河泾出口加工区	上海嘉定出口加工区
上海闵行出口加工区	上海松江出口加工区	上海青浦出口加工区	上海金桥出口加工区南区
江苏常州出口加工区	江苏武进出口加工区	江苏吴中出口加工区	江苏连云港出口加工区
江苏扬州出口加工区	江苏镇江出口加工区	江苏泰州出口加工区	江苏常熟出口加工区
江苏吴江出口加工区	浙江杭州出口加工区	浙江宁波出口加工区	浙江嘉兴出口加工区
浙江慈溪出口加工区	安徽合肥出口加工区	安徽芜湖出口加工区	福建福州出口加工区

---

①　来源：海关总署海关主要统计数据，http：//www. customs. gov. cn/publish/por-tal0/tab49667/info814816. htm。

续表

福建泉州出口加工区	江西南昌出口加工区	江西九江出口加工区	江西井冈山出口加工区
江西赣州出口加工区	山东烟台出口加工区	山东青岛出口加工区	山东青岛西海岸出口加工区
山东威海出口加工区	河南郑州出口加工区	湖北武汉出口加工区	湖南郴州出口加工区
广东广州出口加工区	广东深圳出口加工区	广西北海出口加工区	新疆乌鲁木齐出口加工区
云南昆明出口加工区	陕西西安出口加工区	四川绵阳出口加工区	

附表 4 **中国现有跨境工业园区**

珠澳跨境工业园区			

附表 5 **中国现有保税物流园区**

天津保税物流园区	上海保税物流园区	广州保税物流园区	厦门象屿保税物流园区
深圳盐田保税物流园区			

附表 6 **中国现有保税港区**

天津东疆保税港区	大连大窑湾保税港区	洋山保税港区	张家港保税港区
宁波梅山保税港区	福州保税港区	厦门海沧保税港区	青岛前湾保税港区
广州南沙保税港区	深圳前海湾保税港区	广西钦州保税港区	海南洋浦保税港区
重庆两路寸滩保税港区			

附表7　　　　　　　　　　中国现有综合保税区

北京天竺综合保税区	天津滨海新区综合保税区	曹妃甸综合保税区	太原武宿综合保税区
沈阳综合保税区	长春兴隆综合保税区	黑龙江绥芬河综合保税区	上海浦东机场综合保税区
南京综合保税区	无锡高新区综合保税区	苏州工业园综合保税区	苏州高新技术产业开发区综合保税区
南通综合保税区	淮安综合保税区	盐城综合保税区	昆山综合保税区
太仓港综合保税区	舟山港综合保税区	合肥综合保税区	赣州综合保税区
济南综合保税区	潍坊综合保税区	临沂综合保税区	新郑综合保税区
武汉东湖综合保税区	湘潭综合保税区	衡阳综合保税区	广州白云机场综合保税区
广西凭祥综合保税区	海口综合保税区	重庆西永综合保税区	成都高新综合保税区
贵阳综合保税区	云南红河综合保税区	西安综合保税区	西安高新综合保税区
兰州新区综合保税区	银川综合保税区	阿拉山口综合保税区	喀什综合保税区

附表8　　　　　　　　　　中国现有保税物流中心

北京亦庄保税物流中心	天津经济技术开发区保税物流中心	山西方略保税物流中心	赤峰保税物流中心
营口港保税物流中心	上海西北物流园区保税物流中心	南京龙潭港保税物流中心	连云港保税物流中心
江阴保税物流中心	宁波栎社保税物流中心	杭州保税物流中心	义乌保税物流中心
蚌埠（皖北）保税物流中心	厦门火炬（翔安）保税物流中心	南昌保税物流中心	青岛保税物流中心
淄博保税物流中心	日照保税物流中心	鲁中运达保税物流中心	河南保税物流中心
河南德众保税物流中心	武汉东西湖保税物流中心	黄石棋盘洲保税物流中心	长沙金霞保税物流中心
深圳机场保税物流中心	东莞保税物流中心	中山保税物流中心	南宁保税物流中心
成都空港保税物流中心	武威保税物流中心	奎屯保税物流中心	泸州港保税物流中心（B型）
佛山国通保税物流中心（B型）			

陈钊和熊瑞祥（2015）着重考察了中国出口加工区的功能。他们指出产业政策被各个国家广泛使用，尤其对于出口性行业来说。对于出口产业政策是否能够起到推动产业发展的目的这一问题，大量理论和实证研究均进行了探讨，但得到的结论并不一致。陈钊和熊端详（2015）两位学者从"比较优势"这一角度进行阐释，根据他们的理论分析，只有当产业政策符合本身的比较优势时，才会起到比较大的作用。他们通过中国设立"出口加工区"这一准实验考察了国家级出口加工区选择的"主导产业"扶持政策是否能够提高区内出口企业的出口量。数据使用上，他们将1998—2007年中国工业企业数据库与设立地区出口开发区数据进行合并，并且将其与"主导行业"信息进行合并。在实证策略上，他们使用了双重差分方法来识别是否被列为"主导行业"与产业发展之间的因果效应，并且比较好地检验了平行趋势假设，得到了较为稳健的结论。他们发现，平均而言，出口加工区的出口鼓励政策使得企业的出口额显著地提高约11%。这一出口鼓励政策对出口加工区成立之前没有比较优势的行业中企业的平均作用不显著，而对那些有比较优势的行业中企业的促进作用则增长至约13.1%。这印证了之前的理论假说。动态效果的分析则表明，产业政策的效果在那些有比较优势的行业呈现出逐年递增的趋势。

Fu和Gao（2007）也回顾了中国出口加工区的发展历程，总结了其特点与趋势，并且考察了出口加工区所产生的经济贡献和社会影响。中国出口加工区经历了以下三个阶段的发展。第一阶段为 1984—1990 年，其标志是深圳经济特区的建立，这一阶段是中国对外开放的试验期；第二阶段为 1990—1999 年，这一时期中国出口加工区得到迅速的发展，其标志是上海浦东新区的建立；第三阶段为 2001 年中国加入 WTO 后。他们从中国出口加工区的基本因素、劳动力管制和就业效果三方面来总结出口加工区的特点。为了研究出口加工区所产生的经济效果，他们首先分析了中国经济发展的主要动力和组成，进而从对于区域经济增长的贡献、对技术的推进作用以及工资水平的影响三方面来具体考察和分析。同时他们阐述了中国出口加工区所起到的社会影响，包括劳动雇佣关系、对于人力资本的提升、对工人技能的培养、对工人组织建立以及对于企业社会责任感与和谐社会的作用等。

Yao 和 Whalley（2015）着重讨论了上海自贸区的功能。他们首先回顾并总结了中国上海自贸区成立的背景、历程以及成立以来的发展。他们指出上海自贸区不是传统意义上的"自由贸易区"，更重要的是它是中国新的改革开放政策的试验场。他们回顾了过去 30 年，中国的经济取得的巨大成就。然而他们指出这种高速的增长难以长期维持。长期以来中国依赖高储蓄、低消费以及大量利用外资增长模式，但无论世界其他国家还是中国本身都无法负担过去的增长方式。并且由于处于全球价值链的下游，中国的国民收入并没有像 GDP 一样实现高速增长。而且中国作为世界第二大经济体，也难以通过适用于小型发展中国家的出口导向型政策来参与进一步全球化。在这种背景下，上海自贸区代表了新的中国对外发展和经济增长模式。他们总结了上海自贸区区别于一般自由贸易区的特点：首先，上海自贸区不是根据双边或多边谈判设立的，而是中国政府的一种单面政策试验区。其次，上海自贸区并非致力于推广贸易自由化，而是强调新的改革模式，包括放开资本项目管制、转变低附加值的贸易模式和深化金融创新和开放。此外，他们还回顾了上海自贸区的许多重要方面，例如法律和管制系统、外商投资的负面清单管理、贸易便利措施、金融服务创新。最后，他们对上海自贸区成立以来产生的效果进行了评估。值得肯定的是成立以来新注册企业数量快速增加以及金融创新稳步推进，但在很多方面的成果仍是低于预期的，例如放松资本管制和利率市场化等。

参考文献

白重恩、王鑫、钟笑寒：《出口退税政策调整对中国出口影响的实证分析》，《经济学》（季刊）2011 年第 3 期。

毕博：《新时期我国保税区和自贸区发展研究》，硕士学位论文，云南大学，2015 年。

陈平、黄健梅：《我国出口退税效应分析：理论与实证》，《管理世界》2003 年第 12 期。

陈钊、熊瑞祥：《比较优势与产业政策效果》，《管理世界》2015 年第 8 期。

段金锁：《国有专业外贸公司发展问题探讨》，《河南商业高等专科学校学报》2006 年第 19 期。

范子英、田彬彬：《出口退税政策与中国加工贸易的发展》，《世界经济》2014 年第 4 期。

林智勇：《谈谈国有专业外贸公司的发展》，《对外经贸实务》1997 年第 3 期。

刘娜：《论我国出口退税制度、变迁、问题及对策》，博士学位论文，中国海洋大学，2008 年。

吕凯波：《财政分权、出口退税分担机制改革与出口贸易增长》，《国际贸易问题》2016 年第 5 期。

马德举：《关于工业企业进出口经营权的看法》，《中国劳动关系学院学报》1995 年第 1 期。

苏东海：《出口退税政策调整对我国经济影响的实证研究》，《金融研究》2009 年第 6 期。

王殿志：《出口退税：中央的政策与地方的分担——一项关于政府间财政分配关系的个案研究》，《地方财政研究》2007 年第 9 期。

王孝松、李坤望、包群等：《出口退税的政策效果评估：来自中国纺织品对美出口的经验证据》，《世界经济》2010 年第 4 期。

王孝松、张国旺、周爱农：《上海自贸区的运行基础，比较分析与发展前景》，《经济与管理研究》2014 年第 7 期。

谢建国、吴春燕：《中国出口退税政策的就业激励效果——基于中国工业面板数据的实证分析》，《国际贸易问题》（6）2013 年。

谢建国、徐婷：《产出波动、需求转移与出口退税的出口激励效果——一个基于中国出口面板数据的研究》，《世界经济研究》（6）2012 年。

赵丽丹:《我国出口退税政策的改革历程考察——开放 30 周年我国出口退税政策回顾》,《经济界》(2) 2009 年。

仲鑫:《我国外贸体制改革进程的特点与政策性思考》,《产业经济研究》2005 年第 1 期。

朱钟棣:《新中国外贸体制改革的回顾与展望》,《财经研究》1999 年第 10 期。

AHN J B, KHANDELWAL A K, WEI S J, 2011. The role of intermediaries in facilitating trade. *Journal of International Economics*, 84: 73 – 85.

AKERMAN A, 2013. A theory on the role of wholesalers in international trade based on economies of scope. Working Paper.

ANTRAS P, COSTINOT A, 2011. Intermediated trade. *Quarterly Journal of Economics*, 126: 1319 – 1374.

BERNARD A B, GRAZZI M, TOMASI C, 2011. Intermediaries in international trade: direct versus indirect modes of export. NBER Working Paper, No. 17711.

BERNARD A B, JENSEN B J, REDDING S J, SCHOTT P K, 2010. Wholesalers and retailers in U. S. trade. *American Economic Review*, 100 (2): 408 – 413.

BERNARD A B, JENSEN B J, SCHOTT P K, 2006. Transfer pricing by U. S. -based multinational firms. NBER Working Papers, No. 12493.

BISWAS A K, MARJIT S, 2007. Preferential trade and mis-invoicing: some analytical implications. International Review of Economics and Finance, 16 (1): 130 – 138.

BRANDER J A, SPENCER B, 1985. Export subsidies and international market share rivalry. *Journal of International Economics*, 18: 83 – 100.

BRODA C, WEINSTEIN D E, 2006. Globalization and the gains from variety. *Quarterly Journal of Economics*, 121: 541 – 585.

CHANDRA P, LONG C, 2013. VAT rebates and export growth in China: firm level evidence. *Journal of Public Economics*, 102: 13 – 22.

CHAO CC, CHOU W L, YU E S H, 2001. Export duty rebates and export performance: theory and China's experience. *Journal of Comparative Economics*, 29 (2): 314 – 326.

CHAO CC, YU E S H, YU W, 2006. China's import duty drawback and VAT rebate policies: a general equilibrium analysis. China Economic Review, 17 (4): 432 – 448.

CHEN C H, MAI CC, YU H C, 2006. The effect of export tax rebates on export performance: theory and evidence from China. China Economic Review, 17 (2): 226 – 235.

CLAUSING K A, 2003. Tax-motivated transfer pricing and US intrafirm trade prices. *Journal of Public Economics*, 87 (9 – 10): 2207 – 2223.

CLAUSING K A, 2006. International tax avoidance and U. S. international trade. National Tax Journal, 59 (2): 269 – 287.

CUI Z, 2003. China's export tax rebate policy. China: An International Journal, 1 (2): 339 – 349.

DESAI M, FOLEY F, HINES J R, 2005. Foreign Direct Investment and the domestic capital stock. *The American Economic Review*, 95 (2): 33 – 38.

FEENSTRA R, HANSON G, 2004. Intermediaries in entrepôt trade: Hong Kong reexports of Chinese goods. *Journal of Economics and Management Strategy*,

13（1）：3 –35.

FELBERMAYR G J, JUNG B, 2011. Trade intermediaries, incomplete contracts, and the choice of export modes. Review of International Economics, 19：634 – 648.

FELDSTEIN M, KRUGMAN P, 1990. International trade effects of value-added tax// RAZIN A, SLEMROD J（EDS）. Taxation in the global economy. University of Chicago Press：263 – 282.

FERRANTINO M, KOOPMAN R, WANG Z, YINUG F, CHEN L, FENGJIE Q, WANG H, 2007. Classification and statistical reconciliation of trade in advanced technology products：the case of China and the United States. Bookings-Tsinghua Center for Public Policy. Working Paper Series – WP20070906EN.

FERRANTINO M, LIU X, WANG Z, 2012. Evasion behaviors of exporters and importers：evidence from the U. S. -China trade data discrepancy. *Journal of International Economics*, 867（1）：146 – 157.

FISMAN R, MOUSTAKERSKI P, WEI S J, 2008. Outsourcing tariff evasion：a new explanation for entrepôt trade. The Review of Economics and Statistics, 90（3）：587 – 592.

FISMAN R, WEI S J, 2004. Tax rates and tax evasion：evidence from 'missing imports' in China. *Journal of Political Economy*, 112（2）：471 – 496.

FU X, GAO Y, 2007. Export processing zones in China：a survey. geneva. International Labour Organization：34 – 39.

GOURDON J, MONJON S, PONCET S, 2014. Incomplete VAT rebates to exporters：how do they affect China's export performance? Working Paper.

JAVORCIK B S, NARCISO G, 2008. Differentiated products and evasion of import tariffs. *Journal of International Economics*, 76 （2）: 208 – 222.

KEEN M, SYED M, 2006. Domestic taxes and international trade: some evidence. IMF Working Paper 106147.

LALL S, 2000. The technological structure and performance of developing country manufactured exports, 1985 – 1998. QEH Working Paper Series - QEH-WPS44.

LIU X, 2013. Tax avoidance through re-imports: the case of redundant trade. *Journal of Development Economics*, 104: 152 – 164.

LIU X, SHI H, FERRANTINO M, 206. Tax evasion through trade inter-mediation: evidence from Chinese exporters. International Review of Economics and Finance, 42: 518 – 535.

MAHDAVI S, 2008. The level and composition of tax revenue in developing countries: evidence from unbalanced panel data. International Review of Economics and Finance, 17: 607 – 617.

MISHRA P, SUBRAMANIAN A, TOPALOVA P, 2008. Policies, en-forcement, and customs evasion: evidence from India. *Journal of Public Economics*, 92 （10 – 11）: 1907 – 1925.

RAUCH J E, 1999. Networks versus markets in international trade. *Journal of International Economics*, 48: 7 – 35.

RAUCH J E, ALESSANDRA C, 2003. Overcoming informational barriers to international resource allocation: prices and ties. Economic Journal, 113 （484）: 21 – 42.

RAUCH J E, WATSON J, 2004. Network intermediaries in international trade. *Journal of Economics and Management Strategy*, 13: 69 – 93.

ROSSMAN M, 1984. Export trading company legislation: U. S. Response to Japanese foreign market penetration. *Journal of Small Business Management*, 22: 62 – 66.

SLEMROD J, YITZHAKI S, 2000. Tax avoidance, evasion, and administration. Handbook of Public Economics, 3: 1423 – 1470.

SPULBER D F, 1996. Market microstructure and intermediation. *Journal of Economic Perspectives*, 10: 135 – 152.

SWENSON D L, 2001. Tax reforms and evidence of transfer pricing. National Tax Journal, 54 (1): 7 – 25.

TANG H, ZHANG Y, 2012. Quality differentiation and trade intermediation. Working Paper.

U. S. International Trade Commission, 2010, November. Small and medium-sized enterprises: Characteristics and performance. USITC Publication 4189.

YAO D, WHALLEY J, 2015. The China (Shanghai) pilot free trade zone: background, developments and preliminary assessment of Initial impacts. World Economy, 100 (472).

附　录

和中国对外贸易相关的主要法律条文

中国对外贸易领域主要的法律条文

1950 年，政务院第六十二次政务会议通过《对外贸易管理暂行条例》

1978 年，中国共产党第十一届中央委员会第三次全体会议公报

1984 年 9 月，《关于外贸体制改革意见的报告》

1988 年 2 月，国发〔1988〕12 号《关于加快和深化对外贸易体制改革若干问题的规定》

1994 年对外贸易经济合作部、国家计划委员会令第 3 号《进出口商品经营管理暂行办法》

1994 年 5 月，中华人民共和国主席令第二十二号《中华人民共和国对外贸易法》

1995 年，财税字〔1995〕92 号：《关于印发〈出口货物退（免）税若干问题规定〉的通知》

1998 年 11 月，中办发〔1998〕27 号《中共中央办公厅、国务院办公厅关于中央党政机关与所办经济实体和管理的直属企业脱钩有关问题的通知》

1999 年，〔1999〕外经贸政审函字第 948 号《外经贸部关于调整企业申请进出口经营权的资格条件及加强后期管理有关问题的通知》

2001 年，外经贸贸发〔2001〕370 号《关于进出口经营资格管理的有关规定》

2003 年，《外经贸部关于对国有、集体生产企业实行自营进出口权登记制的通知》

2003 年，商贸发〔2003〕254 号《商务部关于调整进出口经营资格标准和核准程序的通知（现行规定）》

2004 年，《中华人民共和国对外贸易法》，中华人民共和国主席令第十五号

◇◇ 一　对外贸易法

1994 年《中华人民共和国对外贸易法》

全国人民代表大会

中华人民共和国主席令（八届第 22 号）

《中华人民共和国对外贸易法》已由中华人民共和国第八届全国人民代表大会常务委员会第七次会议于 1994 年 5 月 12 日通过，现予公布，自 1994 年 7 月 1 日起施行。

中华人民共和国主席江泽民

1994 年 5 月 12 日第八届全国人民代表大会常务委员会第七次会议通过

目　录

第一章　总　则

第二章　对外贸易经营者

第三章　货物进出口与技术进出口

第四章　国际服务贸易

第一章　总　则

第一条　为了发展对外贸易，维护对外贸易秩序，促进社会主义市场经济的健康发展，制定本法。

第二条　本法所称对外贸易，是指货物进出口、技术进出口和国际服务贸易。

第三条　国务院对外经济贸易主管部门依照本法主管全国对外贸易工作。

第四条　国家实行统一的对外贸易制度，依法维护公平的、自由的对外贸易秩序。

国家鼓励发展对外贸易，发挥地方的积极性，保障对外贸易经营者的经营自主权。

第五条　中华人民共和国根据平等互利的原则，促进和发展同其他国家和地区的贸易关系。

第六条　中华人民共和国在对外贸易方面根据所缔结或者参加的国际条约、协定，给予其他缔约方、参加方或者根据互惠、对等原则给予对方最惠国待遇、国民待遇。

第七条　任何国家或者地区在贸易方面对中华人民共和国采

取歧视性的禁止、限制或者其他类似措施的，中华人民共和国可以根据实际情况对该国家或者该地区采取相应的措施。

第二章　对外贸易经营者

第八条　本法所称对外贸易经营者，是指依照本法规定从事对外贸易经营活动的法人和其他组织。

第九条　从事货物进出口与技术进出口的对外贸易经营，必须具备下列条件，经国务院对外经济贸易主管部门许可：

（一）有自己的名称和组织机构；

（二）有明确的对外贸易经营范围；

（三）具有其经营的对外贸易业务所必需的场所、资金和专业人员；

（四）委托他人办理进出口业务达到规定的实绩或者具有必需的进出口货源；

（五）法律、行政法规规定的其他条件。

前款规定的实施办法由国务院规定。

外商投资企业依照有关外商投资企业的法律、行政法规的规定，进口企业自用的非生产物品，进口企业生产所需的设备、原材料和其他物资，出口其生产的产品，免予办理第一款规定的许可。

第十条　国际服务贸易企业和组织的设立及其经营活动，应当遵守本法和其他有关法律、行政法规的规定。

第十一条　对外贸易经营者依法自主经营、自负盈亏。

第十二条　对外贸易经营者从事对外贸易经营活动，应当信守合同，保证商品质量，完善售后服务。

第十三条　没有对外贸易经营许可的组织或者个人，可以在国内委托对外贸易经营者在其经营范围内代为办理其对外贸易业务。

接受委托的对外贸易经营者应当向委托方如实提供市场行情、商品价格、客户情况等有关的经营信息。委托方与被委托方应当签订委托合同，双方的权利义务由合同约定。

第十四条　对外贸易经营者应当按照国务院对外经济贸易主管部门的规定，向有关部门提交与其对外贸易经营活动有关的文件及资料。有关部门应当为提供者保守商业秘密。

第三章　货物进出口与技术进出口

第十五条　国家准许货物与技术的自由进出口。但是，法律、行政法规另有规定的除外。

第十六条　属于下列情形之一的货物、技术，国家可以限制进口或者出口：

（一）为维护国家安全或者社会公共利益，需要限制进口或者出口的；

（二）国内供应短缺或者为有效保护可能用竭的国内资源，需要限制出口的；

（三）输往国家或者地区的市场容量有限，需要限制出口的；

（四）为建立或者加快建立国内特定产业，需要限制进口的；

（五）对任何形式的农业、牧业、渔业产品有必要限制进口的；

（六）为保障国家国际金融地位和国际收支平衡，需要限制进口的；

（七）根据中华人民共和国所缔结或者参加的国际条约、协定的规定，需要限制进口或者出口的。

第十七条 属于下列情形之一的货物、技术，国家禁止进口或者出口：

（一）危害国家安全或者社会公共利益的；

（二）为保护人的生命或者健康，必须禁止进口或者出口的；

（三）破坏生态环境的；

（四）根据中华人民共和国所缔结或者参加的国际条约、协定的规定，需要禁止进口或者出口的。

第十八条 国务院对外经济贸易主管部门应当会同国务院有关部门，依照本法第十六条、第十七条的规定，制定、调整并公布限制或者禁止进出口的货物、技术目录。

国务院对外经济贸易主管部门或者由其会同国务院有关部门，经国务院批准，可以在本法第十六条、第十七条规定的范围内，临时决定限制或者禁止前款规定目录以外的特定货物、技术的进口或者出口。

第十九条　对限制进口或者出口的货物，实行配额或者许可证管理；对限制进口或者出口的技术，实行许可证管理。

实行配额或者许可证管理的货物、技术，必须依照国务院规定经国务院对外经济贸易主管部门或者由其会同国务院有关部门许可，方可进口或者出口。

第二十条　进出口货物配额，由国务院对外经济贸易主管部门或者国务院有关部门在各自的职责范围内，根据申请者的进出口实绩、能力等条件，按照效益、公正、公开和公平竞争的原则进行分配。

配额的分配方式和办法由国务院规定。

第二十一条　对文物、野生动植物及其产品等货物、物品，其他法律、行政法规有禁止进出口或者限制进出口规定的，依照有关法律、行政法规的规定办理。

第四章　国际服务贸易

第二十二条　国家促进国际服务贸易的逐步发展。

第二十三条　中华人民共和国在国际服务贸易方面根据所缔结或者参加的国际条约、协定中所作的承诺，给予其他缔约方、参加方市场准入和国民待遇。

第二十四条　国家基于下列原因之一，可以限制国际服务贸易：

（一）为维护国家安全或者社会公共利益；

（二）为保护生态环境；

（三）为建立或者加快建立国内特定的服务行业；

（四）为保障国家外汇收支平衡；

（五）法律、行政法规规定的其他限制。

第二十五条　属于下列情形之一的国际服务贸易，国家予以禁止：

（一）危害国家安全或者社会公共利益的；

（二）违反中华人民共和国承担的国际义务的；

（三）法律、行政法规规定禁止的。

第二十六条　国务院对外经济贸易主管部门和国务院有关部门，依照本法和其他有关法律、行政法规，对国际服务贸易进行管理。

第五章　对外贸易秩序

第二十七条　对外贸易经营者在对外贸易经营活动中，应当依法经营，公平竞争，不得有下列行为：

（一）伪造、变造或者买卖进出口原产地证明、进出口许可证；

（二）侵害中华人民共和国法律保护的知识产权；

（三）以不正当竞争手段排挤竞争对手；

（四）骗取国家的出口退税；

（五）违反法律、行政法规规定的其他行为。

第二十八条 对外贸易经营者在对外贸易经营活动中，应当依照国家有关规定结汇、用汇。

第二十九条 因进口产品数量增加，使国内相同产品或者与其直接竞争的产品的生产者受到严重损害或者严重损害的威胁时，国家可以采取必要的保障措施，消除或者减轻这种损害或者损害的威胁。

第三十条 产品以低于正常价值的方式进口，并由此对国内已建立的相关产业造成实质损害或者产生实质损害的威胁，或者对国内建立相关产业造成实质阻碍时，国家可以采取必要措施，消除或者减轻这种损害或者损害的威胁或者阻碍。

第三十一条 进口的产品直接或者间接地接受出口国给予的任何形式的补贴，并由此对国内已建立的相关产业造成实质损害或者产生实质损害的威胁，或者对国内建立相关产业造成实质阻碍时，国家可以采取必要措施，消除或者减轻这种损害或者损害的威胁或者阻碍。

第三十二条 发生第二十九条、第三十条、第三十一条规定的情况时，国务院规定的部门或者机构应当依照法律、行政法规的规定进行调查，作出处理。

第六章 对外贸易促进

第三十三条 国家根据对外贸易发展的需要，建立和完善为对外贸易服务的金融机构，设立对外贸易发展基金、风险基金。

第三十四条　国家采取进出口信贷、出口退税及其他对外贸易促进措施，发展对外贸易。

第三十五条　对外贸易经营者可以依法成立和参加进出口商会。

进出口商会应当遵守法律、行政法规，依照章程对其会员的对外贸易经营活动进行协调指导，提供咨询服务，向政府有关部门反映会员有关对外贸易促进方面的建议，并积极开展对外贸易促进活动。

第三十六条　中国国际贸易促进组织依照章程开展对外联系，举办展览，提供信息、咨询服务和其他对外贸易促进活动。

第三十七条　国家扶持和促进民族自治地方和经济不发达地区发展对外贸易。

第七章　法律责任

第三十八条　走私禁止进出口或者限制进出口的货物，构成犯罪的，依照惩治走私罪的补充规定追究刑事责任；不构成犯罪的，依照海关法的规定处罚。国务院对外经济贸易主管部门可以撤销其对外贸易经营许可。

第三十九条　伪造、变造进出口原产地证明、进出口许可证，依照刑法第一百六十七条的规定追究刑事责任；买卖进出口原产地证明、进出口许可证或者买卖伪造、变造的进出口原产地证明、进出口许可证，比照刑法第一百六十七条的规定追究刑事责任。

单位犯前款罪的，判处罚金，并对单位直接负责的主管人员和其他直接责任人员依照或者比照刑法第一百六十七条的规定追究刑事责任。国务院对外经济贸易主管部门可以撤销其对外贸易经营许可。

明知是伪造、变造的进出口许可证而用以进口或者出口货物，依照本法第三十八条的规定处罚。

第四十条　违反本法规定，进口或者出口禁止进出口或者限制进出口的技术，构成犯罪的，比照惩治走私罪的补充规定追究刑事责任。

第四十一条　国家对外贸易工作人员玩忽职守、徇私舞弊或者滥用职权，构成犯罪的，依法追究刑事责任；不构成犯罪的，给予行政处分。

国家对外贸易工作人员利用职务上的便利，索取他人财物，或者非法收受他人财物为他人谋取利益，构成犯罪的，依照惩治贪污罪贿赂罪的补充规定追究刑事责任；不构成犯罪的，给予行政处分。

第八章　附　则

第四十二条　国家对边境城镇与接壤国家边境城镇之间的贸易以及边民互市贸易，采取灵活措施，给予优惠和便利。具体办法由国务院规定。

第四十三条　中华人民共和国的单独关税区不适用本法。

第四十四条　本法自 1994 年 7 月 1 日起施行。

财政部　国家税务总局

2004 年《中华人民共和国对外贸易法》

目　录

第一章　总　则

第二章　对外贸易经营者

第三章　货物进出口与技术进出口

第四章　国际服务贸易

第五章　与对外贸易有关的知识产权保护

第六章　对外贸易秩序

第七章　对外贸易调查

第八章　对外贸易救济

第九章　对外贸易促进

第十章　法律责任

第十一章　附　则

第一章　总　则

第一条　为了扩大对外开放，发展对外贸易，维护对外贸易秩序，保护对外贸易经营者的合法权益，促进社会主义市场经济的健康发展，制定本法。

第二条　本法适用于对外贸易以及与对外贸易有关的知识产权保护。

本法所称对外贸易，是指货物进出口、技术进出口和国际服务贸易。

第三条　国务院对外贸易主管部门依照本法主管全国对外贸易工作。

第四条　国家实行统一的对外贸易制度，鼓励发展对外贸易，维护公平、自由的对外贸易秩序。

第五条　中华人民共和国根据平等互利的原则，促进和发展同其他国家和地区的贸易关系，缔结或者参加关税同盟协定、自由贸易区协定等区域经济贸易协定，参加区域经济组织。

第六条　中华人民共和国在对外贸易方面根据所缔结或者参加的国际条约、协定，给予其他缔约方、参加方最惠国待遇、国民待遇等待遇，或者根据互惠、对等原则给予对方最惠国待遇、国民待遇等待遇。

第七条　任何国家或者地区在贸易方面对中华人民共和国采取歧视性的禁止、限制或者其他类似措施的，中华人民共和国可以根据实际情况对该国家或者该地区采取相应的措施。

第二章　对外贸易经营者

第八条　本法所称对外贸易经营者，是指依法办理工商登记或者其他执业手续，依照本法和其他有关法律、行政法规的规定从事对外贸易经营活动的法人、其他组织或者个人。

第九条 从事货物进出口或者技术进出口的对外贸易经营者，应当向国务院对外贸易主管部门或者其委托的机构办理备案登记；但是，法律、行政法规和国务院对外贸易主管部门规定不需要备案登记的除外。备案登记的具体办法由国务院对外贸易主管部门规定。对外贸易经营者未按照规定办理备案登记的，海关不予办理进出口货物的报关验放手续。

第十条 从事国际服务贸易，应当遵守本法和其他有关法律、行政法规的规定。

从事对外工程承包或者对外劳务合作的单位，应当具备相应的资质或者资格。具体办法由国务院规定。

第十一条 国家可以对部分货物的进出口实行国营贸易管理。实行国营贸易管理货物的进出口业务只能由经授权的企业经营；但是，国家允许部分数量的国营贸易管理货物的进出口业务由非授权企业经营的除外。实行国营贸易管理的货物和经授权经营企业的目录，由国务院对外贸易主管部门会同国务院其他有关部门确定、调整并公布。

违反本条第一款规定，擅自进出口实行国营贸易管理的货物的，海关不予放行。

第十二条 对外贸易经营者可以接受他人的委托，在经营范围内代为办理对外贸易业务。

第十三条 对外贸易经营者应当按照国务院对外贸易主管部

门或者国务院其他有关部门依法作出的规定，向有关部门提交与其对外贸易经营活动有关的文件及资料。有关部门应当为提供者保守商业秘密。

第三章　货物进出口与技术进出口

第十四条　国家准许货物与技术的自由进出口。但是，法律、行政法规另有规定的除外。

第十五条　国务院对外贸易主管部门基于监测进出口情况的需要，可以对部分自由进出口的货物实行进出口自动许可并公布其目录。

实行自动许可的进出口货物，收货人、发货人在办理海关报关手续前提出自动许可申请的，国务院对外贸易主管部门或者其委托的机构应当予以许可；未办理自动许可手续的，海关不予放行。

进出口属于自由进出口的技术，应当向国务院对外贸易主管部门或者其委托的机构办理合同备案登记。

第十六条　国家基于下列原因，可以限制或者禁止有关货物、技术的进口或者出口：

（一）为维护国家安全、社会公共利益或者公共道德，需要限制或者禁止进口或者出口的；

（二）为保护人的健康或者安全，保护动物、植物的生命或者健康，保护环境，需要限制或者禁止进口或者出口的；

（三）为实施与黄金或者白银进出口有关的措施，需要限制或者禁止进口或者出口的；

（四）国内供应短缺或者为有效保护可能用竭的自然资源，需要限制或者禁止出口的；

（五）输往国家或者地区的市场容量有限，需要限制出口的；

（六）出口经营秩序出现严重混乱，需要限制出口的；

（七）为建立或者加快建立国内特定产业，需要限制进口的；

（八）对任何形式的农业、牧业、渔业产品有必要限制进口的；

（九）为保障国家国际金融地位和国际收支平衡，需要限制进口的；

（十）依照法律、行政法规的规定，其他需要限制或者禁止进口或者出口的；

（十一）根据我国缔结或者参加的国际条约、协定的规定，其他需要限制或者禁止进口或者出口的。

第十七条　国家对与裂变、聚变物质或者衍生此类物质的物质有关的货物、技术进出口，以及与武器、弹药或者其他军用物资有关的进出口，可以采取任何必要的措施，维护国家安全。

在战时或者为维护国际和平与安全，国家在货物、技术进出口方面可以采取任何必要的措施。

第十八条　国务院对外贸易主管部门会同国务院其他有关部门，依照本法第十六条和第十七条的规定，制定、调整并公布限制或者禁止进出口的货物、技术目录。

国务院对外贸易主管部门或者由其会同国务院其他有关部门，经国务院批准，可以在本法第十六条和第十七条规定的范围内，临时决定限制或者禁止前款规定目录以外的特定货物、技术的进口或者出口。

第十九条　国家对限制进口或者出口的货物，实行配额、许可证等方式管理；对限制进口或者出口的技术，实行许可证管理。

实行配额、许可证管理的货物、技术，应当按照国务院规定经国务院对外贸易主管部门或者经其会同国务院其他有关部门许可，方可进口或者出口。

国家对部分进口货物可以实行关税配额管理。

第二十条　进出口货物配额、关税配额，由国务院对外贸易主管部门或者国务院其他有关部门在各自的职责范围内，按照公开、公平、公正和效益的原则进行分配。具体办法由国务院规定。

第二十一条　国家实行统一的商品合格评定制度，根据有关法律、行政法规的规定，对进出口商品进行认证、检验、检疫。

第二十二条　国家对进出口货物进行原产地管理。具体办法由国务院规定。

第二十三条　对文物和野生动物、植物及其产品等，其他法律、行政法规有禁止或者限制进出口规定的，依照有关法律、行政法规的规定执行。

第四章　国际服务贸易

第二十四条　中华人民共和国在国际服务贸易方面根据所缔结或者参加的国际条约、协定中所作的承诺，给予其他缔约方、参加方市场准入和国民待遇。

第二十五条　国务院对外贸易主管部门和国务院其他有关部门，依照本法和其他有关法律、行政法规的规定，对国际服务贸易进行管理。

第二十六条　国家基于下列原因，可以限制或者禁止有关的国际服务贸易：

（一）为维护国家安全、社会公共利益或者公共道德，需要限制或者禁止的；

（二）为保护人的健康或者安全，保护动物、植物的生命或者健康，保护环境，需要限制或者禁止的；

（三）为建立或者加快建立国内特定服务产业，需要限制的；

（四）为保障国家外汇收支平衡，需要限制的；

（五）依照法律、行政法规的规定，其他需要限制或者禁止的；

（六）根据我国缔结或者参加的国际条约、协定的规定，其他需要限制或者禁止的。

第二十七条　国家对与军事有关的国际服务贸易，以及与裂变、聚变物质或者衍生此类物质的物质有关的国际服务贸易，可以采取任何必要的措施，维护国家安全。

在战时或者为维护国际和平与安全，国家在国际服务贸易方面可以采取任何必要的措施。

第二十八条　国务院对外贸易主管部门会同国务院其他有关部门，依照本法第二十六条、第二十七条和其他有关法律、行政法规的规定，制定、调整并公布国际服务贸易市场准入目录。

第五章　与对外贸易有关的知识产权保护

第二十九条　国家依照有关知识产权的法律、行政法规，保护与对外贸易有关的知识产权。

进口货物侵犯知识产权，并危害对外贸易秩序的，国务院对外贸易主管部门可以采取在一定期限内禁止侵权人生产、销售的有关货物进口等措施。

第三十条　知识产权权利人有阻止被许可人对许可合同中的知识产权的有效性提出质疑、进行强制性一揽子许可、在许可合同中规定排他性返授条件等行为之一，并危害对外贸易公平竞争秩序的，国务院对外贸易主管部门可以采取必要的措施消除危害。

第三十一条　其他国家或者地区在知识产权保护方面未给予中华人民共和国的法人、其他组织或者个人国民待遇，或者不能对来源于中华人民共和国的货物、技术或者服务提供充分有效的知识产权保护的，国务院对外贸易主管部门可以依照本法和其他有关法律、行政法规的规定，并根据中华人民共和国缔结或者参加的国际条约、协定，对与该国家或者该地区的贸易采取必要的措施。

第六章　对外贸易秩序

第三十二条　在对外贸易经营活动中，不得违反有关反垄断的法律、行政法规的规定实施垄断行为。

在对外贸易经营活动中实施垄断行为，危害市场公平竞争的，依照有关反垄断的法律、行政法规的规定处理。有前款违法行为，并危害对外贸易秩序的，国务院对外贸易主管部门可以采取必要的措施消除危害。

第三十三条　在对外贸易经营活动中，不得实施以不正当的低价销售商品、串通投标、发布虚假广告、进行商业贿赂等不正当竞争行为。

在对外贸易经营活动中实施不正当竞争行为的，依照有关反不正当竞争的法律、行政法规的规定处理。

有前款违法行为，并危害对外贸易秩序的，国务院对外贸易主管部门可以采取禁止该经营者有关货物、技术进出口等措施消除危害。

第三十四条 在对外贸易活动中，不得有下列行为：

（一）伪造、变造进出口货物原产地标记，伪造、变造或者买卖进出口货物原产地证书、进出口许可证、进出口配额证明或者其他进出口证明文件；

（二）骗取出口退税；

（三）走私；

（四）逃避法律、行政法规规定的认证、检验、检疫；

（五）违反法律、行政法规规定的其他行为。

第三十五条 对外贸易经营者在对外贸易经营活动中，应当遵守国家有关外汇管理的规定。

第三十六条 违反本法规定，危害对外贸易秩序的，国务院对外贸易主管部门可以向社会公告。

第七章 对外贸易调查

第三十七条 为了维护对外贸易秩序，国务院对外贸易主管部门可以自行或者会同国务院其他有关部门，依照法律、行政法规的规定对下列事项进行调查：

（一）货物进出口、技术进出口、国际服务贸易对国内产业及其竞争力的影响；

（二）有关国家或者地区的贸易壁垒；

（三）为确定是否应当依法采取反倾销、反补贴或者保障措施等对外贸易救济措施，需要调查的事项；

（四）规避对外贸易救济措施的行为；

（五）对外贸易中有关国家安全利益的事项；

（六）为执行本法第七条、第二十九条第二款、第三十条、第三十一条、第三十二条第三款、第三十三条第三款的规定，需要调查的事项；

（七）其他影响对外贸易秩序，需要调查的事项。

第三十八条　启动对外贸易调查，由国务院对外贸易主管部门发布公告。

调查可以采取书面问卷、召开听证会、实地调查、委托调查等方式进行。

国务院对外贸易主管部门根据调查结果，提出调查报告或者作出处理裁定，并发布公告。

第三十九条　有关单位和个人应当对对外贸易调查给予配合、协助。

国务院对外贸易主管部门和国务院其他有关部门及其工作人员进行对外贸易调查，对知悉的国家秘密和商业秘密负有保密义务。

第八章　对外贸易救济

第四十条　国家根据对外贸易调查结果，可以采取适当的对外贸易救济措施。

第四十一条　其他国家或者地区的产品以低于正常价值的倾销

方式进入我国市场，对已建立的国内产业造成实质损害或者产生实质损害威胁，或者对建立国内产业造成实质阻碍的，国家可以采取反倾销措施，消除或者减轻这种损害或者损害的威胁或者阻碍。

第四十二条　其他国家或者地区的产品以低于正常价值出口至第三国市场，对我国已建立的国内产业造成实质损害或者产生实质损害威胁，或者对我国建立国内产业造成实质阻碍的，应国内产业的申请，国务院对外贸易主管部门可以与该第三国政府进行磋商，要求其采取适当的措施。

第四十三条　进口的产品直接或者间接地接受出口国家或者地区给予的任何形式的专向性补贴，对已建立的国内产业造成实质损害或者产生实质损害威胁，或者对建立国内产业造成实质阻碍的，国家可以采取反补贴措施，消除或者减轻这种损害或者损害的威胁或者阻碍。

第四十四条　因进口产品数量大量增加，对生产同类产品或者与其直接竞争的产品的国内产业造成严重损害或者严重损害威胁的，国家可以采取必要的保障措施，消除或者减轻这种损害或者损害的威胁，并可以对该产业提供必要的支持。

第四十五条　因其他国家或者地区的服务提供者向我国提供的服务增加，对提供同类服务或者与其直接竞争的服务的国内产业造成损害或者产生损害威胁的，国家可以采取必要的救济措施，消除或者减轻这种损害或者损害的威胁。

第四十六条　因第三国限制进口而导致某种产品进入我国市

场的数量大量增加，对已建立的国内产业造成损害或者产生损害威胁，或者对建立国内产业造成阻碍的，国家可以采取必要的救济措施，限制该产品进口。

第四十七条 与中华人民共和国缔结或者共同参加经济贸易条约、协定的国家或者地区，违反条约、协定的规定，使中华人民共和国根据该条约、协定享有的利益丧失或者受损，或者阻碍条约、协定目标实现的，中华人民共和国政府有权要求有关国家或者地区政府采取适当的补救措施，并可以根据有关条约、协定中止或者终止履行相关义务。

第四十八条 国务院对外贸易主管部门依照本法和其他有关法律的规定，进行对外贸易的双边或者多边磋商、谈判和争端的解决。

第四十九条 国务院对外贸易主管部门和国务院其他有关部门应当建立货物进出口、技术进出口和国际服务贸易的预警应急机制，应对对外贸易中的突发和异常情况，维护国家经济安全。

第五十条 国家对规避本法规定的对外贸易救济措施的行为，可以采取必要的反规避措施。

第九章 对外贸易促进

第五十一条 国家制定对外贸易发展战略，建立和完善对外贸易促进机制。

第五十二条 国家根据对外贸易发展的需要，建立和完善为对外贸易服务的金融机构，设立对外贸易发展基金、风险基金。

第五十三条　国家通过进出口信贷、出口信用保险、出口退税及其他促进对外贸易的方式，发展对外贸易。

第五十四条　国家建立对外贸易公共信息服务体系，向对外贸易经营者和其他社会公众提供信息服务。

第五十五条　国家采取措施鼓励对外贸易经营者开拓国际市场，采取对外投资、对外工程承包和对外劳务合作等多种形式，发展对外贸易。

第五十六条　对外贸易经营者可以依法成立和参加有关协会、商会。

有关协会、商会应当遵守法律、行政法规，按照章程对其成员提供与对外贸易有关的生产、营销、信息、培训等方面的服务，发挥协调和自律作用，依法提出有关对外贸易救济措施的申请，维护成员和行业的利益，向政府有关部门反映成员有关对外贸易的建议，开展对外贸易促进活动。

第五十七条　中国国际贸易促进组织按照章程开展对外联系，举办展览，提供信息、咨询服务和其他对外贸易促进活动。

第五十八条　国家扶持和促进中小企业开展对外贸易。

第五十九条　国家扶持和促进民族自治地方和经济不发达地区发展对外贸易。

第十章　法律责任

第六十条　违反本法第十一条规定，未经授权擅自进出口实行国营贸易管理的货物的，国务院对外贸易主管部门或者国务院其他有关部门可以处五万元以下罚款；情节严重的，可以自行政处罚决定生效之日起三年内，不受理违法行为人从事国营贸易管理货物进出口业务的申请，或者撤销已给予其从事其他国营贸易管理货物进出口的授权。

第六十一条　进出口属于禁止进出口的货物的，或者未经许可擅自进出口属于限制进出口的货物的，由海关依照有关法律、行政法规的规定处理、处罚；构成犯罪的，依法追究刑事责任。

进出口属于禁止进出口的技术的，或者未经许可擅自进出口属于限制进出口的技术的，依照有关法律、行政法规的规定处理、处罚；法律、行政法规没有规定的，由国务院对外贸易主管部门责令改正，没收违法所得，并处违法所得一倍以上五倍以下罚款，没有违法所得或者违法所得不足一万元的，处一万元以上五万元以下罚款；构成犯罪的，依法追究刑事责任。

自前两款规定的行政处罚决定生效之日或者刑事处罚判决生效之日起，国务院对外贸易主管部门或者国务院其他有关部门可以在三年内不受理违法行为人提出的进出口配额或者许可证的申请，或者禁止违法行为人在一年以上三年以下的期限内从事有关货物或者技术的进出口经营活动。

第六十二条　从事属于禁止的国际服务贸易的，或者未经许可擅自从事属于限制的国际服务贸易的，依照有关法律、行政法规的规定处罚；法律、行政法规没有规定的，由国务院对外贸易主管部门责令改正，没收违法所得，并处违法所得一倍以上五倍以下罚款，没有违法所得或者违法所得不足一万元的，处一万元以上五万元以下罚款；构成犯罪的，依法追究刑事责任。

国务院对外贸易主管部门可以禁止违法行为人自前款规定的行政处罚决定生效之日或者刑事处罚判决生效之日起一年以上三年以下的期限内从事有关的国际服务贸易经营活动。

第六十三条 违反本法第三十四条规定，依照有关法律、行政法规的规定处罚；构成犯罪的，依法追究刑事责任。

国务院对外贸易主管部门可以禁止违法行为人自前款规定的行政处罚决定生效之日或者刑事处罚判决生效之日起一年以上三年以下的期限内从事有关的对外贸易经营活动。

第六十四条 依照本法第六十一条至第六十三条规定被禁止从事有关对外贸易经营活动的，在禁止期限内，海关根据国务院对外贸易主管部门依法作出的禁止决定，对该对外贸易经营者的有关进出口货物不予办理报关验放手续，外汇管理部门或者外汇指定银行不予办理有关结汇、售汇手续。

第六十五条 依照本法负责对外贸易管理工作的部门的工作人员玩忽职守、徇私舞弊或者滥用职权，构成犯罪的，依法追究刑事责任；尚不构成犯罪的，依法给予行政处分。

依照本法负责对外贸易管理工作的部门的工作人员利用职务上的便利，索取他人财物，或者非法收受他人财物为他人谋取利益，构成犯罪的，依法追究刑事责任；尚不构成犯罪的，依法给予行政处分。

第六十六条 对外贸易经营活动当事人对依照本法负责对外贸易管理工作的部门作出的具体行政行为不服的，可以依法申请行政复议或者向人民法院提起行政诉讼。

第十一章 附则

第六十七条 与军品、裂变和聚变物质或者衍生此类物质的物质有关的对外贸易管理以及文化产品的进出口管理，法律、行政法规另有规定的，依照其规定。

第六十八条 国家对边境地区与接壤国家边境地区之间的贸易以及边民互市贸易，采取灵活措施，给予优惠和便利。具体办法由国务院规定。

第六十九条 中华人民共和国的单独关税区不适用本法。

第七十条 本法自 2004 年 7 月 1 日起施行。

◇◇二 出口退税相关的法律条文

财税字〔1995〕92 号：关于印发《出口货物退（免）税若干问题规定》的通知

省、自治区、直辖市和计划单列市财政厅（局）、国家税务局：

为了认真贯彻落实《国务院关于调低出口退税率加强出口退税管理的通知》（国发明电〔1995〕3 号）和《国务院办公厅关于贯彻〈国务院关于调低出口退税率加强出口退税管理通知〉的补充通知》（国办发明电〔1995〕19 号）精神，制定了《出口货物退（免）税若干问题规定》，现印发给你们，请遵照执行。

附件：《出口货物退（免）税若干问题规定》根据《国务院关于调低出口退税率加强出口退税管理的通知》（国发明电〔1995〕3 号）和《国务院办公厅关于贯彻〈国务院关于调低出口退税率加强出口退税管理通知〉的补充通知》（国办发明电〔1995〕19 号），特规定如下：

一、1995 年 6 月 30 日以后报关离境的出口货物，除经国家税务总局批准按增值税征税税率退税的大型成套设备和大宗机电产品外，一律按下列税率计算进项税额或退税款：

（一）农产品、煤炭退税率为 3%；

（二）以农产品为原料加工生产的工业品和适用 13% 增值税税率的其他货物退税率为 10%。以农产品为原料加工的工业品包括：1. 动植物油，2. 食品与饮料（罐头除外），3. 毛纱、麻纱、丝、毛条、麻条，4. 经过加工的毛皮，5. 木制品（家具除外）、木浆，6. 藤、柳、竹、草制品；

（三）适用 17% 增值税税率的其他货物退税率为 14%；

（四）从小规模纳税人购进并按《国家税务总局关于印发

〈出口货物退（免）税管理办法〉的通知》（国税发〔1994〕031 号）规定可以办理退税的本条第"（二）"、第"（三）"款的货物退税率为 6%；

（五）出口卷烟在生产环节免征增值税、消费税。出口卷烟增值税的进项税额不得抵扣内销货物的应纳增值税，应计入产品成本处理。

二、委托外贸企业代理出口的货物，一律在委托方退（免）税。生产企业（包括 1993 年 12 月 31 日以后批准设立的外商投资企业，下同）委托外贸企业代理出口的自产货物（含扩散产品、协作生产产品、国家税务局国税发〔1991〕003 号文件规定的高税率、贵重产品）和外贸企业委托外贸企业代理出口的货物可给予退（免）税，其他企业委托出口的货物不予退（免）税。1993 年 12 月 31 日前批准设立的外商投资企业委托出口的货物免征增值税、消费税，其进项税额不予抵扣或退税，应计入产品成本处理。

委托方在申请办理退（免）税时，必须提供下列凭证资料：

（一）"代理出口货物证明"（格式附后）。"代理出口货物证明"由受托方开具并经主管其退税的税务机关签章后，由受托方交委托方。代理出口协议约定由受托方收汇核销的，税务机关必须在外汇管理局办完外汇核销手续后，方能签发"代理出口货物证明"，并在"代理出口货物证明"上注明"收汇已核销"字样。"代理出口货物证明"由各省、自治区、直辖市、计划单列市国家税务局印制。

（二）受托方代理出口的"出口货物报关单（出口退税联）"。受托方将代理出口的货物与其他货物一笔报关出口的，委托方必须提供"出口货物报关单（出口退税联）"复印件。

（三）"出口收汇核销单（出口退税专用）"。代理出口协议约定由受托方收汇的，委托方必须提供受托方的"出口收汇核销单（出口退税专用）"。受托方将代理出口的货物与其他货物一笔销售给外商的，委托方必须提供"出口收汇核销单（出口退税专用）"复印件。

（四）代理出口协议副本。

（五）提供"销售账"。

三、有进出口经营权的生产企业自营出口的自产货物，凡在1994年按照国家税务总局国税发〔1994〕031号文件第七条第（二）款和国税发〔1995〕012号文件有关规定的"免、抵、退"的办法办理出口退税的，今后直接出口和委托代理出口的货物，一律免征本道环节的增值税，并按《中华人民共和国增值税暂行条例》规定的17%或13%的税率与本通知第一条列明的税率（以下简称退税率）之差乘以出口货物的离岸价格折人民币的金额，计算出出口货物不予抵扣或退税的税额，从全部进项税额中剔除，计入产品成本。剔除后的余额，抵减内销货物的销项税额。出口货物占当期全部货物销售额50%以上的企业，对一个季度内未抵扣完的出口货物的进项税额，报经主管出口退税的税务机关批准可给予退税；出口货物占当期全部销售额50% 以下的企业，当期未抵扣完的进项税额必须结转下期继续抵扣，不得办理退税。

抵、退税的计算具体步骤及公式为：

当期不予抵扣或退税的税额 = 当期出口货物离岸价 × 外汇人民币牌价 × （增值税条例规定的税率 − 出口货物退税率）

当期应纳税额 = 当期内销货物的销项税额 − （当期全部进项税额 − 当期不予抵扣或退税的税额） − 上期未抵扣完的进项税额

出口货物占当期全部货物销售额50% 以上的企业，若当期（季度末）应纳税额为负数，按国家税务总局国税发〔1994〕031 号文件第七条第（二）款和国税发〔1995〕012 号文件规定的公式计算应退税额。

四、小规模纳税人自营和委托出口的货物，一律免征增值税、消费税，其进项税额不予抵扣或退税。

五、在1994 年未按照"抵、免、退"办法办理出口退税的生产企业（不含1993 年12 月31 日以前批准设立的外商投资企业），今后直接出口和委托代理出口的货物，一律先按照增值税的规定征税，然后由主管出口退税业务的税务机关在国家出口退税计划内依本规定第一条列明的退税率审批退税。纳税和退税的计算公式为：

当期应纳税额 = 当期内销货物的销项税额 + 当期出口货物离岸价 × 外汇人民币牌价 × 征税税率 − 当期全部进项税额

当期应退税额 = 当期出口货物离岸价 × 外汇人民币牌价 × 退税率

六、对非保税区运往保税区的货物不予退（免）税。保税区内企业从区外购进货物时必须向税务机关申报备案增值税专用发票的有关内容，将这部分货物出口或加工后再出口的，可按本规定办理出口退（免）税。

七、1994 年 1 月 1 日实行新的出口退税办法后，国内企业报关销售给外商投资企业，外商投资企业以"来料加工""进料加工"报关购进的货物，不予退税。

八、外贸企业出口货物必须单独设账核算购进金额和进项税额，如购进的货物当时不能确定是用于出口或内销的，一律记入出口库存账，内销时必须从出口库存账转入内销库存账。征税机关可凭该批货物的专用发票或退税机关出具的证明办理抵扣。

九、本规定从 1995 年 7 月 1 日起执行。此前的规定与本规定有抵触的，以本规定为准。

◇三　进出口经营权方面的法律条文

国发〔1992〕30 号：国务院批转经贸部、国务院生产办关于赋予生产企业进出口经营权有关意见的通知

各省、自治区、直辖市人民政府，国务院各部委、各直属机构：

国务院同意经贸部、国务院生产办《关于赋予生产企业进出口经营权有关问题的意见》，现转发给你们，请遵照执行。

赋予大中型生产企业进出口经营权，是贯彻落实中央工作会议精神、深化企业改革、扩大对外开放、搞活大中型生产企业的重要措施之一。各地区、各部门应根据本通知的意见，积极稳妥地选择具备条件的部分大中型生产企业报经贸部和国务院生产办审批，但不要一哄而起，以保障我国对外贸易有秩序健康地发展。

经贸部、国务院生产办关于赋予生产企业进出口经营权有关问题的意见：

为了贯彻落实中央工作会议精神，深化外贸体制改革，增强国营大中型生产企业的活力，使其直接参与国际市场竞争，扩大我国工业产品出口，促进我国工业生产技术尽快赶上国际先进水平，根据《国务院关于进一步增强国营大中型企业活力的通知》（国发〔1991〕25 号）、《国务院批转国家计委、国家体改委、国务院生产力办公室关于选择一批大型企业集团进行试点请示的通知》（国发〔1991〕71 号）和《国务院关于进一步改革和完善对外贸易体制若干问题的决定》（国发〔1990〕70 号）的精神，应本着积极慎重的原则，对具备条件的大中型生产企业赋予自营进出口权。现就有关问题提出以下意见：

一、赋予生产企业自营进出口权的原则

（一）赋予自营进出口权的生产企业（含企业集团，以下简称自营进出口企业），主要应是符合国家规定的国营大中型生产企业。

（二）对产品技术密集、需要在境外进行售后服务的机电产品生产企业和机电产品出口基地企业，优先考虑赋予自营进出口权。

（三）对产品技术密集程度较高、市场变化快的非机电产品生产企业，视其生产产品特性及国内外市场的需求情况，赋予自营进出口权。

（四）对生产资源性、原料性、大宗初级产品的企业，以及产品受配额限制和市场单一的生产企业，赋予自营进出口权从严掌握，原则上不批准其经营一类商品。

（五）已赋予自营进出口权的企业集团，其核心企业及紧密层企业不再赋予自营进出口权。已成立全资进出口贸易子公司的国家大型试点企业集团，其核心企业及紧密层企业不再赋予自营进出口权。已参加出口联合体、出口联营公司的企业一般也不再赋予自营进出口权。

（六）对非生产性的国家大型试点企业集团，可视其行业特点，赋予相应的自营进出口权。

二、自营进出口企业应具备的条件

（一）必须是政企分开、自主经营的独立经济实体，企业集团的核心企业对其紧密层企业、总公司（含联合公司、总厂）对直属企业，应实行"六统一"管理。

（二）有固定的营业场所和开展进出口业务所需要的设施和资金，以及其他必备的物质条件。

（三）有健全的内部组织机构和与经营进出口业务相应的外贸、技术等专业人员。

（四）有自产的出口产品和出口市场。

（五）经营进出口业务能自负盈亏。

（六）生产的产品符合出口质量标准。

（七）产品技术密集和机电产品生产企业，连续两年年均出口供货额（含代理出口，下同）一般应在一百万美元以上。

（八）一般机电产品生产企业，连续两年年均出口供货额一般应在二百万美元以上。

（九）非机电产品生产企业，连续两年年均出口供货额一般应在四百万美元以上。

（十）对非生产性的国家大型试点企业集团，参照上述条件执行。

三、生产企业申请进出口经营权需要申报的材料

（一）企业经营进出口业务的可行性报告（主要应包括：企业的基本情况、产品出口情况、国际市场预测、自营外贸所具备的条件、自营效益分析、今后发展设想等）。

（二）企业行政主管部门的意见。

（三）企业前三年出口供货实绩（非生产性国家大型试点企业集团应提供前三年委托代理进出口实绩或其业务收汇情况）。

（四）企业法人营业执照（复印件）。

（五）企业实有资金状况（银行或当地会计律师事务所出具的证明）。

（六）企业进出口业务章程（包括明确的经营范围）。

（七）企业经营的进出口商品目录。

四、赋予生产企业自营进出口权的审批程序

（一）地方所属企业，由企业的行政主管部门向省、自治区、直辖市、计划单列市经贸委（厅、局）和经委（计经委、生产委）提出申请，经其共同审查取得一致意见后联合报经贸部国务院生产办。

（二）国务院各部门所属企业，由其行政主管部门审核同意后报经贸部、国务院生产办。

（三）实行国家计划单列的大型试点企业集团直接向经贸部、国务院生产办申请。

（四）国务院生产办在征求国家行业主管部门（其中属机电产品生产企业征求国务院机电产品出口办公室）的意见后，对各地区、各部门申报的企业进行审查，将符合条件的企业和审查意见送经贸部。经贸部根据国务院生产办的审查意见，进行审核批复。

五、自营进出口企业的权利

（一）有权以本企业的名称直接对外从事进出口业务活动；国家大型试点企业集团可以集团核心企业名称或其一家全资子公司名称对外从事进出口业务活动。

（二）有批准的进出口业务范围内，有权出口本企业自产产品，进口本企业生产所需的技术、设备、零部件和原辅材料。

（三）有权申请加入与其进出口业务有关的商会，参加国家、地方经贸部门组织的与企业经营范围有关的对外经济贸易活动，并得到国家对外贸易方针、政策的指导。

（四）有权享受国家在进出口贸易方面所给予的各项优惠政策。

六、自营进出口企业的义务

（一）必须遵守国家对外贸易方针政策和各项法令法规，按批准的进出口业务范围从事经营活动。

（二）在进出口业务上必须接受国家或地方经贸部门的行业管理、监督和检查。

（三）必须承担国家或地方下达的出口创汇任务，并保持适当的出口增长速度。

七、对自营进出口企业的奖罚

（一）企业在执行国家对外经济贸易方针政策、各项法令法规和促进我国对外贸易发展方面有杰出贡献和重大成绩的，有关主管部门应予以表彰和奖励。

（二）对违反国家有关对外经济贸易规定的企业，将视具体情节，给予警告、通报批评、罚款，直至撤销其自营进出口权的处罚。

（三）企业如完不成国家或地方下达的出口创汇任务，要限期达到，在限期内达不到的，要撤销其自营进出口权。

经贸部

国务院生产办

一九九二年三月十六日

中华人民共和国对外贸易经济合作部关于调整企业申请进出口经营权的资格条件及加强后期管理有关问题的通知（对外经济贸易部 1999 – 05 – 31 颁布）

各省、自治区、直辖市及计划单列市外经贸委（厅、局）：

为了加快赋予各类企业进出口经营权，积极鼓励和支持有条件的企业走向国际市场，千方百计扩大出口，我部决定调整各类企业申请进出口经营权的资格条件，同时加强对各类进出口企业的后期管理。现就有关事项通知如下：

一、进一步放宽企业申请进出口经营权的资格条件

（一）省属外贸公司

1. 资格条件：

对省属外贸公司实行公司总量与所在省、自治区、直辖市及计划单列市出口额（以海关统计为准）挂钩的动态管理。具体如下：按照 1998 年出口额沿海省市每 1 亿美元核定一家公司、中西部省区每 3000 万美元核定一家公司的原则，核定各省、自治区、直辖市及计划单列市所属外贸公司总量基数；从 1999 年起按沿海省市出口额每增加 3000 万美元、中西部省区出口额每

增加 1000 万美元可增加一家有进出口经营权公司的原则，确定各省、自治区、直辖市及计划单列市所属外贸公司的每年增量。申请进出口经营权的省属外贸公司的注册资本沿海地区公司不得少于 500 万元人民币，中西部地区公司不得少于 300 万元人民币，并应注册成立两年以上。凡经工商行政管理部门核查，实收资本年审不到位的，不予办理。

2. 申报材料：

（1）省、自治区、直辖市及计划单列市外经贸委（厅、局）的申请文件；

（2）企业的申请报告和经工商行政管理部门年审的法人营业执照（复印件）；

（3）有限责任公司和股份有限公司应提供工商行政管理部门出具的出资比例和出资者所有制性质的证明材料；

（4）其他需要申报的材料。

（二）地（市）、县所属外贸公司

1. 资格条件：

对地（市）、县所属外贸公司实行公司总量与所在地（市）、县经济总量挂钩的动态管理，即，按国内生产总值沿海地区每 10 亿元人民币核定一家公司、中西部地区每 3 亿元人民币核定一家公司的原则分别核定地（市）、县外贸公司总量。申请进出口经营权的地（市）、县外贸公司注册资本沿海地区公司不得少于 500 万元人民币，中西部地区公司不得少于 300 万元人民币，并应注册成立两年以上。经工商行政管理部门核查，实收资本年审不到位的，不予办理。

2. 申报材料：

（1）省、自治区、直辖市及计划单列市外经贸委（厅、局）的申请文件；

（2）地（市）、县外经贸主管部门的申请文件〔应包括本地（市）或县所属有进出口经营权的外贸公司数量及名单〕；

（3）本地（市）、县的国内生产总值统计资料〔省级或地（市）级统计部门公开出版的《统计年鉴》或公开发表的本级政府的《政府工作报告》〕；

（4）企业的申请报告和经工商行政管理部门年审的法人营业执照（复印件）；

（5）有限责任公司和股份有限公司应提供工商行政管理部门出具的出资比例和出资者所有制性质证明材料；

（6）其他需要申报的材料。

（三）对外承包劳务公司和有外经权的设计院

1. 资格条件：

（1）对外承包劳务公司近两年年均对外承包工程营业额在500万美元以上，或年均外派劳务在200人次以上，可申请进出口经营权；

（2）获对外勘测、咨询、设计和监理经营权一年以上且有可供出口的自产产品的设计院可申请自营进出口权；

（3）获对外勘测、咨询、设计和监理经营权两年以上且近两年年均营业额300万美元以上、外派劳务100人次以上的设计院可申请进出口经营权。

2．申报材料：

（1）省、自治区、直辖市及计划单列市外经贸委（厅、局）的申请文件（国家批准的120家大型试点企业集团或中央大型企业工委管理的企业可直接向外经贸部申报，与部委尚未脱钩的企业通过有关部委申报）；

（2）企业的申请报告和经工商行政管理部门年审的法人营业执照（复印件），外经贸部赋予该企业外经权的批准文件；

（3）有限责任公司和股份有限公司应提供工商行政管理部门出具的出资比例和出资者所有制性质的证明材料；

（4）其他需要申报的材料。

（四）外贸公司子公司

1．资格条件：

前一年度出口额超过1亿美元的外贸公司，其全资或控股的子公司可申请进出口经营权。注册资本：沿海地区公司不得少于500万元人民币，中西部地区公司不得少于300万元人民币。申请子公司进出口经营权的外贸公司，其所属子公司的出口额每家不得低于1000万美元。

对实行内部职工持股改制的子公司和中西部地区的外贸公司适当放宽申请条件。

2．申报材料：

（1）省、自治区、直辖市及计划单列市外经贸委（厅、局）的申请文件（国家批准的 120 家大型试点企业集团或中央大型企业工委管理的企业可直接向外经贸部申报，与部委尚未脱钩的企业通过有关部委申报）；

（2）母公司申请报告（须附母公司所属有进出口经营权的子公司名单）、子公司法人营业执照（复印件）；

（3）子公司为有限责任公司或股份有限公司的，应提供工商行政管理部门出具的子公司出资比例和出资者所有制性质的证明材料；

（4）其他需要申报的材料。

（五）实行自营进出口权登记备案制的生产企业

1．资格条件：

对国家 120 家大型试点企业集团、国家确定的 1000 家重点企业、全国大型工业企业以及上述企业所属生产性成员企业申请自营进出口权均实行登记备案制。

2．申报材料：

详见《关于赋予试点企业集团进出口经营权和对外承包劳务经营权有关事项的通知》（〔1998〕外经贸政发第 348 号）、《关于对国家确定的 1000 家重点企业实行进出口经营权登记备案制的通知》（〔1998〕外经贸政发第 829 号）、《关于对全国大型工业企业实行自营进出口权登记备案制的通知》（〔1998〕外经贸政发第953号)、《关于进出口经营权登记备案制有关事项的补充通知》(〔1999〕外经贸政审函字第538号)。

(六)生产企业申请成立进出口公司

1. 资格条件:

前一年度自营出口500万美元以上的机电生产企业、前一年度自营出口1000万美元以上的非机电生产企业,可申请成立全资或控股的进出口公司,经营本企业自产产品及与自产产品相关或同类的产品(即非自产产品)出口。

2. 申报材料:

(1)省、自治区、直辖市及计划单列市外经贸委(厅、局)的申请文件;

(2)企业的申请报告、企业的进出口资格证书及法人营业执照、进出口公司的企业名称预先核准通知书(复印件);

(3)海关出具的该企业上一年度自营出口额证明和该企业的海关报关号;

(4)进出口公司为有限责任公司或股份有限公司的,应提供工商行政管理部门出具的公司出资比例和出资者所有制性质的证明材料;

(5)其他需要申报的材料。

(七)实行总量控制管理的经济特区非生产性企业

对经济特区非生产性企业申请进出口经营权仍实行总量控制,同时降低总量核定标准,即经济特区出口额每增加3000万美元可增加核定一家有进出口经营权的非生产性企业。对经济特区年进出口总额达到 2000 万美元以上或出口额达到 1000 万美元以上的实行总量控制管理的非生产性企业，取消经营地域限制。

二、进一步加强对各类进出口企业获权后的管理

通过完善对各类进出口企业实行的进出口企业资格证书年审管理，建立进出口企业动态调整、优胜劣汰的管理制度。

（一）对有违规、走私行为的各类进出口企业，按照对外贸易经济合作部和海关总署联合下发的《对违规、走私企业给予警告、暂停或撤销对外贸易、国际货运代理经营许可行政处罚的暂行法规》（〔1998〕外经贸政发第 682 号）给予外贸经营许可行政处罚。

（二）对有逃、套汇行为的各类进出口企业，按照对外贸易经济合作部下发的《对外贸易经济合作部对逃、套汇外经贸企业给予行政处罚的暂行法规》（〔1998〕外经贸计财发第 713 号）给予外贸经营许可行政处罚。

（三）对骗取出口退税的各类进出口企业，参照有关法规给予外贸经营许可行政处罚。

（四）对被兼并、原企业法人资格已注销的各类进出口企业，注销其对外贸易经营许可。

（五）对与外商合资的自营进出口生产企业，注销其作为内资企业享有的自营进出口权，其进出口经营活动纳入外商投资企业管理。

（六）对已按法定程序宣布破产的各类进出口企业，注销其对外贸易经营许可。

（七）对未按法规时间申领进出口企业资格证书或不参加进出口企业资格证书年审的企业，视为自动放弃进出口经营权，注销其对外贸易经营许可。

（八）对获得进出口经营权三年以上，但连续三年自营出口额为零和出口供货额低于 50 万美元的生产企业或科研院所及连续三年年均出口额低于 100 万美元或进出口额低于 200 万美元的有进出口经营权的外贸公司（包括有进出口经营权的商业物资企业），撤销其对外贸易经营许可。

（九）对有商标侵权行为的各类进出口企业，给予以下外贸经营许可行政处罚：因商标侵权行为被海关或工商行政管理等部门处罚，但尚未构成犯罪的，给予暂停 1 年进出口经营权的处罚；对发生严重侵权行为、给商标所有人造成重大经济损失并经司法部门认定或仲裁机构裁定的，给予撤销对外贸易经营许可行政处罚。

（十）对经查实有非法倒卖配额许可证行为的各类进出口企业，视情节轻重给予警告、暂停、取消该商品配额使用权，直至撤销其对外贸易经营许可的行政处罚。

（十一）对本企业出口产品被控倾销而不参加应诉的各类进出口企业，根据外经贸部《关于鼓励和督促企业参加国外反倾销案件应诉的若干法规》（〔1999〕外经贸法字第 3 号）的有关条款给予相应的对外贸易经营许可行政处罚。

（十二）对经营伪劣商品出口的各类进出口企业，经海关、工商行政管理部门、检验检疫部门或司法部门认定后，视情节轻重，给予对外贸易经营许可行政处罚，其中，首次出口伪劣商品，出口额在 50 万美元以下的，给予警告行政处罚；出口额在 50 万美元以上、100 万美元以下的，给予暂停出口经营许可一年的处罚；对出口伪劣商品 100 万美元以上，或受到处罚后两年内仍有出口伪劣商品行为的，给予撤销对外贸易经营许可行政处罚。对经营检验检疫不合格产品出口的，视情节轻重，在检验检疫部门处罚的基础上，给予相应的对外贸易经营许可行政处罚。

（十三）对伪报进出口商品名称、逃避进出口许可证管理的进出口企业，给予撤销对外贸易经营许可行政处罚。

（十四）被撤销对外贸易经营许可的各类进出口企业，在自被撤销之日起两年内不得以任何方式重新申请对外贸易经营许可。

特此函告

1999 年 12 月 7 日外经贸部关于对国有、集体生产企业实行自营进出口权登记制的通知

国务院各部委、各直属机构，各省、自治区、直辖市及计划单列市外经贸委（厅、局）：

为深化外贸体制改革，积极推动和支持更多的有能力的生产企业参与国际竞争，根据《国务院办公厅转发外经贸部等部门关于进一步采取措施鼓励扩大外贸出口意见的通知》（国办发〔1999〕71号）有关精神，外经贸部决定进一步扩大自营进出口权登记制的适用范围，即在对经济特区生产企业、国家千户重点企业和国有大型工业企业实行自营进出口权登记制的基础上，在全国范围内对国有、集体生产企业自营进出口权实行登记制。现将有关事项通知如下：

一、本通知所指国有、集体生产企业（以下简称生产企业），系指企业法人营业执照中注明企业所有制性质是"国有"或"集体"的生产企业，以及经有关部门认定为国有或集体控股的有限责任公司或股份有限公司。

二、申请自营进出口权登记的生产企业需具备以下条件：

（一）生产企业的注册资本应不少于500万元人民币（少数民族地区和中西部地区应不少于300万元人民币），机电行业生产企业的注册资本应不少于200万元人民币；

（二）生产企业必须有固定的生产厂房和开展进出口业务所需的设施、资金和专业人员；

（三）生产企业必须已经开工投产，并有自产的合格产品可供出口；

（四）生产企业的产品必须符合出口质量标准。

三、生产企业向工商注册地所在省、自治区、直辖市及计划单列市外经贸主管部门申请自营进出口权登记；在国家工商局注册的生产企业向营业地所在省、自治区、直辖市及计划单列市外经贸主管部门申请登记。

四、各省、自治区、直辖市及计划单列市外经贸主管部门在收到生产企业申请并征求当地经贸委意见在 10 个工作日内予以登记，并颁发《生产企业自营进出口权登记证书》（格式详见附件）。生产企业凭该证书到海关、出入境检验检疫、外汇、工商、税务等管理部门办理有关手续后，向所在省、自治区、直辖市及计划单列市外经贸主管部门申领《中华人民共和国进出口企业资格证书》，即可开展进出口业务。

五、生产企业申请自营进出口权登记需提交下列材料：

（一）企业的书面申请（须包括《生产企业自营进出口权登记证书》的有关内容）；

（二）企业法人营业执照（复印件）；

（三）申请的进出口商品目录；

（四）如生产企业为有限责任公司或股份有限公司，须提供由工商行政管理部门或审计部门或会计师事务所出具的有关国有或集体控股的证明（原件）；

（五）登记部门要求的其他材料。

六、自营进出口生产企业的进出口经营范围：

（一）自营本企业（含本企业集团成员企业）自产产品的出口业务；

（二）自营本企业（含本企业集团成员企业）生产、科研所需的机械设备、零配件、原辅材料的进口业务；

（三）经营本企业（含本企业集团成员企业）的进料加工和三来一补贸易业务。

生产企业的进出口经营范围和进出口商品目录由外经贸部及省、自治区、直辖市及计划单列市外经贸主管部门核准。

七、经登记获得自营进出口权的生产企业经营进出口业务，必须遵守国家的有关法律、法规和外经贸政策，接受当地外经贸主管部门的指导和监督，并服从有关进出口商会的协调。生产企业如有违法、违规行为，外经贸部将依据《中华人民共和国对外贸易法》和有关规定，给予相应的行政处罚。

八、外经贸部负责组织实施生产企业自营进出口权登记制工作。各省、自治区、直辖市及计划单列市外经贸主管部门须每半年将登记情况汇总报外经贸部备案，同时抄送国家经贸委和地方经贸委。

特此通知

外经贸发〔2001〕370 号：关于进出口经营资格管理的有关规定

为加快外贸经营体制改革，促进和规范各类企业从事进出口业务，现对企业进出口经营资格管理的有关问题规定如下：

一、进出口经营资格实行登记和核准制，遵循自主申请、公开透明、统一规范、依法监督的原则，各类所有制企业（外商投资企业、商业物资、供销社企业、边境小额贸易企业，经济特区、浦东新区企业除外，下同）进出口经营资格实行统一的标准和管理办法。

外经贸部授权各省、自治区、直辖市、计划单列市及哈尔滨、长春、沈阳、西安、成都、南京、武汉、广州、珠海、汕头市外经贸委（厅、局），新疆建设兵团外经贸局（以下统称受权发证机关）负责办理进出口经营资格登记并核发《中华人民共和国进出口企业资格证书》。

二、对企业的进出口经营资格，按登记或核准的经营范围实行如下分类管理：

（一）外贸流通经营权（经营各类商品和技术的进出口，但国家限定公司经营或禁止进出口的商品及技术除外）。

（二）生产企业自营进出口权（经营本企业自产产品的出口业务和本企业所需的机械设备、零配件、原辅材料的进口业务，但国家限定公司经营或禁止进出口的商品及技术除外）。

外经贸部和受权发证机关在核准或登记企业进出口经营范围时，不再单列贸易方式，企业可以按国家规定以各种贸易方式从事进出口业务。

三、申请进出口经营权的企业资格条件和要求提交的材料。

（一）申请外贸流通经营权的企业资格条件和要求提交的材料。

1. 资格条件：

（1）企业应具备企业法人资格，成立一年以上，经工商行政管理部门登记注册领取《企业法人营业执照》，按国家规定办理工商年检并通过年检；

（2）注册资本（金）不低于 500 万元人民币（中西部地区不低于 300 万元人民币，币别下同）；

（3）已办理税务登记，依法纳税，按国家规定办理税务年检并通过年检；

（4）该企业法定代表人或负责人，在 3 年内未曾担任过被撤销对外贸易经营许可的企业的法定代表人或负责人（指在其担任法定代表人或负责人期间，企业违法违规被撤销对外贸易经营许可）。

2. 要求提交的材料：

（1）企业书面申请；

（2）经年检的《企业法人营业执照》副本复印件（经工商行政管理部门签章）；

（3）经年审的《税务登记证》复印件；

（4）《企业法人营业执照》登记的法定代表人身份证复印件；

（5）其他需要申报的材料。

（二）生产企业申请自营进出口权的资格条件和要求提交的材料。

1. 资格条件：

（1）企业应具备企业法人资格或为依法设立的个人独资企

业、合伙企业（以下统称企业），经工商行政管理部门登记注册领取《企业法人营业执照》或《营业执照》；

（2）企业注册资本（金）不低于300万元（中西部地区、少数民族地区不低于200万元，科研院所、高新技术企业和机电产品生产企业不低于100万元）；

（3）已办理税务登记，依法纳税；

（4）该企业法定代表人或负责人，在3年内未曾担任过被撤销对外贸易经营许可的企业的法定代表人或负责人（指在其担任法定代表人或负责人期间，企业违法违规被撤销对外贸易经营许可）。

2. 要求提交的材料：

（1）企业书面申请；

（2）经年检的《企业法人营业执照》或《营业执照》副本复印件（经工商行政管理部门签章）；

（3）经年审的《税务登记证》复印件；

（4）《全国组织机构代码证书》复印件；

（5）《企业法人营业执照》登记的法定代表人或《营业执照》登记的负责人身份证复印件；

（6）个人独资企业、合伙企业要提交会计事务所、审计事务所或其他具有验资资格的机构出具的验资报告；

（7）高新技术企业、机电产品生产企业，要提交科技主管部门或有关部门的证书复印件；

（8）其他需要申报的材料。

四、办理进出口经营资格登记和核准，应符合规定的程序和要求。

（一）企业申请办理进出口经营资格，到所在地省市受权发证机关办理。企业提交的申报材料齐备后，受权发证机关予以受理。申请自营进出口权，受权发证机关应自收到申请之日起 10 个工作日内，作出准予登记或不准予登记的决定。对准予登记的，发给《中华人民共和国进出口企业资格证书》。不准予登记的，应当说明理由。

申请外贸流通经营权，由外经贸部核准。地方企业由受权发证机关报外经贸部核准；中央企业及其所属企业，由中央企业报外经贸部核准。外经贸部在收到受权发证机关或中央企业报告之日起 10 个工作日内，作出准予核准或不准予核准的答复。受权发证机关自收到外经贸部的核准文件后 5 个工作日内，发放《中华人民共和国进出口企业资格证书》。

（二）办理进出口经营资格登记后，受权发证机关要将企业提交的材料连同《中华人民共和国进出口企业资格证书》复印件存档，并将所发《中华人民共和国进出口企业资格证书》内所载的有关数据通过网络报送外经贸部。

（三）企业凭《中华人民共和国进出口企业资格证书》到工商、海关、质量监督检验检疫、外汇管理、税务部门办理开展进出口业务所需的有关手续。

五、规范各类进出口企业经营行为。企业取得进出口经营资格后，应当遵守法律、法规和有关规定从事进出口业务，依照国家有关规定报关、报验、结汇、用汇和办理出口退税。

（一）各类进出口企业不得以挂靠、借权经营方式让其他企业以自己名义对外签订进出口合同，办理报关、报验、结汇、用汇和出口退税。企业要强化内部管理，建立和健全权责分明、有效制约的经营机制，防止出卖或变相出卖进出口经营资格，防范走私、逃套汇和骗取出口退税等违法违规行为。

（二）从事国家实行配额、许可证管理商品的进出口业务，应依据法律、法规和有关规定的规定申请办理配额、许可证。

（三）按规定加入进出口商会。

六、各授权发证机关要加强与工商、海关、质量监督检验检疫、外汇管理、税务等部门的沟通，建立相应的联系制度，完善《中华人民共和国进出口企业资格证书》年审办法，积极配合有关部门的工作。

（一）每年1月1日至4月30日，授权发证机关进行《中华人民共和国进出口企业资格证书》年审。有条件的地方，可以与有关部门实行联合年审。

（二）授权发证机关根据企业提交的年审材料，以及海关、质量监督检验检疫、外汇管理、税务等部门提供的该企业依法经营的材料，确认该企业是否具备继续从事进出口业务的资格。

（三）完善对企业的信用管理和档案管理，对受到行政处罚的企业，授权发证机关要在其《中华人民共和国进出口企业资格证书》上记载违法违规经营行为和受到的行政处罚，并将有关数据通过网络报送外经贸部。

授权发证机关要及时向海关、税务、工商、外汇等有关部门通报受罚企业名单，对有不良记录企业的经营活动实施预防性管理。

（四）企业的名称、经营场所、法定代表人或负责人、进出口经营范围变更，应到授权发证机关办理《中华人民共和国进出口企业资格证书》变更手续。授权发证机关应将有关数据通过网络报送外经贸部。

（五）《中华人民共和国进出口企业资格证书》不得伪造、涂改、出租、出借、转让、出卖。企业使用《中华人民共和国进出口企业资格证书》复印件，须加盖授权发证机关印章方有效。

七、进一步加强和完善监管体系，严格依法对违法违规企业实施行政处罚，建立有准入有退出的进出口经营资格管理体制。

（一）对构成走私和违反海关监管的进出口企业，依据《中华人民共和国对外贸易法》和《对违规、走私企业给予警告、暂停或撤销对外贸易、国际货运代理经营许可行政处罚的暂行规定》（〔1998〕外经贸政发第929号，外经贸部和海关总署联合发布，以下简称《暂行规定》）给予相应的行政处罚。

（二）对构成逃套汇的进出口企业，依据《国务院关于坚决打击骗取出口退税严厉惩治金融和财税领域违法乱纪行为的决定》（国发〔1996〕4 号，以下简称《决定》）和《对外贸易经济合作部对逃、套汇外经贸企业给予行政处罚的暂行规定》（〔1998〕外经贸计财发第 713 号）给予相应的行政处罚。

（三）对构成骗取出口退税的进出口企业，依据《决定》和《关于对骗取出口退税企业给予行政处罚的暂行规定》（〔2000〕外经贸发展发第 513 号，外经贸部和国家税务总局联合发布）给予相应的行政处罚。

（四）对伪造、变造、买卖进出口许可证、配额、进出口原产地证明文件的进出口企业，依据《中华人民共和国对外贸易法》和《暂行规定》给予相应的行政处罚。

（五）对本企业出口产品被控倾销而不参加应诉的企业，依据外经贸部《关于鼓励和督促企业参加国外反倾销案件应诉的若干规定》（〔1999〕外经贸法字第 3 号）给予相应的行政处罚。

（六）对出口伪劣商品的企业，经海关、工商行政管理部门、质量监督检验检疫部门或司法部门认定后，给予以下行政处罚：首次出口伪劣商品且出口额在 50 万美元以下的，给予警告行政处罚；首次出口伪劣商品在 50 万美元以上、100 万美元以下的，给予暂停一年对外贸易经营许可行政处罚；首次出口伪劣商品在 100 万美元以上，或受到处罚后两年内仍有出口伪劣商品行为的，给予撤销对外贸易经营许可行政处罚。

（七）对有商标侵权行为的企业，给予以下行政处罚：因商标侵权行为被海关或工商行政管理等部门处罚，但尚未构成犯罪的，给予暂停一年对外贸易经营许可的处罚；对发生严重侵权行为、给商标所有人造成重大经济损失并经司法部门认定或经仲裁机构裁定的，给予撤销对外贸易经营许可行政处罚。

（八）被撤销对外贸易经营许可的企业，自被撤销之日起三年内不予重新办理进出口经营资格的登记或核准。

（九）对未按规定办理《中华人民共和国进出口企业资格证书》申领和年审的企业，视同自动放弃并注销其进出口经营资格，自注销之日起一年内不得重新办理进出口经营资格的登记或核准。

八、外经贸部和授权发证机关工作人员违反本规定，弄虚作假、严重失职、滥用职权、营私舞弊、索贿受贿的，应当根据情节给予行政处分；触犯刑法的，由司法机关依法追究刑事责任。

九、授权发证机关发现企业法定代表人或负责人有《企业法人法定代表人登记管理规定》中规定的不得担任企业法定代表人的情形，又未按有关规定办理法定代表人或负责人变更的企业，应向工商行政管理部门检举。属于已获得进出口经营资格的，应注销其进出口经营资格；属于申请办理进出口经营资格的，不予办理。

十、商业物资、供销社企业、边境小额贸易企业，经济特区、浦东新区企业的进出口经营资格的资格条件和管理办法，以及外商投资企业从事进出口业务，仍按现行规定办理。

十一、生产企业已经成立的进出口公司获得进出口经营权的，视同获得外贸流通经营权，企业应在规定时间内到原授权发证机关办理《中华人民共和国进出口企业资格证书》企业类型等项变更手续。

本规定自下发之日起实行。凡与本规定不符的规定，自本规定发布之日起废止。

中华人民共和国对外贸易经济合作部

商贸发〔2003〕254号：商务部关于调整进出口经营资格标准和核准程序的通知

各省、自治区、直辖市及计划单列市外经贸委（厅、局），新疆生产建设兵团外经贸局：

为履行我国加入世贸组织承诺，加快建立社会主义市场经济体制，规范内资企业从事进出口业务，促进对外贸易发展，商务部决定再次调整。

进出口经营资格标准和核准程序。现就有关问题通知如下：

一、除对注册在中西部地区〔本规定所指的中西部地区包括河北、山西、内蒙古、吉林（含长春）、黑龙江（含哈尔滨）、安徽、江西、河南、湖北（含武汉）、湖南、广西、海南、重庆、四川（包括成都）、贵州、云南、西藏、陕西（含西安）、甘肃、青海、宁夏、新疆、新疆生产建设兵团〕的内资企业申请进出口经营资格实行优惠条件外，对在中华人民共和国关境内注册的所有内资企业在进出口经营资格管理方面实行统一的政策。

二、内资企业的进出口经营资格分为外贸流通经营资格和生产企业自营进出口资格两种（边贸企业的现行政策不变）。其经营范围分别为：

（一）外贸流通经营资格。经营各类商品和技术的进出口（不另附进出口商品目录），但国家限定公司经营或禁止进出口的商品及技术除外。

（二）生产企业自营进出口资格。经营本企业自产产品的出口业务和本企业所需的机械设备、零配件、原辅材料的进口业务（不另附进出口商品目录），但国家限定公司经营或禁止进出口的商品及技术除外。

获权企业可以按照经营范围在中国全部关境内以国家规定的各种贸易方式自由从事进出口业务。

三、外贸流通经营资格实行核准制，生产企业自营进出口资格实行登记制。

商务部授权各省、自治区、直辖市、计划单列市及哈尔滨、长春、沈阳、西安、成都、南京、武汉、广州、珠海、汕头市，新疆生产建设兵团，苏州工业园区管委会商务主管部门（以下统称受权管理机关）进行进出口经营资格的核准登记并核发《中华人民共和国进出口企业资格证书》。

《中华人民共和国进出口企业资格证书》（以下简称《资格证书》）是内资企业进出口经营资格的唯一有效凭证。任何企业、其他组织和个人不得伪造、涂改、出租、出借、转让、出卖《资格证书》。

四、内资企业申请进出口经营资格的条件和需要提交的材料。

（一）申请外贸流通经营资格的条件和需要提交的材料。

1．条件：

（1）经工商行政管理部门登记注册并领取《企业法人营业执照》；

（2）注册资本（金）不低于100万元人民币（注册在中西部地区的内资企业不低于50万元人民币）；

（3）已办理税务登记，依法纳税；

（4）法定代表人在3年内未曾担任过被撤销进出口经营资格的企业的法定代表人或负责人。

2．要求提交的材料：

（1）书面申请；

（2）《企业法人营业执照》副本复印件；

（3）《税务登记证》复印件；

（4）《组织机构代码证书》复印件；

（5）法定代表人的身份证复印件；

（6）证明其符合申请外贸流通经营资格条件的其他材料。

（二）生产企业申请自营进出口资格的条件和需要提交的材料。

1．条件：

（1）经工商行政管理部门登记注册并领取《企业法人营业

执照》或《营业执照》；

（2）注册资本（金）不低于 50 万元人民币；

（3）已办理税务登记，依法纳税；

（4）法定代表人或负责人在 3 年内未曾担任过被撤销进出口经营资格的企业的法定代表人或负责人。

2．需要提交的材料：

（1）书面申请；

（2）《企业法人营业执照》或《营业执照》副本复印件；

（3）《税务登记证》复印件；

（4）《组织机构代码证书》复印件；

（5）法定代表人或负责人的身份证复印件；

（6）非法人企业需提供会计事务所出具的验资报告复印件；

（7）证明其符合申请自营进出口资格条件的其他材料。

五、办理内资企业进出口经营资格的核准和登记，应按照下列程序和要求进行。

（一）企业申请进出口经营资格，到注册地所在地区的授权管理机关办理。

企业应通过商务部政府网站（www. mofcom. gov. cn）或中国国际电子商务网（www. ec. com. cn）提交电子申请并向授权管理机关提交书面申请材料。企业提交的电子申请和书面申报材料齐备无误后，授权管理机关予以受理，并在 10 个工作日内作出核准、登记与否的决定。对准予核准、登记的，授权管理机关应在此期间内通过商务部的"进出口经营资格管理系统"向企业颁发《资格证书》；不准予核准、登记的，应在此期间内书面向企业告知理由。

（二）办理进出口经营资格核准登记后，授权管理机关应将企业提交的书面申请材料连同《资格证书》复印件存档。

（三）企业凭《资格证书》到工商、海关、质检、外汇、税务等部门办理开展进出口业务所需的有关手续。

六、本通知自 2003 年 9 月 1 日起实施。凡与本通知不符的规定，自本通知实施之日起废止。各经济特区、上海浦东新区、西藏自治区、苏州工业园区、江苏省私营外贸企业创业园区原由当地自行审核或登记内资进出口企业的经营地域限制自本通知实施之日起取消。

特此通知

商务部